Hetty Draayer ❍ Das kosmische Auge

Hetty Draayer 2001

Hetty Draayer

Das kosmische Auge

Wie wir den Weg der inneren Heilung gehen

Kösel

Übersetzung aus dem Holländischen: Renate Schenk-Houttuijn Bloemendaal (Teil 1 sowie S. 7 und S. 10 - 14) und Annette Siepermann (Teil 2, 3 und Ausklang)
Die Originalausgabe erschien unter dem Titel *Meditatie, energie en bewustzijn* bei Mirananda Uitgevers B.V., Den Haag 2001.

Ganz herzlich danken möchte ich Renate und Annette für die Übersetzung, Eva für ihre Hilfe bei den Gedichten und Gisela und Gunter für die Überarbeitung des Textes.

Lektorat: Gisela Marxen und Gunter von Stritzky
Druck und Bindung: Pustet, Regensburg
Umschlag: Elisabeth Petersen, München
Umschlagmotiv: IFA-Bilderteam/BCI
ISBN 3-466-34457-3

Gedruckt auf umweltfreundlich hergestelltem Werkdruckpapier
(säurefrei und chlorfrei gebleicht)

Inhalt

Einstimmung

Mit allen, die den inneren Weg gehen, fühle ich mich tief verbunden. Ich erfahre dies als ein Geflecht von feinen, silbernen Fäden, die Licht ausstrahlen. Das Geflecht besteht aus reinem, weißen Licht. Und um dieses Licht geht es. Es ist in jedem Menschen vorhanden und kann durch jeden entdeckt werden, wenn wir uns die Mühe machen, nach innen zu schauen und bewusst von unserem kosmischen Auge und der Schale in unserem Becken her ein- und auszuatmen.

Von dorther werden wir uns auch unseres Dunkels bewusst, sehen es an und arbeiten aufrichtig mit Weisheit und Liebe daran. Es ist unser Auftrag, diese Dunkelheit aus unserem Herzen zu bannen, auch indem wir unseren Körper als unser Haus sehen, das wir bewusst bewohnen. Das Licht, das dann in uns und aus uns heraus strahlt, erhellt die ganze Welt. Denn darum geht es, wenn wir den inneren Weg gehen.

Durch Übungen und Meditation entwickeln wir unser Bewusstsein, unsere Wahrnehmung und unseren Geist. Wir wachsen durch die Kraft der Liebe und des Selbstvertrauens.

In diesem Licht miteinander verbunden, bringen wir auch andere in Kontakt mit ihrem inneren Selbst, sodass auch sie ihr Bewusstsein erneuern und an einem Leben in Einheit und Harmonie mitarbeiten können, in einer feinen, kosmischen Energie, die uns zum »neuen Menschen« transformiert.

Über dieses Buch

Hetty Draayer 1971

Viele Jahre lang habe ich Menschen in Gruppen- und Einzelarbeit auf dem inneren Weg begleitet, immer nach innen horchend und von dort geführt. In meinen Büchern habe ich dann ausführlich besprochen, wie wir durch Übungen und Meditation die Energien, die unser Körper braucht, reinigen und verstärken können. Und auch, wie jeder das kosmische Auge, die Quelle in uns, in sich finden und öffnen kann. Es ist unsere größte Hilfe auf dem Weg.

Jetzt, gegen Ende meines Lebens und weitestgehend zurückgezogen von der direkten Arbeit mit Menschen, entstand dieses, mein fünftes Buch. Wie immer habe ich nach innen gehorcht und aufgeschrieben, was ich wahrgenommen habe.

Dieses Buch rundet die Niederschrift dessen ab, was mir auf meinem Weg gezeigt wurde. Ich erzähle in seinem ersten Teil aus der vertieften Einsicht über das Leben. So gesehen ist es von den grundsätzlichen Aussagen her die Essenz meiner Arbeit.

Im zweiten Teil fasst es zusammen, wie wir diesen Weg gehen, welche typischen Schwierigkeiten uns dabei begegnen und wie wir sie überwinden können.

Im dritten Teil erzähle ich von meinen Erfahrungen, wie dieser Weg alten Menschen auf dem letzten Stück ihres Lebensweges helfen und sie begleiten kann.

Es ist ein Buch sowohl für Menschen, die in meiner Arbeit sind oder waren, als auch für Menschen, die über meine Schüler den inneren Weg kennen lernten, aber auch für diejenigen, die damit noch nicht vertraut sind und sich gerne damit vertraut machen möchten. Für Letztere habe ich am Ende des Buches noch etwas über den Umgang mit den Übungen geschrieben.

Neben dem Eingeordnetsein in die drei großen Themen – Der Weg der Liebe, Den Weg gehen, Die letzten Schritte – ist jedes einzelne Kapitel wie ein Mosaikstein: Teil des Ganzen, aber auch in sich geschlossen.

Sie können dieses Buch also der Reihe nach lesen und nachspüren oder sich zuerst einzelnen Kapiteln zuwenden, die Sie besonders ansprechen. Damit jedes Kapitel auch für sich verständlich und vollständig ist, und auch, weil es wirklich unabdingbar ist, diesen Weg von der inneren Tiefe her zu gehen und zu erleben, wiederhole ich immer wieder die Grundlagen: das Atmen vom kosmischen Auge her, das Geöffnetsein zwischen Erde und Himmel und die Sonnen-Energie dabei.

Auf dem inneren Weg

Unsere Krankheiten und unsere Leiden haben, das erkennen und begreifen wir immer mehr, ihre Ursache meist in uns selbst. Oftmals fehlt aber die Einsicht, dass auch die Heilung aus uns selbst kommen muss. Auf jeden Fall kann sie nicht einfach von außen verabreicht werden.

Um den »Weg der inneren Heilung« in uns zu finden, müssen wir zuerst die Bereiche in uns kennen lernen, in denen wir Problemen so aus dem Weg gehen, dass sie uns beherrschen und krank machen können. Wenn wir sie dann ansehen und auszuhalten versuchen, wird es uns gelingen, etwas Aufbauendes daraus zu machen.

Als Zweites fragen wir uns dann, warum wir ein Problem haben. Meistens erfahren wir dabei, dass wir nach einem bestimmten Verhaltensmuster leben, das unser Problem verursacht hat oder es andauern lässt. Zum Beispiel kann es sein, dass unsere berufliche Tätigkeit unsere schöpferischen Möglichkeiten nicht anspricht, wir in unserer Entwicklung also gehemmt statt angeregt werden. Und aus Angst oder Trägheit sind wir überhaupt nicht mehr oder nicht ausreichend entschlossen, nach einem neuen, befriedigenderen Aufgabengebiet zu suchen.

Erst wenn wir unsere Krankheiten und unser Leiden als das Ergebnis unserer eigenen Entscheidungen begreifen lernen, können wir anfangen, wirksam für unsere Gesundheit zu sorgen, indem wir uns selbst verändern und die Verantwortung für uns übernehmen. Wenn wir stattdessen beschließen, das krankmachende Muster beizubehalten, dann wissen wir, dass wir es selbst sind, die die Probleme andauern oder noch größer werden lassen.

Der dritte Schritt in Richtung Heilung besteht darin, das krankmachende Muster loszulassen und in ein heilendes zu verändern. Sobald wir erkennen, dass das Problem in uns selbst liegt und woraus es besteht, können wir die Situation verändern. Tief in uns selbst wissen wir dann genau, was wir tun müssen und dass es nur einen einzigen Weg gibt, den wir gehen können.

Denn wenn wir ein Muster, von dem wir wissen, dass es verkehrt und ungesund ist, nicht verändern, kommt unvermeidbar der Tag, an dem wir auf unser Leben zurück schauen und uns klar wird, dass wir nichts erreicht haben.

Es sind die Krankheitssymptome, die uns den Impuls geben und helfen, nach innen zu schauen, um in uns selbst zu erkennen, was wir falsch machen, wo wir unserem wahren Wesen nicht treu sind und nicht auf das achten, was für uns wichtig ist.

Die Wurzel von Krankheit liegt oft in inneren Konflikten. Darum müssen wir auch alle Verstrickungen ansehen und aushalten oder loslassen. Sodass wir wirklich Abstand davon nehmen und uns verwandeln können. Nur wenn wir das negative Muster in uns transformieren, können wir den Weg der inneren Heilung gehen.

Meine Arbeit besteht aus einer bestimmten Form körperbezogener, heilender Meditation, als Weg zur Selbstbewusstwerdung und -verwirklichung. Der Atem ist auf diesem Weg von zentraler Bedeutung.

In dieser speziellen Art mit dem Atem zu arbeiten, atmen wir aus der Tiefe des Beckens heraus ein. Dabei bekommen wir das Gefühl, als würde sich das Zwerchfell beim Einatmen der Luft zum Schambein hin ausdehnen und der Raum zwischen den Beckenknochen eine Schale formen, deren Boden die Haut des Beckenbodens ist. Wir nehmen diese Schale deutlich wahr. Sie lässt den Raum zwischen den Beckenknochen breit und tief werden und rundherum warm ausstrahlen.

Wir fühlen, wie unser Ausatem von 40 cm über unserem Kopf, »unserem Himmel«, durch den Scheitel hineinströmt und

Jesus strahlt
aus seiner Mitte heraus,
aus dem kosmischen Auge

durch unsere Beckenschale, durch den Raum zwischen unseren Beinen, durch die Beine und Füße und Zehen und den Raum zwischen unseren Zehen nach außen, bis 40 cm unter die Fußsohlen ausströmt. Dort, in »unserer Erde«, sind wir verwurzelt. Und es ist dieses »In- der-Erde-verwurzelt-Sein«, das uns hilft, unser Leben so anzunehmen, wie es jetzt ist, in diesem Moment, so schwer es auch sein mag.

Wir machen uns bewusst, was schmerzhaft und dunkel in uns ist. Wir sehen es an, versuchen es auszuhalten und im Ausatmen durch die geöffneten Füße in die Erde hinein loszulassen. Weil wir dabei bewusst mit den Energien mitgehen, wird alles, was negativ ist, losgelassen in die Erde. Erst dann öffnet sich oben über uns der Himmel, strömt wieder neue Energie in uns hinein, um uns und durch uns hin – wie ein »Mantel der Liebe« sage ich immer – strahlend und beschützend, heilend und wärmend.

Durch das Atmen zwischen Erde und Himmel fühlen wir die Stelle in der Wirbelsäule, wo Einatem und Ausatem einander treffen. Diese Stelle liegt in der Mitte des Kreuzbeins, im *Os sacrum*, das wörtlich übersetzt »Heiligbein« heißt. Hier ist auch der Punkt, in dem das im Ausatmen durch den Scheitel hineinströmende weiße Licht gebrochen wird. Diesen Punkt, in dem sich die Energien von Erde und Himmel, von Yin und Yang, kreuzen, nenne ich das »kosmische Auge«.

Durch diese Stelle in uns sind wir mit unserem wahren Wesen verbunden. Von hier aus öffnen sich alle unsere Poren, wird unser Körper in Energie verwandelt, schwingen alle unsere Zellen harmonisch mit der durch uns hin strömenden kosmischen Energie. Das ist eine wunderbare Erfahrung, die heilend und reinigend in uns wirkt. Wir sind dann nicht mehr durch eine abgeschlossene, nicht atmende Haut begrenzt, sondern eins mit der kosmischen Energie, mit dem kosmischen Atem, mit Gott.

Buddha in Verbindung mit dem achten Chakra über seinem Kopf und dem neunten Chakra unter seinen Füßen

Aus der Tiefe unserer Mitte heraus strahlen wir im Einatmen horizontal rundherum aus, mit Liebe und Wärme. Das Ausatmen, die vertikale Linie, sorgt dafür, dass wir aufrecht, aufrichtig und wahrhaftig zwischen Erde und Himmel da sind.

Wenn wir das in uns erleben dürfen, bemerken wir, wie unser Körper lebendig wird und Vitalität ausstrahlt. Die Augen, das Haar und die Haut glänzen. Unsere Aura strahlt rundherum kräftig und nicht mehr »zerrissen und verteilt« aus. Wir sind dann eins, heil. Körper, Seele und Geist sind eine Einheit geworden. Wir erleben das als ein Wunder und wir fühlen die vibrierende Stille, die alle Dinge, alle Menschen und alles, was ist und lebt, in Wärme und Liebe zusammenbringt.

Diese Erfahrung hilft uns, uns für eine Veränderung zu entscheiden. Und wenn wir dann in Übereinstimmung mit unserer Einsicht und unserer Entscheidung zu üben beginnen, erfahren wir schnell, was für ein Segen der innere Weg ist, den man mitten in der äußeren Welt, mit Arbeit und täglichem Leben, gehen kann.

Wir erleben, dass, je mehr wir uns mit dem Überweltlichen verbinden und das zunehmend in uns selbst erfahren, wir immer freier werden, unbekümmert, ohne Angst. Dann öffnen wir uns mehr und mehr für unser wahres Wesen und können auch der Welt davon mitteilen. Wir werden ein selbstständiger, bewusst lebender Mensch.

So jemand zu sein, bedeutet »durchlässig« zu werden für ein tieferes Sein, das dann durch uns für andere erfahrbar ist und so in der Welt zur Wahrheit wird.

Mit zunehmender Durchlässigkeit erlangen wir auch eine tiefere Einsicht in das Negative und Dunkle, den Schatten in uns, wie Eifersucht, Angst, Schuldgefühle, Verlangen, Aggressivität. Auch dieses Dunkle müssen wir annehmen. Wir müssen uns viel Schmerz und Kummer bewusst machen und in unserer Schale heilen, in der Schale aus Licht, tief in unserem Becken.

So lernen wir, auch uns selbst zu lieben, zu respektieren und finden Geborgenheit in uns. Letztendlich trägt jeder den Meister in sich und weiß in seiner Tiefe genau, dass es ihm lediglich an Vertrauen und Geduld mangelt.

Nicht immer bedeutet Heilwerden jedoch, dass man auch körperlich wieder gesund wird oder wieder laufen oder sich selbstständig bewegen kann. Heilsein kann, wenn körperliche Regeneration nicht möglich ist, auch darin bestehen, dass man ein Gleichgewicht in sich selbst findet – zwischen Innen und Außen und zwischen physischer, psychischer, mentaler und spiritueller Ebene unseres Daseins.

Auch dann ist die Aura, in der sich unsere Krankheiten ankündigen und durch charakteristische Schwächungen, Trübungen oder durch Verteilt- und Zerrissensein sichtbar werden, wieder heil und strahlend. Und auch dann erfahren wir, dass es beim Heilwerden darum geht, das Dunkle in uns in Licht zu verwandeln, indem wir unserem Wesen treu bleibend den inneren Weg gehen, mit Mut, Vertrauen und gläubiger Geduld.

1 Der Weg der Liebe

1 Therapie und Meditation

Ich werde manchmal gefragt, wie ich diesen Weg beschreibe. Am liebsten sage ich dann, dass es ein Weg ist, der zur Bewusstwerdung führt, ein Weg, der uns die Möglichkeit gibt, uns selbst zu verändern, und zwar so, dass wir dadurch wirklich wir selbst werden.

Man könnte ihn auch als eine Form von Psychotherapie bezeichnen, die uns durch die Atem-Meditation einen Weg aufzeigt, auf dem wir durch Übungen zu einer Erneuerung unseres Selbst gelangen.

Nun können wir uns fragen, ob Meditation eine solche Veränderung überhaupt möglich machen kann. Ist Meditation denn nicht eher ein Rückzug aus dem Miteinander, der Familie und der Arbeit, um sich nach innen zu wenden?

Meinem Gefühl nach braucht das nicht so zu sein. Genau wie die amerikanische Psychotherapeutin Frances Vaughan, die in Deutschland durch ihr Buch *Die Reise zur Ganzheit* (München 1990) bekannt geworden ist, glaube ich, dass das Bewusstsein, so wie es durch Meditation erreicht werden kann, nicht länger ein esoterischer Luxus, sondern eine gesellschaftliche Notwendigkeit ist.

Frances Vaughan ist der Meinung, dass die Menschheit vor die Wahl zwischen Selbstzerstörung und Selbstheilung gestellt ist, und dass es in der Verantwortung eines jeden Einzelnen liegt, wie er sich entscheidet und handelt. Der wirkliche Konflikt, so vermutet Vaughan, liegt in der Wahl zwischen dem »Durchlässigwerden des Ich« und dem Tod allen biologischen Lebens auf diesem Planeten.

In meiner Arbeit mit Menschen habe ich oft gesehen, dass uns das Hinabsteigen zu den tieferen Schichten des bewussten

Seins mit der Angst vor dem Tod konfrontiert. Und dass, wenn wir aus unserer Tiefe heraus die Kraft finden, dieser Angst in ihrer vollen Intensität zu begegnen, wir in uns die Wahlmöglichkeit zwischen Zerstörung und Heilung erkennen. Ich habe dann aber auch gesehen, wie in Verbindung mit unserer Quelle, dem kosmischen Auge, die Kraft zu uns kommt, die wir für das Heilwerden brauchen.

Deshalb möchte ich in diesem Kapitel versuchen deutlich zu machen, wie die Atem-Meditation aus dem kosmischen Auge heraus eine wirkungsvolle Antwort auf die Herausforderung bietet, das »Durchlässigwerden des Ich«, also die Heilung zu wählen statt weiterer Zerstörung.

Schon früher habe ich geschrieben, dass die Entfremdung, die man in der heutigen Zeit erfährt, nicht in der Entfremdung von unseren Mitmenschen besteht, sondern in der Entfremdung von unserem wirklichen Ich, vom wirklichen Sein und von den Erfahrungen und Gefühlen, die wir nicht wahrhaben wollen. Dadurch fühlen wir uns müde, krank und einsam.

Die Atem-Meditation bietet uns einen Weg zur Heilung durch tägliches meditatives Üben und das Sitzen in der Stille. Der Akzent liegt dabei auf dem richtigen Atmen, dem Loslassen in der Hingabe und der Wachsamkeit, die nötig ist, um Selbsterkenntnis zu erlangen. Denn Selbsterkenntnis ist der Schlüssel, der alle inneren Türen öffnet, durch die wir die Widerstände in uns erkennen und beherrschen lernen, statt von ihnen beherrscht zu werden.

Das klingt kurz und einfach, ist aber tatsächlich ein langer Weg. Wir gehen ihn ohne Selbstmitleid und auch ohne das Eine oder Andere zu beschönigen, treu übend und meditierend, immer wieder auch durch unseren Schmerz und unsere Angst und durch all unser Dunkles hindurch. So erlangen wir mehr und mehr Einsicht in uns selbst und erfahren allmählich eine tiefere

Verbundenheit mit anderen, ein Einssein mit ihnen. Und so sind wir auf dem Weg, ein neuer Mensch für eine neue Erde zu werden.

Ist das eine Utopie?

Durch das Arbeiten an mir selbst und die Erfahrungen, die ich in jahrzehntelanger Arbeit mit anderen Menschen gesammelt habe, bin ich davon überzeugt, dass immer mehr Menschen in der Lage sein werden, neue Möglichkeiten in sich selbst zu entdecken. Zum Beispiel um in einer positiven Haltung da zu sein, Gefühle wie »verwandt sein mit« zu erleben, Ganzheit zu erfahren, mehr Kreativität zu entwickeln und andauernden Stress zu vermeiden. So können wir gemeinsam eine neue Welt aufbauen – eine Welt, die offen ist, unsere Intuition anspricht und uns miteinander erwachsen werden lässt.

Im Folgenden will ich einige praktische Aspekte und die theoretischen Grundlagen der Atem-Meditation vorstellen. So wird nicht nur die Wirkung der meditativen Übungen deutlich, sondern auch der Platz, den dieser Weg zwischen anderen transpersonalen Richtungen einnimmt.

Zuallererst die Frage, was wir in dieser Annäherung vom kosmischen Auge her unter »Atem-Meditation« verstehen. Kurz gesagt ist Atem-Meditation ein auf persönlichen Erfahrungen basierender innerer Weg mit dem Ziel, durch Transformation von Körper, Seele und Geist zu einem zunehmenden Bewusstsein zu gelangen. Dabei ist unser Atem von zentraler Bedeutung und wirkt wie ein Schlüssel.

In der Praxis unterscheiden wir zwischen den meditativen Übungen und der eigentlichen Meditation. Die meditativen Übungen dienen dem Lösen von Spannungen und Verkrampfungen und dem Abbau von Stress, Emotionen und Müdigkeit. Unser Körper wird dadurch gereinigt und mit einem regelmäßigen Strom von immer feiner vibrierender Energie durchstrahlt, die uns durchlässig, wie »porös« werden lässt. Diese meditativen Übungen können wir – mit oder ohne einer Aufnahme der Übungsanleitung – liegend, stehend oder sitzend machen.

Durch die Übungen bereiten wir uns auf die Meditation vor. In der Meditation sitzen wir schweigend und ohne uns zu bewegen in einer der üblichen Meditationshaltungen.

Regelmäßiges Üben ist nötig, um während der Zeit zwischen den Meditationen in unserer Mitte, dem kosmischen Auge, zu bleiben.

Wenn wir uns dieser Atem-Meditation theoretisch nähern, können wir folgende wesentliche Themen unterscheiden:

- Atem-Meditation und Psychsomatik
- Atem-Meditation und Psychotherapie
- Atem-Meditation und Heilung
- Elemente der Atem-Meditation
- Die spirituelle Dimension der Atem-Meditation

Bei der Beschreibung dieser Themen werde ich im Folgenden einfachheitshalber »den Weg vom kosmischen Auge her« als »die Atem-Meditation« bezeichnen.

Atem-Meditation und Psychosomatik

Bei diesem Thema geht es darum, dass Körper, Seele und Geist in einer engen, direkten Wechselwirkung miteinander stehen. Alyce und Elmer Green stellten dies anhand ausführlicher Untersuchungen fest, über die sie in ihrem Buch *Biofeedback* (Freiburg 1999) berichten. Sie untersuchten die Wirkung von Meditation und anderen Bewusstwerdungswegen, die zu einer Veränderung körperlicher Funktionen führen und zur Beeinflussung von beispielsweise Blutdruck und Puls.

Ihre Schlussfolgerung ist, dass jede Veränderung in unserem körperlichen Zustand mit einem offenbar dazugehörigen geistig-seelischen Zustand verbunden ist, ob man sich dessen bewusst ist oder nicht. Umgekehrt hängt auch jede Veränderung des geistig-seelischen Erlebens mit einer spezifischen Veränderung des Körpers zusammen.

Diese Verbindungen werden auch in meiner Arbeit deutlich. Und wenn man sich dessen bewusst wird, nenne ich das »den Körper als einen Spiegel der Einheit von Körper, Seele und Geist erfahren«. Diesen psychosomatischen Aspekt hat die Atem-Meditation gemeinsam mit den Körper-Psychotherapien, die einen tiefenpsychologischen Hintergrund haben, wie zum Beispiel die nach Wilhelm Reich, Alexander Lowen, Gerda Boyesen und Ron Kurtz.

Auch sie gehen mehr oder weniger davon aus, dass frühe traumatische Erfahrungen, nicht zugelassene Gefühle und verdrängte Konflikte sich körperlich ausdrücken können. Sie zeigen sich zum Beispiel in einer charakteristischen Körperstruktur, einer Verhärtung von tiefer liegenden Muskeln oder einer Schwäche von bestimmten Organen beziehungsweise Organsystemen, wie der Atmung oder Verdauung.

Aber auch aktuelle Probleme, wie Ängste, eine einseitige Lebensweise, schwierige Entscheidungen, ungelöste Probleme, ein Verlust, ständige Überlastung und so weiter können schließlich durch festgehaltene und dadurch angereicherte Stoffe sowie körperliche Spannungen und Verkrampfungen zu psychosomatischen Beschwerden führen.

Auch diese Sichtweise bezüglich der Symptombildung teilt die Atem-Meditation mit den Körpertherapien, die einen tiefenpsychologischen Hintergrund haben. Allerdings bestehen Unterschiede im Verstehen der Symptome an sich, ihrer Funktion und in der Perspektive auf eine mögliche Heilung.

Aber bevor ich näher auf das Thema Heilung eingehe, erscheint es mir sinnvoll, die Atem-Meditation in Bezug zu einigen Psychotherapien zu setzen.

Atem-Meditation und Psychotherapie

Der Platz, den die Atem-Meditation inmitten anderer Richtungen zur Bewusst- und Einswerdung einnimmt, ist gut an dem Modell »Spektrum des Bewusstseins« des amerikanischen Autors Ken Wilber deutlich zu machen. Er unterscheidet in seinem Buch *Wege zum Selbst* (München 1984, 1991) vier Ebenen des menschliches Bewusstseins. Sie zeigen sich durch das, was der Einzelne als sein Selbst empfindet, als seine wahre Identität, etwa als Antwort auf die Frage »Wer bist du?«.

So gibt es Menschen, die sich als eins mit dem Universum fühlen. Andere dagegen empfinden eine Identität mit ihrem gesamten Organismus, fühlen ihr Selbst also als einen Teil des Universums. Eine dritte Gruppe identifiziert sich mit dem seelisch-geistigen Bereich in sich, also mit einem Teil des Gesamtorganismus. Und die vierte Gruppe empfindet sich identifiziert mit ihrer »Persona«.

Die »Persona«, C.G. Jungs Ausdruck für unsere soziale Persönlichkeit, ist die Seite in uns, die wir gerne sehen und zeigen wollen. Sie wird unterschieden vom »Schatten«, dem Teil unserer Psyche, den wir nicht sehen wollen und der aus diesem Grund auf die ein oder andere Weise in unser Unbewusstes verbannt ist. Insofern ist dieser Teil dunkel oder im Dunkel.

Die vier Stufen des Bewusstseins werden von Ken Wilber also in Bezug auf das All-Eine, das Universum, gesehen, und zeigen sich dann durch Einschränkungen gegenüber dieser allumfassenden Identität.

Zunächst ist da die Identifizierung mit lediglich dem Gesamtorganismus als Teil des Universums. Dann die Identifizierung mit dem Ich, als Teil des Gesamtorganismus und schließlich die Identifizierung mit der Persona, als Teil des Ich.

Wilber zeigt auch, dass mit den Stufen des Bewusstseins Themen verbunden sind, die die jeweiligen Personen ausgrenzen, das heißt als getrennt und außerhalb von sich erleben, als fremd und unbekannt.

Für die Persona-Menschen ist ihr Schatten, ihr unangenehmer und dunkler Persönlichkeitsanteil, abgeteilt und unbewusst. Werden sowohl Persona als auch Schatten zu einem erwachsenen Ich integriert, kann auf dieser Ebene noch immer ein Getrenntsein von Ich und Körper bestehen.

Die folgende Ebene ist die des Gesamtorganismus, wie Wilber sie nennt, der Integration von Körper und Ich. Auf dieser Ebene ist die Außenwelt, die nicht als Selbst erlebt wird, noch nicht integriert. Erst wenn das geleistet wird, entsteht das »Bewusstsein der Einheit«, das sich bewusst machen und bewusst sein des Einsseins mit allem, was ist.

Welche Vorgehensweise ist nun hilfreich, um sich von der einen Ebene zur nächsten zu entwickeln?

Wilber schreibt, dass auf der Ebene des Getrenntseins von Persona und Schatten einfache Beratung gut geeignet ist, also zum Beispiel unterstützende Gesprächstherapie oder auch Autogenes Training. Bei weitergehendem oder direkterem Vorgehen könnten die inneren Widerstände angesichts des eigenen Schattens zu stark werden.

Will man das Aufgeteiltsein in Persona und Schatten überwinden, arbeitet man mit den dafür geeigneten Methoden. Das können beispielsweise Psychoanalyse, Psychodrama oder Transaktionsanalyse sein. Die Entwicklung zu einem mehr oder weniger erwachsenen Ich ist damit möglich. Der Körper und die Bedeutung von körperlichen Symptomen sind aber noch nicht in das Bewusstsein des Selbst integriert worden.

Um auf die Ebene des »Gesamtorganismus«, dem Organismus als Ganzheit zu kommen, sind Formen der Psychotherapie hilfreich, die auf das Körperbewusstsein einwirken, wie Bioenergetische Analyse (A. Lowen), Focusing (E. Gendlin), Gestalttherapie (F. Perls), Logotherapie (V. Frankl) und verschiedene Richtungen der Humanistischen Psychologie. Das Abgespaltensein des Körpers von der Außenwelt wird durch die genannten Therapieformen allerdings nicht überwunden.

Zwischen der Ebene des Gesamtorganismus und der Ebene des Bewusstseins der Einheit liegen nach Wilber »transpersonale Streifen«. Damit meint er »Zwischenstufen des Bewusstseins«, auf denen sich der Mensch für überpersönliche, transpersonale Erfahrungen öffnet, die Welt um sich herum aber immer noch nicht vollständig integriert.

Im Bereich dieser Streifen können zum Beispiel C.G. Jungs Analytische Psychologie und darauf aufbauende Therapien, die Psychosynthese von R. Assagioli und auch Yogapraktiken weiter helfen.

Um die Ebene des Bewusstseins der Einheit, auf der das Selbst und die Außenwelt vollkommen integriert sind, geht es beim Mahayana- und Vajrayana-Buddhismus, dem Vedanta-Hinduismus, dem Taoismus und Gnostizismus und den mystischen Richtungen der monotheistischen Religionen, wie der Kabbala, der christlichen Mystik und dem Sufismus.

Wo steht nun der integrierend wirkende Übungsweg der Atem-Meditation? Und ist es möglich, angesichts der Hierarchie von Bewusstseinsebenen, die Wilber nennt, mit dieser Atem-Meditation einfach zu beginnen, ohne sich vorher einer oder mehrerer der genannten Psychotherapien unterzogen zu haben?

Im Allgemeinen rate ich, tief wirkende meditative Übungswege nicht ohne eine erfahrene Begleitung zu beginnen, solange man seine persönliche Lebensgeschichte noch nicht verarbeitet hat. Bei der Atem-Meditation ist das nicht nötig, außer bei Menschen, die psychosomatisch schwerwiegender erkrankt sind. Dann ist eine parallel durchgeführte Psychotherapie anzuraten.

In allen übrigen Fällen wirkt die Atem-Meditation, besonders durch die meditativen Übungen, so tief, dass selbst im Organismus verborgene Konflikte in Form von Spannungen und Verhärtungen, sowie tief liegende Probleme und Schattenaspekte durch das Atmen und Loslassen und das immer wieder aufs Neue aufmerksame Einfühlen, Ansehen und ganz Hindurchgehen bewusst gemacht werden und im Loslassen beim Ausatmen nach außen abgegeben werden.

Die Atem-Meditation mit den täglich ausgeführten meditativen Übungen und dem stillen Sitzen wirkt auf allen von Ken Wilber genannten Ebenen des Bewusstseins integrierend und heilend und führt bis zum Bewusstsein der Einheit. Man verlässt diesen Weg auch nicht mehr, weil er mit der Zeit durch die Übungen und die Meditation zum freiwillig gewählten, eigenen inneren Weg geworden ist.

Atem-Meditation und Heilung

In der Einleitung erwähnte ich, dass die Heilung schrittweise geschieht. Der erste Schritt ist die Bewusstwerdung unserer Probleme, sei es ein Beziehungsproblem, das wir weit von uns wegschieben, oder das Verhältnis zu unserer Arbeit, in die wir uns festgebissen haben, oder die Art, wie wir mit unseren Gaben und Möglichkeiten umgehen, indem wir sie zum Beispiel vernachlässigen.

Im zweiten Schritt geht es um die, wie ich sie nenne, »krank machenden Muster«. Wir fragen uns, warum wir ein bestimmtes Problem überhaupt haben und erfahren dabei meist, dass wir nach bestimmten Verhaltensweisen leben, die unsere Probleme verursachen oder andauern lassen. Ist unsere Arbeit beziehungsweise der Beruf das Problem, können wir uns ständig im Stress fühlen und darüber klagen, dass wir für nichts anderes mehr Zeit haben. Keine Zeit mehr für unser eigenes Leben?

Es könnte auch sein, dass wir gerne etwas Kreatives anstelle von »immer nur Papierkram« täten, dafür aber eine zusätzliche

Ausbildung nötig wäre. Eine Fortbildung oder andere Veränderungen würden helfen. Aber wir nutzen diese Möglichkeiten nicht und führen unsere tägliche Routine fort. Ist das Trägheit oder Angst vor einer neuen Herausforderung? Erst wenn wir erkennen, dass unser Kranksein und Leiden das Ergebnis von früher getroffenen eigenen Entscheidungen ist, können wir beginnen, für unsere Gesundheit zu sorgen, indem wir die Verantwortung übernehmen und uns verändern.

Damit beginnt der dritte Schritt, der des Loslassens und Veränderns. Das heißt, wir müssen die krank machenden Muster loslassen und in *heilende* Muster verwandeln.

Wie können wir eine solch grundsätzliche innere Veränderung erreichen?

Wenn wir alle unsere Schwierigkeiten ansehen, aushalten und loslassen, nehmen wir Abstand von inneren Konflikten, die der Grund für unsere Probleme, Störungen und Krankheiten sind, und können uns verändern. Dies geschieht durch die unter Anleitung praktizierten meditativen Übungen. Dabei lernen wir durch aufmerksames Mitgehen mit unserem Atem in uns selbst wahrzunehmen, was wir falsch machen. Wir erkennen, wo wir unserem Wesen nicht treu bleiben, und wo wir nicht auf das achten, was wirklich wichtig ist. Erst dann können wir damit beginnen, den Weg der inneren Heilung zu gehen.

Um das, was ich damit meine, zu verstehen, kann es hilfreich sein, vor dem Weiterlesen durch die folgende Übung zunächst eine eigene Erfahrung zu machen.

Eine gute Möglichkeit, die im Buch angeleiteten Übungen zu nutzen, ist, sie langsam und mit ausreichenden Pausen auf eine Tonband-Kassette oder etwas Vergleichbares zu sprechen und dann beim Zuhören zu üben.

Übung *Wir setzen uns auf den vorderen Teil eines Stuhls oder Hockers, auf unsere Sitzknochen. Wir sitzen etwas nach vorne geneigt, sodass das Steißbein frei bleibt. Unsere Füße stehen, etwas auseinander, auf dem Boden.*

Unsere Hände liegen mit den Handflächen auf den Oberschenkeln. Wir ziehen unser Kinn leicht zum Körper hin.

Jetzt gehen wir mit unserer Aufmerksamkeit zu unseren Sitzknochen und stellen uns vor, dass sich unsere Sitzknochen in einem warmen Orange in den Stuhl oder den Hocker, auf dem wir sitzen, verwurzeln.

Immer feiner werdend, suchen sich die Wurzeln ihren Weg, bis in haarfeine Wurzeln.

Wir werden zu einem Baum mit tief in die Erde gewachsenen Wurzeln. Wir atmen ruhig ein und aus und folgen aufmerksam unserem Atem.

Im Einatmen werden wir in der Tiefe unseres Beckens horizontal weit, und im Ausatmen lassen wir uns in einer vertikalen Linie los, Energie empfangend aus »unserem Himmel«. Wir lassen innerlich unsere Schultern los und die Energien strömen in unser Becken, strömen weiter durch unsere Beine und Füße hin zur Erde.

Jetzt warten wir, bis das Einatmen aus der Tiefe unseres Beckens von selbst geschieht. Dann werden wir wieder von der Tiefe unserer Schale her weit, rechts und links durch die Hüftgelenke, nach vorne und nach hinten bis in unsere Gesäßnaht, also rundum.

Dann lassen wir im Ausatmen wieder in der vertikalen Linie los, die Wirbelsäule entlang, durch das Becken, durch die Beine und Füße, bis 40 cm weiter in »unsere Erde« hinein.

Das Einatmen ist breit und wesentlich kürzer als das Ausatmen.

Wir gehen aufmerksam mit in die Tiefe und nehmen wahr, wie sich unser Becken zu einer großen Schale formt, weit und tief, wie die Oberschenkel Spannung loslassen, die Kniegelenke leicht zu vibrieren beginnen und durch Unterschenkel, Wa-

den, Fußgelenke und Füße, durch die, zwischen den und unter den Zehen Spannung nach außen wegfließt.

Wenn wir so ein- und ausatmen nehmen wir wahr, wie sich der Schwerpunkt von unserem Brustkorb mehr und mehr in die Tiefe des Beckens verlagert. Dort ist unsere Mitte.

Von dorther sind wir mit unserem Gesäß in unserem Stuhl oder Hocker verwurzelt.

Wir atmen weiter ein und aus, horizontal – vertikal, und stellen uns dabei vor:

> *Wir sind ein atmender Baum. Von unserem Beckenboden her sind wir mit starken Wurzeln durch unsere Beine und Füße mit der Erde verbunden.*
> *Zusammen mit der Spannung löst sich in uns alles, was negativ ist. Stress, Sorgen und Angst verlassen uns zusammen mit dem Ausatem durch die offenen Füße in die Erde hinein.*
> *Von der Erde her nehmen wir wahr, wie sich unser Kopf öffnet und zum Himmel ausstrahlt. Das Ausstrahlen wird immer stärker, so als würde sich eine Baumkrone mit glänzenden Zweigen und Blättern in weißem Licht bilden.*

Wir bleiben sitzen, einatmend – ausatmend.

Wir schauen nach innen und fühlen und tasten, wo es noch nicht mitvibriert.

Auch in unsere Schultern und Schultergelenke fühlen wir tief hinein und lassen dann zur Erde hin los.

Über unserem Kopf fühlen wir die Blätterkrone, strahlend in weißem Licht, geöffnet zum Himmel. Wir sind ein atmender Baum.

Jetzt schlucken, die Augen öffnen, schließen und wieder öffnen. Recken und Strecken und dann langsam durch uns hin ausatmen, durch unser Becken, durch unsere Beine und Füße nach außen, in die Erde hinein.

Elemente der Atem-Meditation

Die Atem-Meditation ist, so wie die Übung eben deutlich gemacht hat, ein vollständiger Übungsweg, der unseren Körper mit seinen Funktionen und Aktivitäten einschließt. Bevor ich ausführlich auf die zentrale Rolle, die der Atem hierbei spielt, eingehe, möchte ich kurz die feinstofflichen Bereiche unseres Körpers, die wichtigsten Energiebahnen, den ätherischen Körper, die Aura und die Chakren ansprechen.

Die kosmische- oder Lebensenergie

In Indien wird diese Energie »prana« genannt, in China »chi« und in Japan »ki«. Durch das Atmen kommt sie in unseren Blutkreislauf, wird dort in ganz feine, elektromagnetische Energieströme verwandelt und gelangt über die Nervenbahnen bis in die abgelegensten Gebiete unseres Körpers. So durchströmt und transformiert uns die kosmische Energie und wir bekommen ein neues Körperbewusstsein.

Über diese Energie können wir auf drei verschiedenen Ebenen verfügen:

Zunächst in unserem täglichen Leben, unserer täglichen Routine. Was auf dieser Ebene verbraucht wird, ergänzen wir durch Schlaf.

Die zweite ist eine Reserve-Ebene, die gebraucht wird, wenn wir in Not sind. Wir fühlen dann auf einmal keine Müdigkeit mehr, reagieren schnell, können viel tun und neue Energie steht uns zur Verfügung. Wenn wir auf unserer ersten Ebene erschöpft sind, bringt uns das Atmen und Reinigen in den meditativen Übungen schnell auf diese zweite Ebene.

Die dritte Ebene erfahren wir, wenn wir uns in der Meditation nach innen wenden, zu unserer Quelle, dem kosmischen Auge. Die Energiewellen, die aus dieser Quelle strömen, sind fein und durchdringend.

Die Energiebahnen

Wir kennen die Energiebahnen als Meridiane aus der Akupunktur. Mithilfe dieser Meridiane sorgen die Energien in uns für Gleichgewicht und Gesundheit.

Für die Atem-Meditation haben das »Lenkergefäß« auf der Rückseite unseres Körpers und das »Konzeptionsgefäß« auf der Vorderseite eine besondere Bedeutung. Sie sind innerlich verbunden mit unserem »Heilfaden«. Durch diesen »Faden« empfangen wir beim Ausatmen strahlende Energien durch uns hindurch. Er verläuft durch den Mittenkanal der Wirbelsäule, die »Sushumna«. Links und rechts des Heilfadens verlaufen die beiden Nebenkanäle, die »Ida«, verbunden mit dem linken Nasenloch, und die »Pingala«, die mit dem rechten Nasenloch verbunden ist.

Wir können die Meridiane in uns selbst fühlen, indem wir die Augen schließen, alle äußeren Dinge loslassen und uns über unseren Atem nach innen wenden. Dann kommt der Blutkreislauf zur Ruhe und unsere inneren Sinne öffnen sich.

Neben den Meridianen gibt es in unserem Körper noch eine Anzahl feinerer und sogar ganz feiner Kanäle, die Nadis, die ein ganzes Netz bilden.

Der ätherische Körper

Der ätherische Körper, der auch als Ätherleib oder Ätherkörper bezeichnet wird, ist unser »ätherisches Doppel« und besteht aus elektromagnetischen Strömen, aus Energie. Er folgt wie ein eng anliegender Taucheranzug jeder Linie unseres Körpers, umschließt, durchdringt und durchstrahlt uns. Dadurch wird unser physischer Körper gereinigt und gesund.

Der ätherische Körper spiegelt aber auch unsere negativen Gedanken und Emotionen wider. Durch tief gehende Einspür-Übungen können wir ihn reinigen. Dadurch wird auch unsere Abwehr gegen Krankheiten stärker.

Der ätherische Körper wächst mit unserem physischen Körper mit und ist bis zu unserem Tode untrennbar mit ihm verbunden.

Die Aura

Die Aura ist eine feine Schwingung, die uns meist eiförmig umhüllt. Ein elektromagnetisches Kraftfeld, das, wenn wir üben und meditieren, stark und klar nach allen Seiten ausstrahlt.

An der Aura eines Menschen kann man seinen Gesundheitszustand, seine Persönlichkeit und auch seine Bewusstseinsentwicklung ablesen. Krankheit und Schmerz werden in der Aura als dunkle, manchmal glühende Flecken sichtbar, meist schon bevor sie in den physischen Körper eindringen. Deshalb ist es im Prinzip auch möglich, sich durch meditative Übungen und Meditation und eine dazu passende Lebensweise und Einstellung mehr oder weniger vor Krankheiten zu schützen.

Die Chakren

Aus dem Yoga kennen wir die Chakren als Energie- und Bewusstseinszentren. Ein Chakra kann als ein sich drehendes Rad oder Kreis wahrgenommen werden.

Die sieben Hauptchakren liegen entlang der Wirbelsäule und dem Hirnstamm bis oben auf unserem Kopf. In meinem dritten Buch *Das Licht in uns* (München, 1986) schreibe ich ausführlicher über die sieben Chakren. Im Folgenden fasse ich das kurz zusammen.

- Das Basischakra liegt an der Basis des Steißbeins, arbeitet zusammen mit den Nebennieren, die Adrenalin produzieren und beeinflusst das Gebiet von Wirbelsäule und Nieren.
- Das Sakralchakra liegt im Becken beim Schambein, arbeitet zusammen mit den Geschlechtsdrüsen und beeinflusst die

Fortpflanzung. Früher nannte ich dieses Chakra auch »Nabelchakra«. Diese Bezeichnung habe ich geändert, weil im Laufe des Übens und inneren Öffnens vom kosmischen Auge her deutlich wurde, dass dieses Chakra mitten im Kreuzbein, im Os sacrum liegt. Von dort wirkt es sakral in uns und transformiert und erhellt den tiefsten Teil unserer Schale, den Beckenboden. Das wird immer mehr die Stelle, von der aus das innere Licht nach außen strahlt.

- Das Sonnengeflecht- oder Magen-Sonnengeflecht-Chakra liegt im Gebiet des Magens. Es arbeitet zusammen mit der Bauchspeicheldrüse und beeinflusst das Gebiet von Magen, Leber und Gallenblase und das Nervensystem.
- Das Herz-Chakra liegt hinter dem Brustbein und arbeitet zusammen mit der Thymusdrüse. Dieses Chakra beeinflusst das Gebiet von Herz, Blut und Blutkreislauf.
- Das Kehl-Chakra liegt oberhalb der Verbindungslinie der beiden Schlüsselbeinknochen, arbeitet zusammen mit der Schilddrüse und beeinflusst die Lungen und Bronchien.
- Das Stirn-Chakra, das »dritte Auge«, liegt zwischen den Augenbrauen, arbeitet zusammen mit der Hypophyse und beeinflusst das Gebiet des Kleinhirns, das linke Auge, die Ohren, Nase und Nebenhöhlen.
- Das Kronen-Chakra liegt genau über der Mitte des Kopfes, arbeitet zusammen mit der Epiphyse und beeinflusst das Großhirn und das rechte Auge.
- Daneben gibt es noch zwei weitere große Chakren, das achte und das neunte. Das achte Chakra befindet sich ungefähr 40 cm über unserem Kopf. Von hier aus empfangen wir mit dem Ausatem das weiße Licht, die Yang-Energie.
- Das neunte Chakra befindet sich ungefähr 40 cm unter unseren Fußsohlen. Dort sind wir wie ein Baum in der Erde verwurzelt und dorthin führen wir mit dem Ausatem ab, was negativ ist und nicht in uns gehört.

Durch die meditativen Übungen und das Meditieren erfahren wir bewusst das Verwurzeltsein in unserer Erde, im neunten Chakra, ob wir nun liegen, sitzen, stehen oder laufen. Aus diesem Verwurzeltsein in der Erde heraus öffnen wir uns gleichzeitig zum achten Chakra, 40 cm über unserem Kopf, unserem Himmel. Wir sind dann »geöffnet zwischen Erde und Himmel« und entdecken, dass wir uns so heilen und auch für andere helfend da sein können.

Das vergrößerte rechte Auge

Bei den meisten Menschen liegt der Schwerpunkt beim Sehen auf dem linken Auge. Wie kann man das erklären? Das linke Auge öffnet unsere linke Körperhälfte, unsere weibliche, emotionale Seite, die mit der rechten Gehirnhälfte verbunden ist. Die linke Seite ist unsere Gefühlsseite. Das rechte Auge, das reinigende und heilende Kraft besitzt, öffnet unsere rechte Körperhälfte, unsere männliche, aktive Seite, die mit der linken Gehirnhälfte verbunden ist.

Weil unsere beiden Gehirnhälften auch beim Sehen sich ergänzende Aufgaben haben, ist es verständlich, dass das hauptsächliche Sehen mit nur einem Auge ungenaue und sogar unvollständige Bilder der Wirklichkeit liefert. Wenn wir deutliche und vollständige Bilder von der Welt um uns herum empfangen wollen, müssen wir lernen, mit beiden Augen zu sehen. Nur dadurch können sich unsere beiden Körperhälften und unsere Rückseite öffnen, um mit Energie aufgeladen zu werden.

Letzteres geschieht durch das »vergrößerte rechte Auge«, das sich durch das Einstrahlen von rechts, das Zulassen von Yang-Energie, öffnet. Sie kommt über unserem rechten Ohr in uns hinein, geht dann durch die Schläfe zum rechten Auge, von dort durch die Nasenwurzel zum linken Auge, zur linken Schläfe und oberhalb des linken Ohres nach außen, wieder ins Kosmische hinein.

So wird alles geöffnet, miteinander verbunden und durchstrahlt. Das rechte Auge, die Nasenwurzel, das linke Auge, aber auch die rechte Körperhälfte und das Gebiet der Wirbelsäule und rechts und links davon bis zur und mit der linken Körperhälfte. Erst durch dieses immer wieder aufs Neue Durchstrahlen und Öffnen, Reinigen von rechts – wobei die starken Yang-Energien, die Sonnen-Energien, uns helfen – lernen wir leer zu werden, um neue Energien aufnehmen zu können und stark und kraftvoll da zu sein.

Brauchen wir hingegen Ruhe, Stille oder Schlaf, gehen wir wie von selbst zu unserem vergrößerten linken Auge, das mit der Mond-Energie verbunden ist. Dann strahlen wir von links durch das linke Auge, die Nasenwurzel, das rechte Auge und durch die rechte Schläfe nach außen. Unsere Augenlider werden davon schwer, unser Denken wird still und bevor wir es merken, schlafen wir schon.

Das richtige Atmen

Schon der Name »Atem-Meditation« weist darauf hin, welche zentrale Bedeutung der Atem für diesen Übungsweg hat. Der Schlüssel in dieser Meditation ist der Atem. Durch ihn lernen wir unseren Körper als unser irdisches Haus zu bewohnen.

Wie aber atmen wir in der richtigen Weise? Die folgenden drei Punkte sind hierbei am wichtigsten:

- Wir lassen uns im Ausatmen los und atmen vollständig durch unsere Füße und Fußsohlen nach außen aus, in unsere Erde hinein.
- Wir lassen den Einatem von selbst aus der Tiefe unseres Beckens kommen.
- Wir folgen dem Atem aufmerksam.

Wenn wir das einige Zeit geübt haben, merken wir, dass sich unser Atem zu verändern beginnt. Und zwar von der Atmung im Brustraum hin zur Zwerchfellatmung, die dann wie von selbst geschieht. Dadurch fühlen wir uns entspannt und vital.

Beim Atmen erleben wir die Bewegung, in der wir uns öffnen und wieder schließen, uns loslassen und erneuert finden, uns ständig verändern. Mit »schließen« unseres Körpers beim Atmen meine ich, dass wir die bei diesem bewussten Atmen empfangene Energie in uns bewahren können. Wir behalten sie so für uns selbst, statt uns zu verausgaben.

Das Atmen verbindet »innen« und »außen« in uns, reinigt uns und hilft uns unser Dunkles, unsere Fehler und alles, was uns einschränkt, im Ausatmen loszulassen. Atem erneuert, macht uns hellwach, füllt uns mit neuer Energie, entspannt, gibt uns Ruhe und lehrt uns, uns zu konzentrieren. Das Üben des richtigen Atmens wird so zu einer heilenden Erfahrung für unseren Körper, unsere Seele und unseren Geist. Und es macht den Weg für die Verwirklichung unseres Selbst in uns frei.

Empfinden Sie das beim Lesen noch einmal nach.

> Beim tiefen Einatmen werden wir horizontal weit. Mit dem Ausatmen lassen wir uns vertikal los, durch uns hindurch, bis tief in die Erde hinein.
> Wir atmen horizontal ein und vertikal aus, mit dem Schnittpunkt von Ein- und Ausatem in der Tiefe unseres Beckens, in unserer Mitte.
> Beim Einatmen öffnen wir uns und lassen in uns zu, mit dem Ausatmen geben wir das an das Kosmische zurück, was nicht in uns gehört.
> Wir lassen uns in unseren Schultern los und in unserem Becken nieder.
> Denken und Fühlen kommen zusammen in der Tiefe unserer Schale.
> Wir lassen uns »eins« werden und wieder aufs Neue entstehen.

So atmen wir in der richtigen Weise.

Innere Aufmerksamkeit

Mit »innerer Aufmerksamkeit« meine ich unsere Konzentration auf das Geschehen in unserem Körper, besonders bei den meditativen Übungen.

- Konzentration beim Atmen.
- Konzentration auf bestimmte Punkte, Organe, Gebiete, die in der Übung genannt werden.
- Einfühlen an der Stelle, um die wir uns gerade bemühen, dort anwesend sein.
- Innerlich abtasten und wahrnehmen, durchstrahlen, loslassen.
- Abgeben nach außen.

Manchmal richten wir unsere Aufmerksamkeit auch darauf, Energien zu bestimmten Stellen oder in eine bestimmte Richtung in uns zu lenken. Ein Beispiel ist das Ein- und Durchstrahlen der Sonnen-Energie von rechts nach links, durch die rechte Schulter, das ganze Nackengebiet, die linke Schulter, nach links, nach außen ins Kosmische hinein. Dabei fühlen wir, wie sich das Schultergebiet, ja sogar unsere ganze rechte Seite öffnet.

Auch beim Sitzen in der Meditation ist es wichtig, aufmerksam zu sein, dem Atem ganz wach zu folgen und im Strom der Energien mitzugehen.

Im Abschnitt über die spirituelle Dimension der Atem-Meditation werden wir das Thema »innere Aufmerksamkeit« noch vertiefen und ergänzen.

Das kosmische Auge

Im unteren Teil der Wirbelsäule liegt eine Stelle, die in Verbindung mit dem Atem das wichtigste Medium auf diesem Übungsweg ist. Es geht um einen Punkt, der auch als »Chi-Punkt« bekannt ist und der zwischen dem zweiten und dritten Wirbel des Kreuzbeins liegt. Ich nenne ihn das »kosmische Auge«.

Hier im *Kreuz*bein kreuzen Ein- und Ausatem einander. Es ist auch der Punkt, an dem das hereinströmende weiße Licht gebrochen wird, wenn wir durch unseren Kopf und durch die Wirbelsäule zur Erde, zu unserem neunten Chakra hin ausatmen. Das kosmische Auge strahlt, wenn wir regelmäßig üben, immer stärker aus. Es durchstrahlt und öffnet auch unser Steißbein und wird so zu einer Öffnung zwischen dem Raum in uns und der Welt außerhalb von uns.

Durch das kosmische Auge sind wir außerdem mit unserem wahren Wesen verbunden. Von hier aus öffnen sich alle Poren und unser Körper transformiert in Energie. Damit meine ich, dass wir, wenn wir vom kosmischen Auge her atmen, gereinigt und heilend durchstrahlt werden, sodass jede Zelle in uns mit der uns durchströmenden Energie harmonisch mitschwingt. Wir sind dann nicht mehr begrenzt durch eine geschlossene, nicht atmende Haut, sondern erfahren uns selbst – zu Anfang allerdings nur für kurze Zeit – als unbegrenzt, als eins mit der kosmischen Energie, mit dem kosmischen Atem, mit Gott. Statt der Trennung

> von Subjekt und Objekt,
> von Geist und Materie,
> von Transzendenz und Immanenz,
> von Erde und Himmel,
> von Gott und Mensch

erleben wir einen einzigartigen Kosmos sich ständig verändernder Formen und vibrierender Kraftfelder, von immer kleineren Teilchen, bis ins Kleinste.

Hier zeigt sich, dass die Atem-Meditation einen Bezug zum Transzendenten hat, eine spirituelle Dimension. Und diese spirituelle Dimension ist es, die wesentlich für die heilende Wirkung des Atmens vom kosmischen Auge her ist.

Die spirituelle Dimension der Atem-Meditation

Traditionell werden psychologisches Wachstum und die Suche nach dem Spirituellen als unterschiedlich, ja sogar als gegensätzlich betrachtet. Inzwischen gibt es aber immer mehr Menschen, in denen ein Verlangen nach sowohl tieferem Verständnis des Seelischen als auch echter Transzendenz erwacht. Ein Verlangen, so stellt Frances Vaughan zu Recht fest, das nicht allein durch psychisches Wachstum gestillt werden kann. Um zu Heilung und Ganzheit zu gelangen, ist nach ihrer Vision beides nötig – sowohl psychisches Wachstum als auch spirituelle Transformation.

Um diese Transformation geht es bei der Atem-Meditation. Zu ihr gehören sowohl das meditative Üben als auch die Meditation, als Sitzen in der Stille – alleine oder mit anderen. Die Übungen sind und bleiben neben der Meditation nötig, weil es uns so schwer fällt,

- Tag und Nacht vom kosmischen Auge her da zu sein,
- den Heilfaden in unserer Wirbelsäule dauerhaft zwischen dem achten und neunten Chakra ausstrahlen zu lassen,
- tagsüber immer durch unsere rechte Schläfe oder rechte Schulter Sonnen-Energie aufzunehmen und diese von rechts nach links wie durch eine Schleuse durchstrahlen zu lassen und dann nach außen loszulassen, sodass auch unsere linke Seite sich öffnet und alles, was negativ ist, uns verlassen kann.

Es ist schwer für uns, ununterbrochen in unserer Tiefe, in unserer Mitte, zu bleiben. In unserem täglichen Leben kommen wir immer wieder innerlich nach oben, denken und reagieren emotional oder übernehmen das Dunkle von anderen.

Indem wir regelmäßig üben können wir wahrnehmen, was sich in unserem Körper an Negativem – unser eigenes Negative eingeschlossen – zeigt. Das eigene Dunkel können wir dann anschauen und in Licht verwandeln, statt es nach außen auf andere zu projizieren. Und das von anderen Übernommene geben wir ab, um Raum zu bekommen, in den wir neue Energien in uns zulassen können.

Zur wirklichen Meditation kommen wir erst durch die meditativen Übungen, die unseren Körper reinigen und mehr und mehr darauf vorbereiten, uns tief nach innen zu wenden. Durch die Meditation lernen wir uns dann so zu sehen, wie wir wirklich sind, ohne etwas zu beschönigen. Wir lernen Projektionen zurückzunehmen, uns unserer Schattenaspekte bewusst zu werden und sie zu integrieren. Ärger, Wut und Zorn werden weniger und wir allmählich glücklicher in und mit uns selbst. Unsere Lebensweise verändert sich, wird feiner und unsere Kreativität nimmt zu.

Wenn immer mehr Menschen in einen solchen Transformationsprozess mitgehen, wird es zu neuen kulturellen, sozialen und wirtschaftlichen Entwicklungen kommen und sich unser Verhältnis zur Welt, zur Natur und den Mitmenschen verändern. Die Transformation von Körper, Seele und Geist durch das bewusste Atmen, die meditativen Übungen und das stille Sitzen bringt uns und unsere Entwicklung weiter in diese Richtung.

Vertiefte Intuition und vertieftes Wahrnehmen

In diesem Transformationsprozess ist die vertiefte Intuition und das vertiefte Wahrnehmen von großer Bedeutung. Es beginnt damit, dass sich nach einiger Zeit unsere Sinne verfeinern.

So wird das Sehen zum Schauen mit den »inneren Augen«. Dadurch wird es warm in uns und wir können mit unserer Aufmerksamkeit tiefer in unseren Körper hineingehen, tief ins Innere hinein. Wir lernen unsere Gaben und Möglichkeiten kennen, nehmen Hell und Dunkel in uns selbst wahr und können beim meditativen Üben, auch mithilfe von Visualisierungen, immer zielgerichteter an uns selbst arbeiten.

Das vertiefte Riechen geht, wenn wir mit dem bewussten Atem verbunden sind, von unseren Nasenlöchern bis in unseren Hinterkopf und von dort bis in die Tiefe unseres Beckens. Es reinigt und vertieft unser Wissen und unser Unterscheidungsvermögen so, dass wir zum Beispiel merken, ob etwas »einen guten oder schlechten Geruch« hat. Oder wir bekommen intuitiv ein sicheres Gefühl dafür, inwieweit der Umgang mit jemandem gut für uns ist oder nicht.

Auch das Schmecken wird feiner und so zu einem intuitiven Wahrnehmen. Von unserem kosmischen Auge her wird uns klarer, was für uns wichtig ist, einen Wert hat. Dadurch wird im übertragenen Sinn auch unsere Zunge sensibler. Wir bemerken beispielsweise »das schmeckt mir nicht« oder dass etwas einen bestimmten Beigeschmack hat.

Durch das vertiefte Hören bekommen wir, indem wir horchen oder lauschen, die richtigen Worte und Gedanken und Bewusstsein über unser Selbst. Dabei geht es um das Zuhören aus der Tiefe unserer Schale, unserer Mitte, und um Wissen und Verstehen. Wir hören nicht nur die Worte, sondern vor allem den Klang, den Rhythmus der Stimme, eine innere Qualität. Sie erzählt uns, wie jemand wirklich ist.

Das »innere Ohr« verbindet sich mit den »inneren Augen« und dem »mystischen Herzen«, dem Raum hinter unserem Brustbein. Wir begreifen dann den Kern dessen, was gesagt wird, besser und intuitiv. Und wir öffnen uns für den Standpunkt des anderen. Das Gespräch wird konstruktiver und gegenseitiges Vertrauen entsteht.

Vertieftes Tasten und Fühlen entwickelt sich in Verbindung mit dem geöffneten, von Licht und Energie durchströmten mystischen Herzen. Dieses Gebiet mitten in unserem Brustraum ist direkt mit den Liebeskräften verbunden, die auch die »Christuskräfte in uns« genannt werden. Wir haben diese Qualität alle schon einmal in uns erfahren, als unerwartet ein Gefühl von Liebe aufkam.

Das geöffnete mystische Herz ermöglicht uns Einfühlen und inneres Abtasten in den meditativen Übungen und der Meditation. Dabei können tiefe spirituelle Erfahrungen, wie ganz davon durchdrungen zu sein, dass wir mit Gott verbunden sind, vorkommen.

Dieses vertiefte Abtasten und Fühlen, das Gefühl, rein und klar zu sein, ist mit dem Atmen und Sein aus der Tiefe unserer Mitte heraus verbunden. Und mit der atmenden, geöffneten Haut, die dadurch zu einem Wahrnehmungsorgan wird.

Auf diese Weise können wir uns auch aus uns heraus in andere Menschen einfühlen und mit Verständnis und Weisheit erkennen, was sie bewegt oder ihnen fehlt, was ihnen Freude macht und was sie betrübt. Ohne uns aufzudrängen, können wir ihnen dann etwas von unserer Wärme und Liebe geben.

Die stille Meditation

Richtiges Atmen, sich also tatsächlich loslassen, niederlassen und neu entstehen lassen, vertieft, wie ich es gerade beschrieben habe, unsere Sinne. Mit ihnen nehmen wir dann deutlich in uns wahr, dass wir uns eine oder mehrere Dimensionen weiter öffnen und erkennen, dass es keinen Abstand gibt. Erst so bekommen wir wirkliches Bewusstsein. Denn die Verwandlung unseres Körpers bringt uns die Transformation des bewussten Seins, einen Zustand, in dem wir uns unseres bewusst Seins bewusst sind! Das bedeutet eine Transformation unseres Menschen- und Weltbildes.

So geht es bei der Meditation im Schweigen letztlich darum, alles in uns, bis ins Kleinste, zu transformieren und auf eine höhere Ebene zu bringen. Erst dadurch erfahren wir das Einswerden und Heilsein, die Heilung.

Die transzendente Erfahrung

Wenn wir auf die letzten einhundert Jahre zurückblicken, sehen wir eine wachsende Tendenz, das Transzendente zu verdrängen. In seinem Buch *Wege zum Selbst* (München 1984, 1991) schreibt Ken Wilber: »Diese ebenso ausgedehnte wie subtile Verdrängung ist zweifellos stärker für die Unzufriedenheit in unserer gegenwärtigen unglücklichen Kultur verantwortlich, als irgendein Maß an Verdrängung von Sexualität, Feindseligkeit, Aggression oder andere oberflächliche Verdrängungen, die in den oberen Schichten des Bewusstseinsspektrums wirksam werden.«

Was Wilber feststellt – und was ich für richtig halte – erinnert uns an die Worte von Frances Vaughan, die ich bereits am Anfang dieses Kapitels zitierte. Sie sagt, dass der eigentliche Konflikt des heutigen Menschen möglicherweise in der Entscheidung zwischen dem »Durchlässigwerden des Ich« und dem Tod allen biologischen Lebens auf diesem Planeten besteht.

Auf der anderen Seite sieht Wilber die so lange verdrängte Transzendenz jetzt aber wieder zum Vorschein kommen. Als Hinweis darauf nennt er vor allem das Interesse an Meditation, Yoga, östlichen Religionen und Bewusstseinsveränderungen, aber auch die befremdlichen und übertriebenen Formen von Okkultismus, kultischer Guru-Verehrung und schwarzer Magie.

Nach dem Abebben der »Psycho-Welle« Mitte und Ende der Siebzigerjahre des letzten Jahrhunderts ist ein großes Interesse an Mystik entstanden. Einige Wenige hatten auch damals schon persönlich etwas davon erlebt, aber mittlerweile sind es viel mehr geworden. Nach einer Psychotherapie oder einer Zeit in therapeutischen Gruppen entsteht der Wunsch, weitergehen zu wollen. Viele nehmen mittlerweile an Meditationskursen teil oder suchen andere Wege der Bewusstwerdung.

In Begriffen von Ken Wilbers »Ebenen des Bewusstseins« gesprochen könnte man sagen, dass auf diese Weise bei einer Anzahl von Menschen eine Verschiebung von der Persona-Ebene zur Ich-Ebene stattgefunden hat, bei einigen sogar zur Ebene des Gesamtorganismus, der Ebene, auf der der Körper und das Ich integriert sind. Und bei einigen von ihnen hat diese Verschiebung sogar einen Weg zu den Transpersonalen Streifen geöffnet.

Diese Entwicklung, die uns nach Transzendenz und Ganzheit sehnen lässt und die uns dafür auch immer weiter öffnet, hat eine eigene Dynamik. Die Urfrage nach dem Göttlichen in uns ist angeboren und der Drang, nach Gott zu suchen, gehört zu den Grund-Eigenschaften des Menschen. Auch in unserer Zeit sehen wir sehr deutlich, dass Menschen nach einer persönlichen Gotteserfahrung suchen, die sie allerdings selten in den erstarrten Religionen finden, sondern viel eher in anderen Formen von Spiritualität oder durch Intuition und Kreativität. Vor allem aber durch Wege mit Meditation und Kontemplation, die uns für die Stille und die innere Erfahrung öffnen.

Das bedeutet aber auch, dass die Wege zum Erfahren der Transzendenz gleichzeitig Wege zum Heilwerden sind, zur Selbstwerdung und zur Ganzheit auch im Bewusstsein.

Das wahre Selbst und die Einheit

In seinem oben erwähnten Buch hat Ken Wilber gezeigt, dass wir das Spektrum oder die Ebenen des Bewusstseins durchschreiten können. Das heißt, dass wir dann weiter auf dem Weg zum wahren Selbst kommen, wenn wir Grenzen aufgeben, mit denen wir zwischen »Selbst« und »Nichtselbst« unterscheiden. Zwischen dem, was zu uns gehört, mit dem wir uns also eins fühlen, als eine Einheit, und dem, was wir nicht als eins mit uns empfinden, also als außerhalb, getrennt von uns wahrnehmen.

Diese Grenzen oder Trennungslinien in uns zu überwinden oder gar zu durchbrechen, ist die Essenz dessen, was geschieht, wenn wir Schritt für Schritt, mithilfe der passenden Therapien oder meditativen Übungen, Aspekte unserer Identität integrieren, die wir bislang noch nicht als »Selbst« erfahren konnten. Ganz besonders dann, wenn wir einen spirituellen Übungsweg gehen.

Die Atem-Meditation gehört zu den Wegen, die zur Bewusst- und Selbstwerdung führen. Sie ist ein Weg, der zur Einheit führt, das heißt zum bewussten Erleben eines »All-Eins-Seins«, in dem es keine Grenzen und keine Trennungen mehr gibt. Erst wenn wir unser wahres Selbst entdecken, entsteht diese Einheit in uns und wir erfahren das Einssein mit Gott. Das bedeutet auch, dass sich alle Widersprüche in uns und außerhalb von uns auflösen.

Als Symbol der Auflösung von Widersprüchen sehe ich das Kreuz. Dazu möchte ich an das erinnern, was ich über das richtige Atmen gesagt habe: Aus unserer Mitte heraus atmen wir horizontal ein und atmen vertikal durch die Wirbelsäule, durch das Becken und unsere Beine hindurch aus. So entsteht das »atmende Kreuz«. Und im Schnittpunkt von horizontalem Einatem und vertikalem Ausatem liegt das kosmische Auge.

Das atmende Kreuz ist nicht nur ein Symbol, das uns auf dem Weg begleitet, sondern wird im Üben und Meditieren immer mehr als Wirklichkeit erlebt. Es vollzieht sich auch mehr und mehr in unserem täglichen Leben, bis es von selbst entsteht, sogar während unseres Schlafes.

Wenn alle Gegensätze in uns und außerhalb von uns eins geworden sind, gehen wir den inneren Weg. Und wir gehen ihn während unseres ganzen Lebens. Wir haben keine andere Wahl mehr.

Der innere Weg ist also kein gemütlicher Sonntagsspaziergang, sondern im tieferen Sinn des Wortes ein mühsamer Pfad, auf dem uns nichts erspart bleibt, aber auch alles geschenkt wird.

Widerstand

Dieser Weg kann lang und schwierig sein und wird oft durch Stolpersteine, durch verschiedene Arten von Widerstand, erschwert.

Der bekannteste Widerstand ist der gegen unseren persönlichen Schatten, also gegen das Wahrnehmen und Integrieren von unterdrückten, verdrängten und bis dahin unbewusst gebliebenen Teilen unserer Seele. Dieser Widerstand verhindert gleichzeitig die Entdeckung und Entfaltung unseres wahren Ich.

Zwei weitere Formen des Widerstands sind erstens der gegen das Ego, das auch als »kleines« oder »denkendes« Ich bezeichnet wird und zweitens der gegen das bewusste Sein im Hier und Jetzt. Beide sind die Ursache der meisten Krankheiten.

Der tiefste Widerstand schließlich ist der gegen das Bewusstsein der Einheit, gegen die Einheit in uns, das Einssein mit Gott.

In den Transformationsübungen, die zur Atem-Meditation gehören, kommt dieser wichtigste Widerstand ins Bewusstsein und kann dadurch, dass wir immer wieder zum kosmischen Auge zurückkehren, abgebaut werden. So heben wir die inneren Grenzen auf, wie Ken Wilber so treffend sagt, und können unseren Schatten, unseren Körper und die Welt um uns wieder begreifen. Wissend, dass alles, was wir so wahrnehmen, im Wesen der ursprüngliche Anblick unseres wahren Selbst ist.

Der innere Weg zum Frieden

Eigentlich geht niemand diesen Weg mit dem Ziel, gesellschaftliche Veränderungen herbeiführen zu wollen. Meistens sind es persönliche Gründe – psychische Probleme, Krankheit, Scheidung, ein Verlust. Persönliches Leid oder eine unerträglich gewordene Lebenssituation haben also zu dem Entschluss geführt, an sich selbst zu arbeiten.

Aber in beinahe jedem Fall einer erfolgreichen Therapie oder eines deutlich heilend verlaufenden spirituellen Weges konnte ich sehen, dass noch etwas Neues in diesen Menschen entsteht. Es ist der Wunsch und auch die Fähigkeit, ihre für sich selbst erworbenen Möglichkeiten des inneren Durchlebens auch für andere Menschen einzusetzen. Das geschieht dann in einem positiven, helfenden Sinn, etwa für Behinderte, Kranke oder Sterbende, oder aber im Umweltschutz oder in anderen Projekten, die dem Allgemeinwohl dienen.

Und viele von denen, die jetzt noch alleine, aber regelmäßig üben, haben die Vision von dem vielleicht fernen Tag, an dem, wie es im Alten Testament heißt, der Löwe und das Lamm zusammenliegen und wir unsere Schwerter zu Pflugscharen schmieden. Denn wenn man erkennt, dass die Gegensätze eins sind, wandelt sich Missklang in Harmonie, Krieg wird zu einem Tanz und alte Feinde verbünden sich. Wir haben dann die Chance, mit dem ganzen Universum Freundschaft zu schließen und nicht nur mit einem Teil.

Wenn alle Menschen auf der Erde sich ihres kosmischen Auges bewusst wären, von dorther einatmen und ganz dorthindurch zur Erde ausatmen würden, gäbe es keinen Krieg mehr. Wir würden in Harmonie und Frieden leben und in Liebe für alles, was ist!

Verliere ich mich jetzt in einer Utopie? Ich glaube nicht.

In Übereinstimmung mit den mystischen Traditionen der großen Religionen und der spirituellen Schulungswege aller

Zeiten sehen wir, dass die Voraussetzung für die Erfüllung dieser Vision ist, dass wir durch Übungen und Meditation unser Herz so öffnen, dass Liebe, Weisheit und Verständnis von uns aus zu den Herzen unserer Mitmenschen strömen können.

Frances Vaughan sagt es ganz ähnlich. Das Herz öffnen heißt, zu einem Brunnen von Liebe werden, die die Wunden der Entbehrung heilen kann – körperlich, emotional, mental, existenziell und spirituell.

Frieden ist also eine Qualität, die wir zuerst in uns selbst finden müssen, bevor wir sie in die Welt hinaus tragen.

2 Die Spiegelung von Körper, Seele und Geist

Zu oft noch wird Meditation als eine Angelegenheit des Geistes gesehen. Nicht nur Menschen, die ihre ersten Schritte auf dem Weg der Bewusstwerdung gehen, sondern auch einige Wege zur Bewusstwerdung und Meditation lassen den Körper ganz oder größtenteils unberücksichtigt. Manchmal wird der Körper sogar als Hindernis beim Meditieren angesehen, ein anderes Mal wird zwar vorbereitende Körperarbeit empfohlen, aber ohne den Körper dabei in den meditativen Prozess mit einzubeziehen.

Auf dem inneren Weg vom kosmischen Auge her erfahren wir Meditation als einen Prozess von Körper, Seele und Geist als Gesamtheit. Anstatt eines Hindernisses ist unser Körper auf diesem Weg eine Hilfe, ein Wegweiser zur Bewusstwerdung. Deshalb will ich in diesem zweiten Kapitel noch einmal deutlich machen, wie weitreichend der gegenseitige Einfluss ist, den Körper, Seele und Geist aufeinander ausüben. Und auch, wie viel umfassender diese Spiegelungen noch werden können, wenn unser Körperbewusstsein zunimmt.

Man macht sich beispielsweise selten klar, dass sogar die äußere Form und die Länge unseres Körpers von psychischen Faktoren beeinflusst werden. Die potenzielle Körperlänge eines Menschen wird natürlich durch die Länge seines Skeletts bestimmt. Die tatsächliche Körperlänge der meisten Menschen stimmt allerdings selten mit der Länge überein, die aufgrund der Knochen möglich wäre. Ihr Körper ist kleiner. Unnatürliche Spannungen in den Muskeln, Krankheiten oder schlechte Körperhaltung sind die Ursachen dieser Verformung.

Der Körper eines erwachsenen Menschen wäre bis zu fünf Zentimeter länger, wenn die Muskeln von unnötigen Spannungen befreit würden und das Skelett seine normale Größe annehmen könnte.

Aber dieses Zusammenziehen der Muskulatur macht den Körper nicht nur kleiner, sondern verschiebt auch Teile des Skeletts. Gelenke sind zum Beispiel oft auf einer Seite zusammengedrückt und auf der anderen ganz auseinander gezogen. Wir müssen versuchen, das bei uns selbst zu spüren. Denn wenn diese Spannungen länger anhalten, kann schließlich der Gelenkknorpel so abgenutzt sein, dass die Knochen aufeinander reiben und Schaden nehmen.

Andererseits sind gewisse Spannungen in der Muskulatur normal und sogar notwendig, beispielsweise um unseren Kopf gehoben zu halten oder unseren Unterkiefer nicht hängen zu lassen.

Wir sind uns dieser natürlichen Spannungen nicht bewusst. Aber es ist wichtig, sich der schädigenden und unnötigen Spannungen bewusst zu werden. Versuchen Sie das einmal in sich selbst zu spüren.

> Wo müssen sich unsere Beine beim Stehen anstrengen?
> Wie unterschiedlich sind die Waden beim Stehen, Sitzen oder Liegen angespannt?
> Wir tasten unsere Waden innerlich ab, als Raum oder als Spiegelung, mit Farben oder mit Tönen.
> Wir entdecken sofort das Zuviel an Spannung und können es loslassen.

Die Muskulatur gibt unserem Körper seine Form. Größere Veränderungen an unserer Gestalt oder der Funktion unseres Körpers entstehen durch zur Gewohnheit gewordene und wiederholte Reaktionsmuster. In unserer Nacken- und Schulterpartie zeigen sich immer wieder derartige Reaktionen auf emotionalen Stress. Sogar so ausgeprägt, dass sie die Form des

Körpers beinahe sofort verändern oder zu Verschiebungen im Skelett führen.

Tasten Sie einmal beginnend mit dem Atlas alle sieben Halswirbel mit den dazugehörigen Gebieten ab. Und danach den untersten Knochen des Hinterkopfes, an dem die großen Hinterkopf-, Nacken- und Armmuskeln befestigt sind. Möglicherweise fühlen Sie dann Spannungen, die mit der Abwehr gegen das, was auf Sie zu kommt, zu tun haben. Wird nämlich eine Schulter aus Abwehr hoch gezogen und seitlich verdreht, dann verursacht das auch Veränderungen in unserem Nacken und Brustraum.
Belastende Träume können eine andere Reaktion auf ähnliche, die Angst vor der Zukunft betreffende Stressreize darstellen.

Verspannungen, Verschiebungen oder Verformungen in unserem Bewegungsapparat können schnell bleibende Auswirkungen bekommen, wenn sie nicht behandelt werden. Aber ein geübter Therapeut kann hierbei Erfolg versprechend eingreifen und auch bereits länger bestehende Verspannungen lösen. Wenn das geschieht, merken wir, dass sich der Körper anpasst und auch das Nervensystem bereit ist, diese Veränderungen anzunehmen. Die Muskeln widersetzen sich nicht länger und die betroffenen Teile des Skeletts können wieder geordnet werden.

Der Gebrauch unserer Muskulatur und ihre willkürliche Bewegung setzen Aktivitäten im für die Motorik zuständigen Gebiet der Großhirnrinde voraus. Besteht in einem großen Teil dieses Gebietes eine Störung, kann man keine gerichteten Handlungen ausführen. Wenn diese Störung auf ein kleineres Gebiet begrenzt ist, kann man die entsprechenden Teile des Körpers nicht bewegen.

Als Beispiel nehmen wir ein gebrochenes Handgelenk, das mit einer Schiene oder etwas anderem gehalten wird. Diese Fixierung kann zu einer Störung in der Großhirnrinde führen, die auch das Bewegen des Handgelenks unmöglich macht. Ist das gebrochene Handgelenk später geheilt, kann diese Störung im Gehirn weiter bestehen. Erst wenn auch sie behoben wird, kann die betroffene Person ihr Handgelenk wieder normal bewegen.

Bezogen auf dieses Beispiel gibt es ganz unterschiedliche Vorgehensweisen, eine derartige Störung erfolgreich zu therapieren. Ich nenne hier nur einige der vielen Möglichkeiten. Alle diese Methoden behandeln ganz unterschiedliche Ebenen des Körper-Seele-Geist-Wesens. Und alle können das Gleiche bewirken:

- Massage und Mobilisation des Handgelenks
- Wasseranwendungen mit warmen und kalten Güssen
- Stimulation durch Reizstrom und gleichzeitiges Bewegen des Handgelenks
- Anreiz durch einen starken emotionalen Appell des Therapeuten
- Hypnose mit verschiedenen Anregungen für den Patienten

Dieses Beispiel lässt uns ahnen, wie tief gehend das Bewusstsein, besonders auch das Unbewusste, das Gehirn und der Körper einander wechselseitig beeinflussen.

Sehr schnelle und große Veränderungen im menschlichen Körper korrespondieren mit außergewöhnlichen Veränderungen im Gehirn. Im Rahmen der meditativen Übungen und der Atem-Meditation sehen wir, dass die Transformation, die sie herbeiführen, insbesondere durch die Sonnen-Energie von rechts oder die Mond-Energie von links, stark auf unseren Körper wirkt und auch deutliche körperliche Veränderungen im Gehirn verursacht.

Aber unser »Körper-Seele-Geist-System« kann sich nicht nur in seiner äußeren Erscheinungsform verändern, sondern auch in seinen unterschiedlichen inneren Funktionen. Diese Veränderungen können groß oder klein sein und sowohl seelisch-geistige als auch körperliche Bereiche betreffen, sodass wir unser gesamtes Sein selbst regeln und verbessern können.

Wir können beispielsweise erleben, dass die psychische und körperliche Umformung wie eine Art Erziehung ist, die unser Nervensystem deutlich empfänglicher und zugänglicher für Veränderungen macht. Und die Wirkungen der Atem- und Einspürübungen können teilweise als Mitteilungen aus dem Gehirn angesehen werden, die zu körperlichen Veränderungen führen, die das Gehirn über bestimmte Reize bewirken kann und auch soll.

Eine Problem dabei ist, dass das menschliche Bewusstsein mehr Gemeinsamkeiten mit dem Schlaf als mit echten Bewusstsein hat. Deshalb handelt der Mensch auch eher unwillkürlich, vom linken Auge, Mond, Yin her, als selbstbestimmt. Obwohl er die Möglichkeit dazu hätte, frei davon zu sein.

Je höher der Grad des Bewusstseins eines Menschen ist, umso mehr hat dessen Geist das Gehirn unter Kontrolle. Diese Kontrolle ist allerdings niemals vollständig. Denn selbst wenn der Geist das Gehirn beeinflusst, werden verschiedene Prozesse weiterhin allein durch das Gehirn organisiert und gesteuert. Es ist nun einmal die regulierende und organisierende Instanz für unseren gesamten Organismus.

Über das Gehirn bekommen wir also Zugang zu unserem gesamten Organismus. Und wir können ihn in unserem Sinne lenken, wenn wir lernen, unseren »Gehirn-Computer« mit unserem Geist zu programmieren.

Dazu müssen wir tief mit unserem Unbewussten in Kontakt kommen, wie man es in der Psychoanalyse und anderen Verfahren, zum Beispiel der Hypnose, versucht. Man weiß, dass dort »etwas« in uns ist, durch das wir Dinge erreichen, die wir mit unserem normalen Bewusstsein allein, das heißt zum Beispiel ohne Übungen und Meditation, die das Bewusstsein kontrollieren, nicht erreichen können.

Wenn wir uns das Unbewusste bewusst machen, beispielsweise durch das bewusste Atmen, indem wir uns selbst öffnen und das Dunkel in uns ansehen, statt ihm auszuweichen, bekommen wir Zugang zu Erinnerungen, die unser Bewusstsein aktivieren.

Das Bewusstsein kann uns gesund oder krank machen, geistige Prozesse beschleunigen oder verzögern, uns weiser und intelligenter werden lassen und uns im Laufe der Erfahrung zu einer bewussten Persönlichkeit reifen lassen. Und durch die tief wirkenden Bewusstwerdungs-Übungen können wir unseren Körper so schulen, dass er auf Anweisungen des Bewusstseins reagiert und gleichzeitig den Geist stärkt.

Körper, Seele und Geist spiegeln einander und geben uns die Chance, das für eine bessere Gestaltung unseres Lebens zu nutzen. Das ist es, was aus unserer Mitte heraus geschehen kann, wenn wir dort unser Zentrum finden – die einzige Möglichkeit, in der Stille unseres Wesens zu sein und zu bleiben!

Stille ist so kraftvoll. Sie ist eine Kraft, die transformiert. Wenn wir wirklich aus der Stille heraus leben, berühren wir auch das Herz eines anderen – wie ein Lichtstrahl.

3 Unser Körper als Quelle der Selbsterkenntnis

Wenn wir uns dessen bewusst werden, dass Körper, Seele und Geist eine Spiegelung voneinander sind, so wie im letzten Kapitel beschrieben, erleben wir unseren Körper als eine sprudelnde Quelle, die uns Informationen darüber gibt, was in uns geschieht, wo unsere Energie fließt, wo wir uns selbst festhalten, und auch warum wir das tun. Durch die meditativen Übungen und die Meditation vertiefen wir diese Selbsterkenntnis und auch unsere Fähigkeit, festgehaltene Spannungen wieder loszulassen.

In diesem Zusammenhang können wir bestimmte Stellen in unserem Körper entdecken, die besonders empfänglich für Emotionen sind, davon aber eigentlich frei sein sollten. Wir müssen wach sein, diese Stellen entspannen und mithilfe des Lichts unserer inneren Augen Raum zwischen ihnen und unserer Haut schaffen.

Wenn Sie mit der Atem-Meditation vom kosmischen Auge her bereits vertraut sind, lade ich Sie ein, Folgendes zu üben, bevor Sie weiterlesen.

Übung *Aus unserem Zentriertsein im kosmischen Auge und der Beckenschale, in Verbindung mit dem neunten Chakra, unserer Erde, konzentrieren wir uns auf den Endpunkt des Konzeptionsgefäßes, der mitten in unserem Unterkiefer liegt. Wir gehen dort genau über unserem Kinn tief und weit nach innen und nach hinten durch die Medulla und die dahinter liegende Haut nach außen.*

Wir fühlen, wie die Spannung verschwindet. Wohin? Innerlich verfolgen, wo sie sich auflöst.

Wie fühlen sich die ersten zwei Halswirbel, der Atlas und der Dreher, jetzt an? Gibt es Raum zwischen ihnen und der dahinter liegenden Haut?

Wenn nicht, dann drehen wir fünfmal im Uhrzeigersinn um die Wirbel herum und fühlen uns ein.

Dann drehen wir auch fünfmal entgegen dem Uhrzeigersinn um diese Wirbel.

Wie fühlt es sich an, wenn die Spannungen verschwinden und unser Kopf hell und geordnet wird?

Diese Übung hilft, wenn wir aufgeregt sind, Nervenschmerzen haben und unser Herz überlastet ist.

Nun gehen wir zu unserem Gaumen, zu seinem höchsten Punkt ganz hinten oben, dem Gaumensegel oder weichen Gaumen. Weit und tief gehen wir dort nach innen. Unsere beiden Augen und unsere inneren Augen sehen mit. Durch ihre gemeinsame Energie und das innere Licht wird es dort frei von Spannung und öffnet sich zum Punkt der Weisheit auf unserem Kopf und weiter zum achten Chakra, unserem Himmel.

Diese Übung hilft bei Lähmung der Gesichtsmuskulatur, bei Sprachstörungen und Taubheit, bei Zuckerkrankheit, Durst und Entzündungen der Mundschleimhaut.

Nun gehen wir mit unserer inneren Aufmerksamkeit unter unserem Kinn, genau über unserer Kehle, tief und weit nach innen. Es ist eine Stelle, in der wir unsere Emotionen festhalten und sammeln. Wieder machen unsere Augen und unsere inneren Augen mit. Ihre gemeinsame Energie und das innere Licht helfen uns, die Emotionen dort loszulassen, Nacken, Hals und Kehle werden frei, und die Energie kann wieder durchströmen. Das vergrößerte rechte Auge hilft uns dabei.

Wir fühlen, wie sich die Transformation des Körpers langsam vollzieht.

Wir atmen das weiße Licht ein und aus und nehmen mit besonderer Aufmerksamkeit für die Stellen, die wir gerade entspannt haben, von unserem kosmischen Auge her wahr. Wir fühlen, wie sich unsere Grenzen auflösen. Aufs Neue atmen wir das weiße Licht ein und aus.

Jetzt gehen wir mit der Aufmerksamkeit zu unseren Ohren. Sind sie frei?

Der Schwerpunkt zwischen unseren Ohren ist der Punkt, durch den wir schauen, durch viele Dimensionen hin.

Wir verbinden das dritte Auge, das »Auge Gottes«, mit den Stellen hinter unseren Ohren, den »Radarantennen« für das innere Ohr.

Dann richten wir unsere Aufmerksamkeit auf die beiden höchsten Stellen auf unseren Schultern, auf die für die Luftfeuchtigkeit sensiblen »hygrometrischen Stellen«. Diese Punkte liegen auf dem Meridian »Dreifacher Erwärmer«. Sie gehören mit einem Punkt dieses Meridians zusammen, der auf der Innenseite des Ellenbogens liegt.

Wir können die Veränderung in unserem Körper gut fühlen. Er ist eine Einheit geworden.

Jetzt gehen wir in den »Ausatmungspunkt« mitten in unserem Brustbein hinein. Ein Punkt, der auch mit dem Herz und dem Herzbeutel zusammenhängt. Dieser Punkt ist Alarmpunkt des Meridians »Dreifacher Erwärmer«, genau wie der wichtigste Alarmpunkt dieses Meridians, der Kraftpunkt, der zwischen unserem Nabel und dem kosmischen Auge liegt.

Nun verbinden wir alle genannten Punkte in uns. Vom kosmischen Auge folgen wir der Strahlung des achten Chakras

> *durch das dritte Auge und das Gebiet zwischen drittem Auge und dem Schwerpunkt zwischen den Ohren,*
> *durch das Gaumensegel und die Radarantennen hinter den Ohren,*
> *durch die Stelle im Kinn gerade über dem Unterkiefer und die Stelle unter dem Unterkiefer über der Kehle,*
> *zu den zwei höchsten Stellen auf unseren Schultern,*
> *zu den Stellen an der Innenseite der Ellenbogen,*
> *zu dem Punkt mitten im Brustbein,*
> *zu dem Kraftpunkt zwischen Nabel und kosmischen Auge,*
> *zum kosmischen Auge*
> *und weiter durch bis ins neunte Chakra hinein.*

Wir erfahren nochmals die Veränderung unseres Körpers. Es kann sein, dass wir dabei spontan Erinnerungen an frühere Leben bekommen. Aber achten Sie darauf, dass es keine Phantasien sind. Wir schauen sie an, als ob wir aus der Entfernung einen alten Film ansehen.

Wir merken jetzt, wie viel stärker wir auf unseren Körper achten müssen. Unser Körper erzählt uns alles!

Yin- und Yang-Energie

Die Yin-Energie spiegelt intuitiv das, was man nicht sieht und was ohne Grenzen ist. Diese in uns wirkende Energie ist weiblich und mit dem Mond verbunden. Sie können dem in sich nachspüren.

Die Yang-Energie, die männliche Energie, zeigt sich nach außen, ist kräftig und offenbart das Unsichtbare im Sichtbaren. Sie ist eine aktive Energie.

Wenn Yin-Energie das Unsichtbare im Sichtbaren offenbart, wird sie Yang-Energie.

Wir leben jetzt im Wassermann-Zeitalter, in dem Männer immer mehr lernen können, ihre intuitiven Gaben und Möglichkeiten zu begreifen und damit umzugehen. Frauen können lernen, ihre Gaben und Möglichkeiten nach außen zu bringen.

Heutzutage gibt es viele Frauen, die ihre Yin-Energie auf die Art äußern, wie man eigentlich Yang-Energie äußert. Und wenn Männer sich in der Meditation und Kontemplation nach innen wenden, dann nutzen sie ihre Yin-Energie. Auf diese Weise wirkt die Evolution immer weiter in Richtung des »im Tao-Seins«, in einer Totalität. Yin und Yang sind dann im Gleichgewicht, in jedem von uns.

Wenn wir in Verbindung mit uns selbst bleiben, können wir das alles in unserem Körper, unserem Spiegel von Seele und

Geist, nachfühlen. Im Ein- und Ausatmen des weißen Lichts fühlen wir nämlich deutlich, dass wir nicht nur die linke Gehirnhälfte, sondern auch das Gebiet der rechten gebrauchen müssen. Wir erfahren dann das Einssein, das Unbegrenztsein aus dem kosmischen Auge heraus. Und die Yin- und Yang-Energien in uns kommen in völliges Gleichgewicht.

Dann herrscht Frieden in uns und um uns herum.

Die Halswirbel

In unserem Nacken, der mit unseren Halswirbeln verbunden ist, können wir spüren, wie viel unverarbeitete Spannungen wir noch in uns haben. Je besser wir diese empfindlichen Stellen kennen, umso schneller können wir fühlen, wenn einige dieser für uns so wichtiger Wirbel nicht durchstrahlt sind.

Liegend oder sitzend suchen wir in uns die folgende Verbindung: Scheitelpunkt – Atlas – kosmisches Auge – letzter Steißbeinwirbel – Unterseite des Fersenbeins, rechts und links – die Zehenspitze der mittleren Zehen am rechten und linken Fuß.
Diese Punkte nehmen wir im Ausatmen zwischen dem achten und neunten Chakra bewusst mit. Wir atmen so ruhig ein und aus.

Der Scheitelpunkt ist ein spezieller Alarmpunkt und druckempfindlich bei Magen- und Lebererkrankungen. Wir drücken auf diesen Punkt und durchstrahlen ihn im Ausatmen zum neunten Chakra, unserer Erde.
Ruhig durchatmend lassen wir das Einstrahlen bewusst zu. Wir öffnen den Scheitel tief und breit und folgen innerlich dem Durchstrahlen der Energie durch das »Tor

des himmlischen Yang« bis zum Schwerpunkt zwischen den Ohren. Dieses Tor liegt im ersten Grübchen, wenn wir von unserem Scheitel ausgehend zum Hinterkopf gehen (Punkt 19 auf dem Lenkergefäß).
Wir gehen auch dort tief und breit nach innen. Wir fühlen das Öffnen des Gaumensegels, unseres weichen Gaumens und wie sich die Spannungen dort auflösen. Wir fühlen unsere Kiefer, die Wurzeln unserer Zähne, das Freiwerden unserer Ohren, unserer Kiefergelenke und der Anfangspunkte unseres hinteren unteren Schädelrandes, direkt hinter den Ohrläppchen.
Wir bleiben aufmerksam einen Augenblick dort, um alles loslassen zu können, immer tiefer, auch in Richtung unseres Nackens und unserer Kehle.

Wir fühlen, dass der Schwerpunkt zwischen unseren Ohren ein wunderbar heilender Punkt ist und dass die Yin-Energie uns bis zu den Füßen und um die Füße herum umstrahlt.
Das Durchstrahlen dieses Schwerpunktes zwischen unseren Ohren, dem zweiten Grübchen, wenn wir vom Scheitelpunkt ausgehend zum Hinterkopf gehen (Punkt 18 auf dem Lenkergefäß), hilft bei Arteriosklerose, Migräne, Hysterie, starken Krämpfen, Angst in der Dunkelheit und Schwermut.

- Der Atlas, unser erster Halswirbel, trägt unseren Kopf und ist immer von weißem Licht aus dem kosmischen Auge und der Tiefe unserer Schale durchstrahlt. Er bildet die Basis unseres Gehirngebietes. Und hier beginnt die Sushumna, die sich in unserem Lendenbereich unter dem Nabel etwas aufweitet und dann als blau-weißer Faden am Steißbein endet.

Der Atlas ist auch ein besonderer Alarmpunkt und druckempfindlich bei Erkrankungen des Darms, der Leber

und der Hoden. Links und rechts von diesem Wirbel befinden sich Punkte, die zusammen mit dem Punkt direkt oberhalb des Atlas unsere Kiefer- und Nasenhöhlen entspannen.
Wenn wir dort tief und breit nach innen gehen fühlen wir, wie dieser Punkt den Raum um den Schwerpunkt zwischen den Ohren stärkt und unseren ganzen Kopf leer werden lässt. Wir werden grenzenlos und unser ganzer Körper transformiert sich. So kommen wir zur Ruhe.

- Der Dreher oder »Axis«, unser zweiter Halswirbel, wird auch »Tor zum Gehirn« genannt. Dieser Wirbel muss frei von Spannungen sein. Wenn das nicht der Fall ist, zeigt sich hier Bluthochdruck, der zu einer Psychose und auch zum Verlust der Stimme führen kann. Neben den Querfortsätzen dieses Wirbels liegen Punkte, die mit den Zähnen in unserem Unterkiefer verbunden sind.
- Der dritte Halswirbel zeigt ebenfalls Bluthochdruck an. Im angespannten Zustand drückt er nach innen in Richtung Kehle und verursacht Spannungen und Stauungen in den Lymphknoten.
- Der vierte Halswirbel wirkt heilend, wenn unser Sprechvermögen infolge eines Schlaganfalls, bei dem die Zunge betroffen wurde, beeinträchtigt ist. Wir sprechen dann mit »doppelter Zunge«.
- Die Querfortsätze des vierten, fünften und sechsten Halswirbels sind mit den Mandeln und den Ohren verbunden und wirken direkt auf das Lymphsystem. Wenn wir um diese Wirbel herum Raum schaffen und entspannen, verringert sich sofort der Druck und der Lymphstau in unserem Kopf und dem Gebiet unseres Halses.
- Der fünfte Halswirbel öffnet uns zwischen dem »Punkt der Weisheit«, mitten auf dem Kopf, und den beiden Fußchakren und noch weiter zwischen dem achten und neunten Chakra, zwischen Himmel und Erde.

- Der sechste Halswirbel spiegelt das Ego-Denken. Er ist ein Yang-Kanal und hilft bei der Öffnung unseres Nackens. Er öffnet außerdem das Kehl-Chakra und unsere Ohren.
- Der siebte Halswirbel hat auch mit dem Öffnen unseres Nackens zu tun und ist ebenfalls ein Yang-Kanal. Alle Yang-Meridiane laufen hier zusammen. An der Rückseite dieses Wirbels bleiben alle mentalen, physischen und psychischen Spannungen hängen. Er wirkt heilend bei nervöser Erschöpfung und bei Schwäche nach Infektionskrankheiten und, über seine Querfortsätze, außerdem bei Entzündungen der Ohren und Mandeln.

Jeder Wirbel und jeder Knochen wird von Spannung befreit, wenn wir Raum geben zwischen der Haut und eben diesem Wirbel oder Knochen und ihn innerlich zunächst im Uhrzeigersinn umkreisen und danach gegen den Uhrzeigersinn.

Angst und Depression

Ich nenne hier einige hilfreiche Punkte aus der Akupunktur, weil Angst oder Depression manchmal als Symptome auf dem inneren Weg auftauchen können. Wir begegnen ihnen durch unser vertieftes Körperbewusstsein und haben dann oft die Tendenz, davor zurückzuschrecken. Aber sobald wir das tun, bremsen wir unseren Bewusstwerdungsprozess, statt loszulassen.

Wenn wir beispielsweise das Gefühl haben, uns verteidigen zu müssen, fühlen wir uns oft ängstlich und verletzlich. Leben wir jedoch aus unserem strahlenden kosmischen Auge, dann sind diese Situationen wie Kraftpunkte, aus denen heraus wir *wir* sein können. Ein anderer kann uns dann nicht mehr verletzen. Aber wir erleben natürlich in unserer Tiefe unseren Kummer, der sich sogar ganz körperlich äußern kann.

Auch wenn es uns schwer fällt, in unsere Schale und ihre Tiefe zu kommen, ist das ein Zeichen dafür, dass noch viel unverarbeiteter Kummer in uns wohnt. Dann hilft uns die Verbindung von unserer Schale aus durch die geöffneten Beine und Füße mit unserer Erde, dem neunten Chakra, und durch unsere aufrechte Wirbelsäule, die wie eine Säule zum Himmel gerichtet ist, und unseren geöffneten Kopf zum achten Chakra, unserem Himmel. Offen zwischen Erde und Himmel.

So fällt es uns leichter, das, was uns emotional beschäftigt, anzusehen und auszuhalten.

An dieser Stelle passt auch, was Graf Dürckheim oft zu mir gesagt hat: »Nicht wissend den Weg, geh' ich den Weg mit offenen Händen«.

Aus eigener Erfahrung weiß ich, dass unverarbeitete Themen sichtbar werden, wenn wir in uns vertieft wahrnehmen. Das ist normal, und wir lassen es ruhig geschehen, ohne in Panik zu geraten. Wir widmen uns ihnen und schauen sie an, bis sie sich aufgelöst haben. Wir lernen uns dadurch selbst besser kennen und Konflikte, vor allem emotionale, zu lösen. Das ist auch der Grund, weshalb wir zur Erde zurückkehren. Nur hier können wir an unseren unverarbeiteten Themen arbeiten. In der geistigen Welt ist uns das nicht möglich.

Während unseres Lebens auf der Erde werden wir durch diese Erfahrungen »geschliffen« und entwickeln uns zu neuen Menschen für die neue Erde, immer mitströmend mit den kosmischen Energien zu Gott.

Die folgenden Punkte können uns bei Angst helfen:

- auf dem Herz-Meridian Punkt 7;
- auf dem Blasen-Meridian Punkt 67,
  zum Beispiel wenn wir aus einem beängstigenden Traum mit einem Schrei wach werden;
- auf dem Nieren-Meridian Punkt 6;

- auf dem Kreislauf-Meridian Punkt 7,
  der gesamte Raum unseres Körpers wird dann weiter;
- auf dem Magen-Meridian Punkt 36 und Punkt 12,
  sehr hilfreich bei Angst aus Mangel an Selbstvertrauen.

Die folgenden Punkte können uns bei Depression helfen:

- auf dem Herzmeridian Punkt 3,
  gehört zum Mantel der Liebe, den wir beim Ausatmen warm und schützend um uns wahrnehmen, wir fühlen uns dann geborgen und die Depressionen lösen sich langsam auf;
- auf dem Dünndarm-Meridian Punkt 3,
  wirkt betäubend;
- auf dem Blasen-Meridian Punkt 64,
  bei Schwäche, hierbei hilft auch, wenn wir uns auf die Außenseite des fünften Brustwirbels, zur Innenseite der Schulterblätter hin konzentrieren;
- auf dem Nieren-Meridian Punkt 7;
- auf dem Milz-Pankreas-Meridian Punkt 6,
  hilft bei Erschöpfung.

Dies sind alles wichtige Punkte, über die es noch viel zu sagen gäbe. Aber das würde hier zu weit führen. Wichtig finde ich aber noch daran zu erinnern, dass das Ausatmen immer von wesentlicher Bedeutung ist. Wir können damit Depressivität vorbeugen.

4 Unser alltägliches und unser inneres Bewusstsein

Je mehr wir lernen, uns selbst durch Übungen und Meditation zu reinigen, loszulassen und neue Energien durch das kosmische Auge, unsere Haut und unsere Körperöffnungen zu empfangen, desto weiter werden wir und transformieren in Energie. Der ätherische Körper wird dann zusammen mit dem physischen Körper ein Raum. Wenn wir das erleben, ist es so, als ob wir bis zu diesem Zeitpunkt auf einer Insel gelebt hätten, umgeben von einem weiten Meer von unbekannten und ungeahnten Bewusstseinsschichten.

Jeder Mensch trägt die Möglichkeit in sich, von seinem alltäglichen Bewusstsein in andere Bewusstseinsebenen zu gehen, zum Beispiel in der Zeit zwischen Schlafen und Wachwerden, wenn Traum und Wirklichkeit ineinander fließen, aber auch in Träumen, in der Meditation, wenn wir uns zwischen Erde und Himmel noch tiefer loslassen, in Trance, bei psychedelischen Erfahrungen und so weiter.

All diese Bewusstseinsebenen können erforscht werden. Seit Tausenden von Jahren untersucht man im Buddhismus und auch in anderen religiösen Richtungen Methoden, die geeignet sind, diese vielen unterschiedlichen Ebenen zu erreichen. Auch in der Hypnose gelangt man in einen besonderen Bewusstseinszustand, der aber als Möglichkeit in uns vorhanden ist.

Im alltäglichen Bewusstsein dagegen richten wir uns auf die Außenwelt und unsere Aktivitäten darin, zum Beispiel auf unsere Arbeit. Wir wissen, was wir wollen und benutzen unsere Intelligenz, unsere Gaben und Möglichkeiten, so wie wir sie in diesem Bewusstsein kennen. Wenn wir dieses alltägliche Bewusstsein jedoch einsetzen, um emotionale oder psychische Probleme zu lösen, gelingt uns das nicht. Wir versuchen sie dann nämlich mit dem Denken zu lösen, das zu dieser Bewusstseinsebene gehört.

Um emotionale oder psychische Probleme zu lösen, müssen wir tiefer in uns gehen und unsere Aufmerksamkeit auf unsere innere Wahrnehmung lenken. Diese innere Wahrnehmung zu üben und zu einem inneren Bewusstsein werden zu lassen, darum geht es, wenn wir den inneren Weg vom kosmischen Auge her gehen, auf dem wir Schritt für Schritt üben, in uns wahrzunehmen,

> was dunkel ist und wo Licht in uns ist,
> was blockiert ist und wo es in uns strömt,
> welche Gedanken uns in diesem Moment begegnen,
> wie wir aufsteigende Erinnerungen erleben.

An dem letzten Punkt wird deutlich, dass es verschiedene Weisen gibt, einer Erinnerung zu begegnen. Gefühlsmäßig noch ganz mit ihr verbunden, oder, eine Dimension weiter, wie ein Betrachter mit einem inneren Abstand.

Unser inneres Bewusstsein, das wir durch regelmäßiges Üben der inneren Wahrnehmung entwickeln, arbeitet viel langsamer als unser Alltagsbewusstsein. Aber wenn wir ihm nur ausreichend Zeit lassen, bemerken wir mit unserer zunehmenden Empfindsamkeit innere Signale, die uns weiterbringen. Durch sie erhalten wir Informationen, denen wir vertrauen und folgen können und die wir verstehen.

Während des jahrelangen Arbeitens an mir selbst habe ich mithilfe der Meditationsübungen mehr und mehr erfahren, dass wir im Bewohnen unseres Körpers bis in die Zellen aller Organe, unserer Haut und aller kleinen Teile eine Ganzheit werden. Zuerst fühlen wir uns in uns selbst als Ganzheit, dann als Teil einer Familie, einer Gruppe oder Gemeinschaft und schließlich als Teil des Kosmos, ein Teil von allem, was ist.

Der Schlüssel zu dieser Einswerdung liegt in dem bewussten Verbinden aller Teile, auf vielen Ebenen, auch bis zu und mit den Zellen unseres Körpers. Jede Zelle soll sich bewusst sein, wo sie in uns ihren Platz hat und was ihre Aufgabe ist, genauso wie unsere Organe.

Es ist dieses unter allen Umständen und durch alles hindurch bewusst bleiben, was uns durch unser Leben trägt.

Es gibt ein festes Gesetz im Leben:
Wenn die eine Tür sich für uns schließt,
öffnet sich eine andere.
Für den, der diese Einsicht hat
öffnet sich der Weg ... Hoffnung!

André Gide

5 Das Wunder in uns

Unsere Wirbel und Chakren haben noch eine weiterreichende Bedeutung und Wirkung, als in den vorangegangenen Kapiteln beschrieben. Sie leiten uns nämlich auch zur Bewusstwerdung unserer Auren. Das wird jedoch nur durch das eigene Erleben deutlich. Deshalb möchte ich die folgende Übung anleiten.

Übung *Liegend visualisieren wir die Form, die in uns entsteht, wenn wir aus dem kosmischen Auge heraus atmend den letzten Steißbeinwirbel mit den beiden Sitzknochen und der Mitte der Unterkante des Schambeins verbinden.*

Wir regeln unseren Atem, wir atmen vom kosmischen Auge her.

Im Einatmen lasse ich Gottes Ausatmen in mir zu.
Im Ausatmen lasse ich Gottes Einatmen durch mich hin gehen.

Mit dem vergrößerten rechten Auge nehmen wir wahr.

Ruhig weiteratmen. Unsere Aufmerksamkeit ist beim Atlas, dem ersten Halswirbel, der unseren Kopf trägt.

Wir drehen dreimal im Uhrzeigersinn um den Atlas herum und dann dreimal gegen den Uhrzeigersinn.

Fühlen Sie jetzt, was anders geworden ist.

Wir nehmen wahr, dass sich außer unserem Stirnauge, bestehend aus dem Nasenwurzelauge, dem dritten Auge und dem heilenden Auge, auch das Kronen-Chakra geöffnet hat.

Dann öffnet sich mitten im Hinterkopf das Kleinhirn und strahlt aus.

Der zweite Halswirbel ist das »Tor zum Gehirn«, ein ganz besonderer Wirbel. Beim Durchstrahlen fühlen wir die Veränderung in unserer Schilddrüse, den Nebenschilddrüsen, den

Stimmbändern und dem Gebiet von Mund, Nase und Ohren.

In Ruhe spüren und nachfühlen. Nehmen Sie sich die Zeit dafür.

Wir gehen jetzt zur Zwischenwirbelscheibe zwischen dem zweiten und dritten Halswirbel (ich verwende lieber den Begriff »Zwischenwirbelscheiben« für unsere Bandscheiben).

Oft richtet man seine Aufmerksamkeit nur auf den dritten Halswirbel, den Hypertonie-Wirbel, aber nehmen Sie jetzt auch einmal diese Zwischenwirbelscheibe mit.

So durchstrahlen wir auch die Zwischenwirbelscheibe zwischen dem siebten Hals- und ersten Brustwirbel. Beide sind Yang-Kanäle und gehören zum »Nackentor«, der Rückseite des Kehl-Chakras.

Wir fühlen, wie sich unser Herz und die Thymusdrüse entspannen.

Für das Sonnengeflecht-Chakra durchstrahlen wir den achten, neunten und zehnten Brustwirbel und die dazwischen liegenden Zwischenwirbelscheiben.

Bei einem geschlossenen Sonnengeflecht-Tor sind es der neunte und zehnte Brustwirbel, die festsitzen und Druck ausüben. Sie sind beide mit der Leber verbunden und zeigen das Nichtakzeptieren an.

Der achte Brustwirbel ist ein Yang-Wirbel und strahlt, wenn er frei ist, Sonnen-Energie aus. So gibt er Sonnen-Energie an das Sonnengeflecht-Tor.

Das Gebiet des Sonnengeflecht-Chakras liegt zwischen dem Unterrand des Brustbeins und einem Punkt drei Fingerbreit unter dem Nabel, dem »Hara«-Punkt. Es ist ein magnetisches Kraftfeld. Wenn es keine Kraft aus dem kosmischen Auge empfängt, erschöpft sich dieses ganze Gebiet. Wir bekommen dann Magen- und Darmbeschwerden.

Die Erschöpfung entsteht, wenn wir nicht ausatmen.

Mit dem Durchstrahlen des ersten Lendenwirbels öffnen wir das Gebiet von Milz, Leber und Bauchspeicheldrüse.

Außerdem strahlt dieser erste Lendenwirbel sanftes, goldenes Licht in unser mystisches Herz hinein.

Zwischen viertem und fünftem Lendenwirbel öffnen wir die Zwischenwirbelscheibe, die die Tiefe unseres Beckenraums und unsere Geschlechtsorgane durchstrahlt.

Der vierte Lendenwirbel gibt außerdem Kraft an die Beine und Füße und heilt ein Arthritisknie.

Vom vierten Steißbeinwirbel her öffnen wir das Sakral-Chakra, das Rektum, den fünften Steißbeinwirbel und die Haut unseres Beckenbodens und lassen zur Erde hin los, bis ins neunte Chakra.

Das neunte Chakra liegt in der Erde, etwa 40 cm unter unseren Füßen. Von dorther öffnet sich dann das achte Chakra, unser Himmel, 40 cm über unserem Kopf, in einer strahlenden Energie. Wie ein Mantel der Liebe strahlt diese Energie rund um uns und durch uns, tief in die Erde hinein, wieder bis in das neunte Chakra. Sie schützt uns und macht uns zu einer Ganzheit.

Wir fühlen nach innen und tasten in uns ab.

Wie fühlen wir uns jetzt vom kosmischen Auge und der Tiefe unseres Beckens her?

Wir nehmen das Licht wahr, das in unserem »Garten« strahlt.

Die tiefste Tiefe liegt in der Haut unseres Beckenbodens und der Gesäßnaht. Und wir bemerken, dass wir viel tiefer wahrnehmen, schauen oder fühlen können als die ursprüngliche Weite und Tiefe unseres Beckens.

Unsere Haut scheint aufgelöst zu sein, sie bildet keine Grenze mehr.

Wir nehmen unsere Strahlung mit unseren inneren Augen und unserem kosmischen Auge wahr. Es ist die Strahlung des ätherischen Körpers, auch Ektoplasma genannt. Er strahlt so stark aus, wenn alle Chakren in Harmonie miteinander verbunden sind und unseren Körper mit kosmischen Energien durchstrahlen.

Wer »schauen« kann, nimmt diese Energie bis zu etwa acht Zentimeter um uns herum wahr, manchmal, wenn wir gesund und stark sind, sogar noch weiter ausstrahlend.

Gibt es kranke Organe, kranke Stellen in uns, dann ist die Aura unruhig, flackert oder zieht sich zusammen.

Wir stellen uns dann vor, dass wir mit einem Farbstift eine Linie um die Strahlung, die wir wahrnehmen, ziehen. Wir fühlen dann, wie die Aura schmaler wird, kühler und sich mehr zum Körper hin wendet, um ihn von Kopf bis Fuß zu durchstrahlen.

Dann entsteht außerhalb der Grenze der ersten Aura eine Zweite. Auch diese Aura erhält ihre Kraft aus der starken Verbindung mit den Chakren, die ihr Licht und ihre Kraft in diese Aura projizieren.

Man nennt diese Aura auch die »psychische Aura«, weil sie die Gefühle und die Leidenschaften eines Menschen spiegelt. Außerdem kann man dort die Verbindung zwischen zwei Menschen erkennen, die entsteht, wenn sie sich ihres Psychischen bewusst sind. Es ist dann warm und gut zwischen beiden, da gegenseitiges Vertrauen besteht.

Die dritte Aura ist voller Licht.

Diese Aura ist ständig in Bewegung und kann vom kosmischen Auge und der geöffneten Haut her sehr weit ausstrahlen. Sie ist dünner und von der Kraft der Person abhängig, von der sie ausstrahlt.

Diese Aura gibt uns als neuem Menschen im Christusherzen Kontakt mit anderen.

Wir erfahren unsere Verbundenheit mit der Erde, dem Kosmischen, der Sonne, dem Mond, den Sternen und Planeten.

Wer diese Auren nicht wahrnehmen kann, erfährt trotzdem ihre Kraft. Das Ausstrahlen der einzelnen Auren ist davon abhängig, wie weit wir geöffnet sind.

Das ist das Sakrale, das Wunder, das wir in uns selbst erfahren können.

Durch unser vertieftes Selbsterleben und das Erfahren der verschiedenen Auren wissen wir, dass es kein Sterben gibt, keinen Tod. Der Körper kann zu Staub zerfallen, aber unser Bewusstsein bleibt, Seele und Geist bleiben. Und wenn wir erkennen, dass unser Geist völlig unabhängig von uns und ohne unser Zutun existiert, verschwindet die Angst vor dem Sterben. Alle Ängste verschwinden.

Erst dann kommt die Liebe. Liebe entsteht, wenn wir die Angst vor dem Tod überwunden haben. Dann beten wir nicht mehr aus Furcht, sondern aus Liebe und Dankbarkeit.

6 Akupunktur auf dem Weg zum Selbst

Im Laufe der Jahre sind viele Menschen zu mir gekommen, weil ihnen in ihrem Leben etwas fehlte. Sie fühlten sich festgefahren, hatten keinen Raum mehr für ihre Gefühle, keine Fragen mehr und auch keine Perspektive. Es bestand nur noch der Wunsch, weit über das bereits Bekannte hinaus, auf die Suche nach anderen Möglichkeiten zu gehen.

Das ist das Symptom eines Zusammenbruchs, bei dem man sich selbst als jemanden erlebt, der zwar bestimmte Möglichkeiten nicht hat, aber bereit ist, sich für Neues zu öffnen. Ich sehe einen solchen Zusammenbruch allein im Licht einer inneren Veränderung.

Im Allgemeinen werden Symptome als etwas angesehen, das unserer Gesundheit entgegensteht, als etwas, das aufgelöst werden muss und nicht als ein Zeichen von Gesundheit. Symptome sind dann aus dieser Sicht gefährlich. Sie werden als Leid erfahren und man denkt, sie bekämpfen zu müssen, statt sie in sich zuzulassen. Symptome werden immer in Verbindung mit Feindseligkeit und Furcht gebracht. Und wir bekämpfen sie wie in einem richtigen Krieg: »Das Symptom oder ich!«. Wir stellen uns gegen das Symptom.

Wenn wir aber stattdessen sagen: »Das Symptom *und* ich«, bekommen wir Raum. Und wir entdecken, dass unser Kampf und unsere Stärke aus der selben Quelle tief in unserer Tiefe kommen. Von dort, wo wir zu Hause sind. Wir sehen also, dass in uns Symptome entstehen können, die uns einladen nach Hause zu kommen, zu uns selbst und zu einander.

Wenn wir zum Üben und zur Meditation zusammen kommen und, egal ob wir uns kennen oder nicht, offen füreinander gemeinsam den inneren Weg gehen, dann erkennen wir aus unserer lichterfüllten Schale heraus, dass wir eine große Menschenfamilie hier auf der Erde sind, in ein und derselben erhöhten Energie.

Und auch wenn wir uns immer wieder mal verloren und vom Weg abgekommen fühlen, finden wir zurück, indem wir versuchen, uns mit unserem Wesen zu verbinden. Der Sinn vom Kranksein ist so gesehen die Aufforderung, zu diesem Ursprung zurückzukehren, nach Hause zu kommen in unserem Selbst. In meiner Muttersprache gibt es eine schöne Redewendung dafür: »God heeft een appeltje met ons te schillen«, das wörtlich übersetzt »Gott hat ein Äpfelchen mit uns zu schälen« heißt.

So ist unser tägliches Leben mit seinen immer neuen Ereignissen wie eine lange Reise, zu der auch Krankheit gehört und die uns immer wieder zu unserem Selbst führt, nach innen, dorthin, wo wir zu Hause sind.

Die alten Chinesen, mit denen ich mich tief verbunden fühle, sagen, dass diese Reise ein Zyklus ist, ein Kreis von Bewegungen der fünf Elemente.

> Das Feuer, das uns wärmt und verbrennt,
> die Erde, die uns nährt und darben lässt,
> das Metall, das den Atem gibt und nimmt,
> das Wasser, das strömt und versiegt und
> das Holz, das wächst und vergeht.

Wir sind gemeinsam auf dem Weg. Wir lachen und weinen, singen und seufzen, voller Freude, voller Mitgefühl, voller Verdruss, Furcht und Wut. Aber wir befinden uns immer in diesem Kreislauf.

> Berg und Tal,
> Ruhe und Sturm,
> Wüste und Garten,
> Chaos und Klarheit,

von Jahr zu Jahr,
von Tag zu Tag,
von Stunde zu Stunde,
von Augenblick zu Augenblick.

Das Wunder, nach dem wir mit uns allen auf der Suche sind, liegt in unserem Inneren. Wir *werden* das Wunder, das wir sind. Wir sind die Reise und das Haus, in dem wir zu Hause sind.

Was uns alle verbindet, ist die Kraft des Lebens selbst, unsere kosmische Energie. Es ist die kosmische Energie, die uns große Möglichkeiten bietet und uns wesentlich dabei hilft, uns selbst, unser Wesen zu finden. Dank dieser Energie finden wir den Mut, Gewohnheiten und alte erstarrte Verhaltensweisen zu durchbrechen und das loszulassen, was für uns keinen Wert mehr hat und uns nur noch weiter von unserem Weg abbringt.

Wir werden dann zu Menschen, die auf ihrem Heimweg ihr Leben wieder in die eigenen Hände nehmen. Wir fühlen uns nicht mehr ängstlich an unsere Symptome ausgeliefert, sondern kommen innerlich wie äußerlich ins Gleichgewicht, ermöglicht durch das Zulassen der kosmischen Energien, die schöpferisch und heilend durch uns hin wirken und uns zu einer Ganzheit werden lassen.

In meiner Arbeit habe ich oft darauf hingewiesen, dass gesund und heil werden auch nicht als etwas gesehen werden darf, das sich gegen das Sterben richtet. Weil wir dann so leben würden, als ob wir uns andauernd wehren und vor Krankheit, Verwundung und Verletzungen schützen müssten. Das würde uns verwirren. Und durch diesen andauernden Kampf würden wir Gefahr laufen, unser Leben nicht wach und lebendig zu leben.

Wenn das Leiden dagegen zu einer bewussten Erfahrung wird, ruft es uns zurück zu unserem tiefsten Kern, in unser Sein. So kommen wir in uns selbst nach Hause. Darum geht es, und deshalb weise ich auch immer wieder darauf hin.

Durch das Akzeptieren und das Annehmen der Symptome und Leiden bereiten wir uns auch auf das Sterben vor. Wir ergeben uns dem, was zu uns kommt, Heilung oder Sterben. Beide öffnen uns zum Leben hin und lassen uns nach innen horchen und behutsam mit dem reinen Sein umgehen.

Bei neuen Patienten oder Klienten frage ich mich unter anderem auch immer, wie sie ihr Leben geschafft haben, »wie sie da waren«. Das Wesentliche eines Menschen besteht ja darin, wie er seine Lebenskraft erlebt, die kosmische Energie. Jede Bewegung, jede Handlung und jede Veränderung kann als diese kosmische Energie, die Chi-Energie, auf ihrem Weg durch uns hindurch angesehen werden. Alle täglichen Handlungen und Gefühle werden auf dieser Reise mitgenommen und in der traditionellen Akupunktur sogar als Basis für die Untersuchung genutzt.

Es klingt unwahrscheinlich, aber eines Tages hatte ich einen Traum, in dem ich die vollständige Akupunktur »gelernt«, gesehen habe, und ebenso den kleinen und großen Blutkreislauf. Dieses Wissen hat mich nie mehr verlassen. Es ist nur noch genauer geworden und hat sich im Laufe der Jahre vertieft. So ist die Akupunktur für mich zu einer Öffnung zum echten Sein geworden, zu einer Reise zu meinem Selbst und zu meinem Zentrum, dem kosmischen Auge. Für mich ist das der Weg zu Ruhe, Frieden und Harmonie, zu einem ständig vorhandenen Mittelpunkt, in dem das große Selbst sich selbst gegenüber zu stehen kommt. Die Akupunktur ist so auch eine Möglichkeit zur Heilung geworden, die aus meinem eigenen Sein hervorgegangen ist, aus meinem eigenen Wesen.

Deshalb muss ich, wenn ich mit jemandem arbeite, aufrecht und wahrhaftig in meinem eigenen Leben stehen. Von dort aus tauchen der Patient oder Klient und ich tief in unser eigenes Sein ein, in die Quelle von allem Sein, in unseren Ursprung.

Die Bahnen der Lebensenergie und ihre Tore umgeben uns alle. Jeder Mensch hat teil an der allumfassenden Form dieser Energie. Jeder einzelne Akupunkturpunkt ist für uns zu allen Zeiten eine Einladung, uns dafür zu öffnen. Diese Punkte werden ein Zugang zu unserem Leben. Sie unterstützen uns auch bei bestimmten Aspekten unserer persönlichen Entwicklung, wenn wir beispielsweise alte Erfahrungen loslassen, uns aus beengenden Lebenssituationen befreien oder Grenzen überwinden. Das Einstrahlen in Akupunkturpunkte ist eine heilende Handlung, die uns für das Versprechen, das das Leben in sich trägt, öffnet.

Die alten Chinesen haben das Leben auf eine Weise verstanden, die für mich immer noch sehr heilsam und kräftig ist. Laotse sagte: »Ich weiß etwas über die Welt durch das, was in mir ist.« Er war ein Mensch, der mit der Natur und der Welt um sich verbunden war, ein Weiser.

In der alten chinesischen Medizin interpretiert man die Bewegungen der kosmischen Chi-Energien als das lebendige Strömen kosmischer Kraft durch die zwölf Hauptmeridiane, die jeder für sich in der Einheit von Körper, Seele und Geist eine bestimmte Aufgabe erfüllen. Jeder Meridian ist ein Prüfstein, an dem unser Wachsein im Hier und Jetzt bewiesen werden muss. Jeder von ihnen ist ein Pfad, der uns den Weg nach Hause weist, zu dem Haus in unserem Selbst.

Es ist auffallend, dass alle Meridiane mit einem bestimmten Organ verbunden sind. Einzige Ausnahme ist der Meridian »Dreifacher Erwärmer«. Er sorgt für das generelle Durchströmen aller Energien durch uns hindurch. Ist er durchströmt, sind die Energien frei und

innen und außen,
rechts und links,
oben und unten

sind miteinander verbunden.

Der »Dreifache Erwärmer« hilft bei jeder Art von Kommunikation. Sowohl bei der Kommunikation von Menschen untereinander als auch im Netz von Verbindungen der Organe untereinander, also im Menschen. Der »Dreifache Erwärmer« ist wie ein Flussbett, in dem das Wasser, die Energie, durch unseren ganzen Körper strömt. Dieser Meridian ermöglicht uns, in uns selbst und für andere das Element »Feuer« zu wecken, und damit verbunden das Licht und die Wärme. Er sorgt dafür, dass wir vital und offen sind.

Unser Stoffwechsel benötigt Wärme, damit die notwendigen biochemischen Reaktionen ablaufen können. Das Element Feuer gibt uns die Möglichkeit, warm zu sein und Wärme zu geben, Licht zu sein und auszustrahlen und somit die Qualität eines jeden Augenblicks zu erhöhen.

Vom Wesen her miteinander verbunden zu sein ist in jedem von uns tief verankert. Wir strecken unsere Hände nach dem anderen aus, wir gehen aufeinander zu, sind in einem ständigen Strömen von mir zu dir und von dir zu mir. Was uns zu trennen scheint, ist nur unsere persönliche Geschichte. Und was uns vereint ist die Tatsache, dass wir alle diese Geschichten über uns und die anderen herstellen und interpretieren. Und doch ist es erst durch die Gegenwart von anderen so, dass wir uns selbst kennen lernen. Und zwar indem wir kommunizieren.

Und auch diese Kommunikation ist, wie schon gesagt, mit dem »Dreifachen Erwärmer« verbunden. Durch die kosmische Wärme und das Licht, durch Gott, gelingt es uns, unsere eigene Wärme und unser Licht anderen ganz zu geben. So sind wir als Mensch »offen zwischen Erde und Himmel«. Der Meridian »Dreifacher Erwärmer« verbindet das Universum mit dem Menschen und die Menschen untereinander.

Erich W. Stiefvater gibt in seinem Buch *Akupunktur als Neuraltherapie* (Ulm 1956) dreiundzwanzig Punkte auf diesem Meridian an. Vier dieser Punkte sind Tore, durch die wir nach innen gehen können. Diese Tore sind Öffnungen zu unserem Selbst und bringen uns nach Hause. So werden wir Fackeln aus strahlend weißem Licht.

- Das erste Tor entspricht dem Punkt 1. Es liegt am Nagelbett des Ringfingers auf der Kleinfingerseite. Wenn wir dort vom kosmischen Auge her weit und tief hineingehen, öffnen sich die Poren unserer Haut. Unser ganzer Körper transformiert und die Haut ist nun keine Grenze mehr. Wir werden grenzenlos.
- Das zweite Tor entspricht Punkt 4. Es liegt auf dem Handrücken genau zwischen den beiden ersten Knochen beziehungsweise Grundgliedern von Ringfinger und kleinem Finger, an deren Kontaktstelle mit den Mittelhandknochen. Es ist das Tor, das mit der Wasserausscheidung verbunden ist.
- Das dritte Tor entspricht Punkt 5. Es liegt auf der Armaußenseite etwa vier Fingerbreit oberhalb des Handgelenks in einer Kuhle zwischen den beiden Unterarmknochen. Wenn wir unseren Daumen in diese Kuhle legen und einstrahlen, nehmen wir wahr, wie unser ganzer Körper bis weit über die Grenze unserer Haut transformiert.
- Das vierte Tor entspricht Punkt 17. Es liegt in der Kuhle hinter dem Ohrläppchen am vordersten Punkt des hinteren unteren Schädelrandes. Dieses Tor nennen wir das »Tor des Ohres«. Wenn wir rechts und links durch diese Tore nach innen gehen, öffnen wir den Zugang zum Horchen.

Mir ist in meinem tiefsten Inneren klar geworden, dass ich nicht mehr leben kann, ohne mir der Transzendenz und dem Transpersönlichen, dem Unpersönlichen oder Nicht-Persönlichen bewusst zu sein. Ich fühle in mir das Verlangen nach etwas, das größer ist als ich, nach etwas, das mich mit Ehrerbietung erfüllt.

Die große kosmische Energie, die durch jeden von uns hindurch strömt, verbindet uns alle zu einer großen Einheit. Dadurch sind wir verpflichtet, füreinander da zu sein, einander zu trösten und, wenn Probleme auftreten, mit Verständnis und Weisheit zu beraten.

Durch das immer wieder »Rundwerden« beim Einatmen, weit über unsere Grenzen, verändern wir uns immerzu und werden ein anderer Mensch. Wir können das Liebe nennen oder Ganzwerden, Einswerden, oder »zu Hause sein in uns selbst« zwischen Erde und Himmel.

Ist es nicht die Liebe, die uns eint, die uns einzigartig macht und würdig? Sie hilft uns, unser eigenes Leben immer wieder in die Hand zu nehmen, egal wie es gerade aussehen mag. Sie verbindet alle Teile zu einem Ganzen. Sie bringt uns wieder zurück ins Kosmische, das unser Zuhause ist. So werden wir alle eins, wachsen über uns selbst hinaus und heiligen unser Mensch-Sein.

Zusammen sind wir eine Ganzheit aus Licht gegenüber all dem Dunklen.

7 Der neue Mensch für die neue Erde

Meditation meint Verwandlung, Verwandlung des überwiegend der Welt zugewandten, aus seiner bloßen Natur und im Bedingten der Welt lebenden Menschen zu dem neuen Menschen, der bewusst in seinem Wesen verankert ist und dieses in seinem Erkennen, Gestalten und Lieben in der Welt in Freiheit zu bekunden vermag.

Karlfried Graf Dürckheim

Schon immer haben wir Menschen den Wunsch, das, was uns an Informationen und Wissen begegnet, aufzunehmen, innerlich zu ordnen und in einen für uns verständlichen Zusammenhang zu bringen. Wir tun das anhand eines inneren Bildes, das wir von uns selbst und der Welt haben. Das, was nicht ohne weiteres in dieses Bild passt, sondern unerwartet, neu und unbekannt auf uns zu kommt, macht uns manchmal Angst und unsicher. So kommt es, dass wir versuchen, Signale und Wahrnehmungen so lange nicht zu beachten, bis sie tief in unser Leben eingreifen. Zum Beispiel in Form von Krankheit, einer Ehescheidung oder dem Tod eines uns nahe stehenden Menschen.

Das erst zwingt uns »ja« zu sagen und von unserem Wesen dem, was vor uns liegt, bis in die Tiefe unserer Schale zuzustimmen.

Bevor wir jedoch so weit sind, bemühen wir uns, die uns umgebende Welt und das, was darin passiert, zu kontrollieren. Viel zu oft versuchen wir, das Leben nach unseren Vorstellungen zu gestalten. So wie es uns am besten passt, ohne zu bedenken, welche Folgen das mit sich bringt. Weil wir in und nach unseren begrenzten Vorstellungen leben, schaffen wir Unsicherheit und Unstimmigkeit, die uns sowohl jetzt als auch in der Zukunft Probleme bereiten, nicht nur für uns selbst, sondern auch für andere.

Die Auswirkungen unserer begrenzten Sicht auf unsere Umgebung werden dann für uns immer deutlicher spürbar. Wenn es uns aber an Fähigkeiten und vielleicht auch an Motivation fehlt, diese Auswirkungen in Ordnung zu bringen, geben wir zum Beispiel jemandem, mit dem wir zusammen arbeiten, die Schuld daran. Oder wir machen den technologischen Fortschritt für unsere Probleme verantwortlich. Auf jeden Fall sehen wir die Ursache für das, was passiert, außerhalb von uns.

Der schnelle technische Fortschritt trägt natürlich wirklich zum Ungleichgewicht bei, sowohl im persönlichen Bereich eines jeden Einzelnen, als auch im gemeinsamen Dasein in der Welt. Aber das könnte eigentlich umso mehr Grund für jeden von uns sein, bewusst daran mitzuarbeiten, das Gleichgewicht wiederherzustellen. Etwa dadurch, dass wir versuchen, unser Verlangen nach materieller Verbesserung, wie sie die Technik ermöglicht, mit tieferen menschlichen Werten zu verbinden.

Wenn zwischen diesen beiden gegensätzlich erscheinenden Richtungen Ausgewogenheit besteht, kann die Technik zu einer wertvollen schöpferischen Kraft werden. Sie gibt uns dann eine gewisse Freiheit, unsere Lebenswelt zu ordnen. In eine Ordnung, die auch der individuellen Freiheit eines jeden Einzelnen zugute kommt. Das gilt vor allem dann, wenn wir durch diese Freiheit lernen, wie wir von innen heraus Freiheit oder Raum genießen können. Dann wird uns diese persönliche, innere Freiheit, wenn es an der Zeit ist, zu einer allgemeinen Freiheit in unserer gesamten Lebenswelt inspirieren.

Dafür müssen wir aber lernen, wie wir Raum und Zeit nutzen können, selbst zu innerem Wachstum, zu Beseelung und Integration zu kommen. Und wie wir durch Einsicht einen neuen

Weg in uns öffnen können. Einen Weg, auf dem wir lernen, die täglichen Probleme und Konflikte auf eine neue Art zu lösen und so Gleichgewicht und Harmonie in unser persönliches Leben und unsere Umgebung zu tragen.

Wenn wir lernen, unsere inneren Räume mit den vertieften Sinnen wahrzunehmen, kommen wir zu tiefer Einsicht und neuen Perspektiven. Und wir erleben direkt die Verbindung unseres kosmischen Auges, der Spiegelung unseres Wesens, mit dem Kosmischen. Eine Verbindung, die uns eine kraftvolle und totale Freiheit gibt.

Unser kosmisches Auge liegt zwischen den zweiten und dritten miteinander verwachsenen Wirbeln des Kreuzbeins. Es ist der Brennpunkt der kosmischen Energie, die durch unsere inneren Augen und unser Gehirn in uns hineinstrahlt. Es ist kein Chakra, aber es bringt alle unsere Chakren in dieselbe Schwingungsfrequenz. So ist das kosmische Auge eine Verbindung zwischen unserer Innen- und der Außenwelt.
Wenn wir einatmen und uns auf das kosmische Auge konzentrieren, strahlt kosmische Energie von außen in uns hinein. Gleichzeitig erleben wir, wie sich unsere Haut öffnet, wie alle Poren negative Energie loslassen und neue Energie aufnehmen. Und wie sich von unserer Beckenschale her unser ganzer Körper in Energie transformiert. Alle Organe, alle Knochen, Wirbel, Muskeln und Sehnen und unser Blut werden Energie.
Diese Energie strahlt viel breiter, als unsere Beckenschale eigentlich ist, nach außen, rundum aus. Durch die geöffneten Leisten strahlt sie nach unten, durch die Räume unserer Beine und Füße, unsere offenen Zehen, durch die Zehenspitzen und durch die Räume zwischen den Zehen zu unserer Erde, zum neunten Chakra, etwa 40 cm unter unseren Füßen.

Wenn sich die sieben Chakren unseres Körpers dann mit dem achten Chakra, ungefähr 40 cm über unserem Kopf, wo unser Himmel sich spiegelt, verbinden, erfahren wir besondere Kräfte. Und neue Dimensionen des Bewusstseins öffnen sich für uns.

Wir haben keine Fragen mehr und keine Wünsche. Es ist still in uns geworden. Wir fühlen uns befreit.

Es berührt mich immer wieder, wenn ich bemerke, dass auch Menschen, die sich in keinster Weise für spirituelle Ideen öffnen, beziehungsweise ihnen sogar abweisend gegenüberstehen, mit den vielen Aspekten ihres Selbst in Verbindung kommen, sobald wir zusammen vom kosmischen Auge her atmen. Auch Menschen, die in ihrer Arbeit oft ganz strukturiert und sachlich denken müssen. Jeder von uns, ohne Ausnahme, kann sich selbst so auf eine ganz neue Art kennen lernen. Eine Art, die sowohl mit unseren täglichen Problemen als auch mit unserem Lebensauftrag unmittelbar zusammenhängt.

Das Leben vom kosmischen Auge her lässt die Trennung zwischen unserem aktiven Sein hier auf der Erde und der ätherischen, himmlischen Wirklichkeit verschwinden. Unsere täglichen Sorgen und Nöte erleben wir dann auf einem höheren Wirklichkeitsniveau.

Wir nehmen wahr, wie jede Zelle, jedes Molekül unseres Körpers in glänzendem Licht ausstrahlt, wenn wir vom achten Chakra her ausatmen. Um uns und durch uns, mitten durch die Sushumna, den Mittenkanal unserer Wirbelsäule. Dieser Kanal bildet zusammen mit unserem kosmischen Auge die Verbindung zwischen Erde und Himmel in uns. Wir erfahren dadurch ganz deutlich, dass wir eine kosmische Einheit sind.

Unser Bewusstsein nimmt in dem Maße zu, in dem wir bewusst ein- und ausatmen. Wir lernen dadurch unsere Bedürfnisse deutlich zu sehen und auf einer höheren Bewusstseinsebene loszulassen. Und wir werden immer unabhängiger von der physischen Wirklichkeit. Wir sehen dann auch den Sinn unserer Möglichkeiten in einem anderen Licht. Und wir begreifen unsere Probleme. Das, was uns stört, nehmen wir direkt und ungehindert wahr. Wir erfahren die Wirklichkeit in ihrer Ganzheit.

Diese Ganzheit wird uns immer wichtiger. Und alles, was nicht dazu gehört, verliert an Bedeutung. Wir begreifen mehr und mehr, dass die Probleme, die uns begegnen, Energieprozesse sind. Energien, die uns negativ beeinflussen können, wenn wir sie in uns zulassen und sie Besitz von uns ergreifen lassen. Wenn wir sie dagegen innerlich loslassen, trennen wir uns von ihnen, nicht aber von der Wirklichkeit.

Wir schieben damit auch nicht das Problem weg, etwa weil wir meinen, das Dunkel nicht aushalten zu können. Das Loslassen unserer Probleme bedeutet nur, dass wir uns nicht mehr mit ihnen identifizieren. Wir lösen uns aus dieser erstarrten Verknüpfung.

Dann erst fühlen wir uns frei.

Was bedeutet es, ein »freier« Mensch zu sein? Es bedeutet, dass in uns, um uns herum, über, unter und vor uns Raum ist.

Ein freier Mensch zu sein bedeutet nicht, dass wir alle unsere Probleme und die physische, materielle Wirklichkeit losgelassen haben, sondern dass sich durch unser Einssein mit der kosmischen Einheit unser Verhältnis zu den Schwierigkeiten unseres Lebens verändert hat. Und indem wir dabei mit einer erhöhten Energiefrequenz umgehen, lernen wir die Schwierigkeiten zu akzeptieren.

Je tiefer wir in dem bewussten Atmen unsere Ganzheit erfahren, umso deutlicher merken wir, wenn wir uns von ihr entfernen. Und je tiefer wir unser Getrenntsein und unsere innere Zwiespältigkeit ansehen, umso mehr erfahren wir das Einswerden in uns.

So wächst unsere Kraft, »mit Mut, Vertrauen und gläubiger Geduld« weiter zu gehen, wie Graf Dürckheim immer so schön sagte. Wir sind nicht mehr so wie vorher an unsere Probleme gebunden, sondern haben jetzt sogar den Mut, das, was negativ ist und tief in uns verdrängt war, aufs Neue anzuschauen und auszuhalten, bis es sich auflöst.

Um in dieser Weise gesund und heil zu werden und zu bleiben und uns von unserem Ego-Denken zu befreien, müssen wir regelmäßig und mit Selbstdisziplin üben, egal ob wir Lust haben oder nicht, oder ob wir uns müde oder krank fühlen. Das Üben und Meditieren muss ein Teil unseres Lebens werden. Dann nehmen wir immer wieder aufs Neue alle Gedanken unseres kleinen Ich in unserem Ausatmen mit. Und in Verbindung mit dem kosmischen Auge und den kosmischen Energien strömt das Ego-Denken zum neunten Chakra. Durch das achte Chakra kommt dann neue Energie in uns hinein und erneuert uns.

Das Loslassen unseres Ego-Denkens ist keine Verneinung des Denkens, sondern öffnet uns für neue Einsichten auf einem höheren Niveau, denn in der Tiefe unserer Schale verbinden wir das Denken mit unserem Fühlen. Das Fühlen wird dann zu einem vertieften Sinn, mit dem wir in uns Ein-, Durch-, Mit- und Zurückfühlen können. Und durch die Weiterentwicklung unserer Sinne lernen wir, wir selbst zu sein. Aber immer wieder auf der Basis des bewussten Atmens.

Wenn wir längere Zeit mit einem aufrechten Rücken sitzen und unseren Atem von der Tiefe unserer Mitte heraus wahrnehmen, erkennen wir immer deutlicher, wie unser Geist funktioniert. Unser Körper ist dann nämlich wie ein Spiegel für unsere Seele und unseren Geist. Es ist wichtig, dass wir dabei unserer Wirbelsäule die richtige Haltung ermöglichen. Dann ist sie von der Tiefe unserer Schale her aufrecht und geöffnet zwischen Erde und Himmel. Sie bleibt so auch geschmeidig und flexibel.

Denn solange wir einen physischen Körper haben, bleiben wir an die Polarität, zum Beispiel zwischen Erde und Himmel, gebunden. Und jede Unterbrechung, jede Verletzung dieser Polarität, wie beispielsweise durch eine verschlossene Wirbelsäule, führt zu Disharmonie.

Unsere Wirbelsäule ist unser Lebensbaum und verbindet uns mit Erde und Himmel. In der irdischen Natur können wir sehen, dass uns ein Baum mit seiner großen weiten Krone nur in dem Maße beschützen kann, wie er auch starke Wurzeln ausbildet. Würde er seine Wurzeln zugunsten der Krone vernachlässigen, könnte ihn der erste starke Windstoß zu Fall bringen. Die Entwicklung der Krone muss sich also auch immer in der Wurzelbildung widerspiegeln. Das Recken in den Himmel kann immer nur der Gegenpol zu den tief in die Erde wachsenden Wurzeln sein.

So ist es auch mit uns. Wir entkommen unserem Dunkel nicht, indem wir es nicht ansehen.

Durch das Atmen und Leben vom kosmischen Auge her, in Verbindung mit der Sushumna, dem heilenden Mittenkanal in unserer Wirbelsäule, laufen wir vor unserem Schatten nicht davon. Wir bleiben stattdessen im neunten Chakra, unserer Erde, mit geöffneten, verwurzelten Füßen stehen. Unser kosmisches Auge und die Sushumna transformieren unseren ganzen Körper in leuchtende Energie, von unter unseren Füßen bis über unseren Kopf. So entsteht unser »Auferstehungskörper«, wie Graf Dürckheim es nannte.

Dieser Auferstehungskörper nimmt die Angst vor dem Tod. Immer wieder stehen wir vor der Entscheidung zwischen Leben und Tod. In ganz unterschiedlicher Form. Oft geht es darum, das Sterben unseres Egos zu akzeptieren. Oder darum, dass wir uns sehr von unserer Totalität entfernt haben. Es kann aber auch um eine Befreiung gehen, das Loslassen von Formen oder Strukturen, durch das wir einen Durchbruch zu unserem Tiefsten, zu unserem wahren Selbst, zu unserem Wesen erfahren können.

In jeder Phase unseres Lebens ist die Entscheidung zwischen Leben und Tod gefordert. Das »Ja« oder »Nein« zu sagen, auch in Krisen, in denen wir an einem wichtigen Wendepunkt entscheiden müssen, ob wir unser Lebensmuster verändern wollen oder nicht. Um diese Wirklichkeit akzeptieren zu können, müssen wir mit beiden Füßen auf der Erde stehen, tief verwurzelt in unserem neunten Chakra. Bewusst zu sein und bewusst zu leben braucht die Kraft, die wir aus diesem Verwurzeltsein gewinnen.

Wir müssen ruhig bei uns selbst bleiben und uns fragen: »Warum habe ich das auf diese Weise getan?«, »Von woher handele ich so?«.

Unser Unbewusstes ist ständig in Bewegung. Es lässt Dinge geschehen, die wir meistens nicht rechtzeitig wahrnehmen. Gelingt uns das doch, können wir das Unheil verhindern. Unsere innere Stimme warnt uns immer, beeinflusst uns und enthüllt uns, was auf uns wartet.

Gedanken kommen auf uns zu, Gefühle steigen in uns auf und wir werden von Emotionen überflutet, die möglicherweise Folgen von ganz frühen Erfahrungen in unserem Leben sind. Aber statt sie uns bewusst zu machen und sie mit dem Ziel, sie begreifen zu wollen, in uns zuzulassen, lassen wir uns von ihnen mitnehmen. Wir lassen uns hin und her werfen von Wellen von Impulsen und Emotionen und kommen so nirgends an.

Aber Gott, der das Licht vom Dunkel trennt, will, dass wir Menschen uns bewusst werden, wer und was wir sind und wie wir handeln. Er wartet auf uns, auch wenn wir wegen dieser frühen Anfangserfahrung durcheinander sind, und bietet uns einen Spiegel, damit wir zu uns selbst zurückfinden.

Uns wird dann klar, warum wir vom geraden Mittenkanal, der Sushumna, abgewichen sind. Und mehr und mehr fühlen wir die Notwendigkeit, in diesem Mittenkanal der Wirbelsäule mit dem Kosmos verbunden zu bleiben. Dann wird dieser Kanal zu einem heilenden Faden, der uns in aller Aufrichtigkeit unseren inneren Weg weist. Einen Weg, der uns leitet, uns Energie gibt und uns innerlich weiterführt.

Wenn wir so in uns loslassen und durchlassen gibt es keine Widerstände und Blockaden mehr. Die Ausatmung, die durch die Sushumna, den Heilfaden und die dahinter liegende Haut unseres Rückens strömt, hilft uns, wach und ruhig mitzugehen, sodass wir unser Leben überblicken können. Wir lernen uns immer weiter loszulassen, bis der physische Tod uns schließlich auch von unserem Körper löst. Durch unser Atmen vom kosmischen Auge her und unsere Transformation haben wir alles, was wir verdrängt und unterdrückt haben und in uns haben erstarrt werden lassen, losgelassen und durch die elektromagnetische Energie belebt und gereinigt.

Über die Sushumna sind wir auch für die absolute Wirklichkeit im Kosmos geöffnet. Aber immer nur durch das Atmen vom kosmischen Auge her, tagsüber zusätzlich mithilfe unserer geöffneten rechten Seite, über die Sonnen-Energie durch uns hindurch strömen kann,

> von rechts empfangend,
> durch unsere rechte Körperhälfte,
> durch unsere Mitte,
> durch unsere linke Körperhälfte,
> nach außen ins Kosmische hinein,
> mindestens 40 cm ausstrahlend.

So öffnet sich unser Körper am Tag rundum, transformiert, ist im Licht und heilt uns. Und wir lassen unser Ego-Denken bis in den Boden unserer Schale und dann zu unserer Erde hin los, sodass uns neue Energie durchströmen kann.

Wenn wir schlafen gehen, öffnen wir uns bewusst an unserer linken Seite für den Mond, die Yin-Energie. Wir lassen sie durch unsere linke Körperhälfte zu, durch die Mitte, durch die rechte Körperhälfte und unsere rechte Seite nach außen ins Kosmische hinein, ebenfalls bis etwa 40 cm außerhalb unseres Körpers. Das Ego-Denken, das Denken des kleinen Ich, hört dann direkt auf und wir erleben deutlich, wie es sich in unserer Schale niederlässt und loslässt. Unsere ganze Aufmerksamkeit ist dann nach innen gerichtet. Unsere Augen entspannen sich, unsere Augenlider werden schwer, unsere Innentemperatur sinkt und wir schlafen ein.

Von der Tiefe unserer Schale her schlafen wir innerlich geordnet. Aber es ist wichtig, dass wir vor dem Schlafengehen eine halbe Stunde in der Meditation sitzen und

> uns innerlich niederlassen,
> uns loslassen bis in das neunte Chakra und
> uns in unserem Einatmen wieder aufs Neue entstehen lassen.

So entsteht Raum in uns und neue Energie kommt in uns hinein. Es wird klar und still.

Der Schlaf ist dann tief und traumlos. Manchmal allerdings kommen noch Träume, die über Zeit und Raum hinaus gehen, die uns richtige Information geben und uns für unser Unbewusstes öffnen. Wir wissen intuitiv, wenn uns ein Traum etwas Besonderes sagen will. Solche Träume vergessen wir auch nicht. Sie werden zu Wegweisern für uns, genauso wie vorhersagende Träume oder Träume mit übersinnlichen Wahrnehmungen, also telepathische Träume.

Jetzt, da ich den letzten Teil meines Lebens ganz bewusst erlebe, sind meine Träume eigentlich in grenzenlosen Räumen, in einem ganz sanften, goldenen Licht mit vielen mir bekannten, aber auch unbekannten Menschen und Kindern um mich herum.

Wenn wir mit Menschen arbeiten und dabei auch deren Träume einbeziehen, ist all das oben Gesagte besonders wichtig.

Wir selbst sind allerdings die besten Deuter unserer Träume. Dabei lernen wir unserer Intuition zu vertrauen. Dieses Vertrauen brauchen wir, wenn wir bewusst unseren inneren Weg gehen. Was wir von anderen hören, können wir zwar glauben, aber wirklich wissen tun wir es dann noch nicht. Wir müssen es selbst erfahren, um es wirklich zu wissen. Die Sicherheit über das, was von dem, was andere sagen oder schreiben, für uns stimmt oder welche Bedeutung es für uns hat, bekommen wir durch das vertiefte Hören, Fühlen und Sehen vom kosmischen Auge her.

Auf dem Weg zum neuen Menschen lernen wir uns von alten Fixierungen zu befreien und keine neuen mehr in uns zuzulassen. Unser Atmen, Leben und Sein vom kosmischen Auge her verbindet uns immer stärker und tiefer mit dem alten Wissen, das immer da ist und – was für ein Wunder – niemals veraltet. Zu diesem Wissen hin müssen wir uns mehr und mehr entwickeln, um es zu erkennen und den Weg des Lichts, der mit Wahrheit, Erlösung und Erleuchtung verbunden ist, zu gehen. Ein Weg des Dienens und Gebens.

Wir lernen die Grenze zwischen »innen« und »außen« aufzuheben, sodass unser tägliches Leben von Licht durchstrahlt wird und wir wach und mit offenen Augen und vertieften Sinnen Schritt für Schritt neue Dimensionen kennen lernen. So erweitert sich unser Bewusstsein und von dem Moment an, da die Grenzen zwischen innen und außen aufgelöst sind, schaffen wir eine eigene Welt um uns.

Wir fühlen uns den Dingen in und um uns nicht mehr ausgeliefert, sondern begreifen, dass es sich bei jedem Problem nur um eine Herausforderung handelt. Es geht darum, ein Problem zu durchleben, es dann loszulassen und uns dadurch davon zu befreien.

Je mehr wir lernen, uns in die kosmische Ordnung zu fügen, indem wir selbst geordnet und frei sind und eins mit unserem wahren Selbst, umso mehr finden wir in uns die Verbindung mit unserem Urgrund, unserem Boden. Alle Angst verschwindet. Denn erst von unserem Urgrund her und in Verbindung gebracht mit dem alten Wissen erinnern wir uns wieder an unseren Auftrag: Dienen, Vollendung, Einswerden mit Gott.

Um alles in uns, bis ins Kleinste, zu einer heilenden Einheit auf einer höheren Ebene zu transformieren, brauchen wir Meditation. Meditation im Schweigen hilft uns zu einer unteilbaren, reinen Einheit zu werden.

Das Atmen vom kosmischen Auge her, zusammen mit den vertieften Sinnen und dem vergrößerten rechten Auge, lässt unseren Körper strahlen. In den Meditationsgruppen erleben viele Menschen diese tiefe heilende Verbindung, die so zwischen ihnen entsteht. Eine gemeinsame Aura – ohne Worte.

Wenn wir uns reinigen und von unserem kosmischen Auge her Gott suchen, strahlt Licht durch uns hindurch, himmlisches weißes Licht. Es strahlt auch aus unseren Augen, unserem Gesicht, durch unsere Haut nach außen. Von dem ganzen Menschen ausgehend, der wir sind.

Wir merken dann deutlich, dass auch Gott in Seinem Licht uns sucht. Wenn Sein Licht mit unserem zusammenfließt, erfahren wir das als Ekstase, Erleuchtung, Samadhi.

In unserem täglichen Leben bewirkt die Meditation, dass wir »durchlässig« sind bei dem, was wir sagen und tun und auch bei der Art und Weise wie wir das, was um uns herum geschieht, erleben. Es gibt keinen Unterschied mehr zwischen dem, was wir sagen und dem, wer wir sind, zwischen innen und außen.

Gedanken wie: »Aber das verdiene ich doch nicht«, oder »Das kann ich nicht«, oder »Ich bin so viel Liebe nicht wert«, werden durch diese neue Einsicht zunichte gemacht. Wir stellen uns immer mehr auf eine feinere, erhöhte Energie ein. Auf Wellen von wesentlicher Schöpfungskraft. Wir fühlen uns verantwortlich, wir verurteilen nicht mehr, sondern versuchen liebevolles Verständnis zu zeigen.

Durch die elektromagnetische Energie, die von uns ausstrahlt, eine Energie, durch die sich Menschen und Umstände angezogen fühlen, die diese Energiewellen und ihre Ursache bestätigen, werden wir auf eine neue Art kreativ. Was unbewusst verkrampft, erstarrt und sozusagen kristallisiert war, wird losgelassen. Wir öffnen uns bewusst dem Kosmischen und strömen mit unserer Energie in dem universellen Strom mit. Reine Energie steht uns dann zur Verfügung und wir strahlen sie auf vielerlei Weise aus.
Sein, denken und handeln stimmen überein.
Innen und außen sind eins.
Es gibt keinen Abstand mehr.
Yin- und Yang-Energie werden eins in kosmischer Aktivität – Tao.

Es folgt jetzt eine Übung, in der wir erleben, wie wir von unserem kosmischen Auge her neue Energien und neue Bewusstseinsgebiete öffnen. Wenn wir uns von dieser Übung eine Aufnahme anfertigen und dann unserer eigenen Stimme folgend üben, lassen wir unser Ego-Denken leichter los. Wir reisen dann innerlich mit bis in das neunte Chakra, unsere Erde, etwa 40 cm unter unseren Fußsohlen und erleben, wie sich daraufhin der Himmel 40 cm über unserem Kopf für uns öffnet.

Diese Übung, in der wir unserem Atem folgen und uns in unsere Erde loslassen, wirkt wie eine Meditation. Deshalb möchte ich empfehlen, sie im Sitzen zu üben. Dann bleiben wir geistig wacher dabei.

Übung *Wir sitzen auf einem Hocker, auf unseren Sitzknochen. Unser Steißbein ist frei, sodass Spannungen durch die und längs der Wirbelsäule losgelassen werden können.*

Die Sitzknochen sind auch die Stellen, an denen wir immer aufs Neue unsere Mitte und unsere Tiefe wieder finden, wenn wir durch Emotionen, Erschöpfung oder durch einen tiefen innerlichen Schock die Verbindung mit unserem kosmischen Auge verloren habe.

Nun stellen wir uns vor, dass wir zwischen unseren Sitzknochen stehen. In unserer Vorstellung lassen wir beide Sitzknochen in einem warmen Orange, der Farbe des Feuers der Erde, in dem, worauf wir sitzen, verwurzeln.

Die Sitzknochen werden jetzt zu warmen, stark ausstrahlenden Sonnen. Das heilige Dreieck öffnet sich mit, der letzte Steißbeinwirbel als Spitze des Dreiecks und die Basis zwischen den beiden Sitzknochen.

Das kosmische Auge hilft mit, unsere Beckenschale zu einer Schale voller kosmischen Lichts zu öffnen, die rundherum bis weit über die Grenzen unserer Haut hinaus ausstrahlt.

Alle Poren der Haut öffnen sich. Wir atmen mit dem großen kosmischen Atem mit.

Ruhig und konzentriert atmen, der Rücken ist von der Schale her aufrecht und entspannt.

Wir nehmen wahr, was in uns geschieht.

Die Haut des Beckenbodens und der Gesäßnaht strahlen Energie zu den Leisten aus. Bis in die Gelenkpfannen der Hüftgelenke und zu den beiden Köpfen der Oberschenkelknochen.

Alles transformiert mit.

Die Oberschenkel lassen ihre Spannung los und geben ein wenig nach. Die Knie vibrieren, während die Unterschenkel und Füße Spannungen loslassen, durch die Zehen und den Raum zwischen den Zehen hindurch in die Erde hinein.

Wir fühlen, wie unsere Beine einander wahrnehmen, sie spiegeln sich gegenseitig.

Von den entspannten Beinen und Füßen und den transformierten Knien her nehmen wir auf eine neue Weise wahr, wie unsere Schale voller Energie ist und Licht ausstrahlt.

Dann entsteht das Bedürfnis, uns und unsere Wirbelsäule innerlich zu strecken.

Vom Beckenboden her fühlen wir uns innerlich aufrecht geworden, durch alle Wirbel hindurch, durch unseren Kopf und darüber hinaus, lebendig und wohltuend.

Nun fühlen wir, dass wir wirklich aufrecht und entspannt sitzen.

Während wir denselben Weg zurück gehen, lassen wir uns in unseren Schultern los, durch die Arme und Hände, durch die Finger und Fingerspitzen nach außen.

Immer gehen wir innerlich mit unserer Aufmerksamkeit mit. Wir sind auf der Stelle anwesend und unsere Energie nimmt zu.

Wir lassen durch den Raum unseres Oberkörpers hin los, den Akzent tief in unserem Beckenboden.

Nun stellen wir uns klar und deutlich vor, dass wir ein atmender Baum sind, mit fein verzweigten Wurzeln in unserem Beckenboden und mit starken, langen Wurzeln durch unsere Beine und Füße, verbunden mit dem neunten Chakra, unserer Erde.

Wir folgen innerlich den Wurzeln, nehmen die tiefe Verwurzelung wahr.

Alle Sorgen, Spannungen, Ängste und alles, was negativ in uns ist, löst sich auf.

Nun entfaltet sich über unserem Kopf die Krone, ihre strahlenden Blätter in himmlischem weißem Licht, zum achten Chakra hin.

Das weiße Licht spiegelt sich in uns bis tief ins neuntes Chakra.

Zwischen dem achten und neunten Chakra sind wir wach

im Jetzt, in diesem Augenblick. Als Zuschauer beobachten und verfolgen wir, was in uns passiert.

Einatmen ... ausatmen.

Beim Einatmen kommt kühle Luft in uns hinein.

Beim Ausatmen kommt warme Luft durch unsere Nasenlöcher nach außen.

Einatmen ... ausatmen.

Sich selbst wahrnehmen, so wie wir hier jetzt sitzen.

Einatmen ... ausatmen. Ein und aus.

Wir erfahren deutlich, wo es in unserem Körper noch nicht mitvibriert.

Wenn wir konzentriert durch uns hin abtasten und in uns selbst einfühlen, gehen wir mit der Aufmerksamkeit zu unseren Schultern und merken dann, dass wir uns noch nicht wirklich bis in unsere Beckenschale losgelassen haben.

Mit dem vergrößerten rechten Auge öffnen wir uns für die Sonnen-Energie, die von rechts kommend durch die rechte Hälfte unseres Körpers, durch die Mitte zur linken Hälfte und durch die linke Seite wieder nach außen ins Kosmische hineinstrahlt.

Mit dem vergrößerten rechten Auge gehen wir in unsere Schultergelenke hinein als wären sie Grotten.

Durch das vergrößerte rechte Auge können wir gleichzeitig rechts und links bis in die Wirbelsäule und ihren Mittenkanal, die Sushumna hineingehen. Dieser Mittenkanal verbindet durch uns hin Erde und Himmel und strahlt in himmlischem weißen Licht.

Bei dieser Begegnung von Yin und Yang in unserer Wirbelsäule scheint es, als ob die Last, die wir dort mit uns tragen, explodiert. Was sich dabei löst, wird in alle Richtungen abgeleitet, auch durch die geöffneten Poren unserer atmenden Haut.

Die Last, die wir auf unserem Nacken tragen, lassen wir so in die Tiefe unseres Beckens los. Dort fühlen wir uns geborgen in uns selbst.

Die Wärme, die heilende Kraft, die verstärkte Strahlung in unserem Beckenraum vertieft und vergrößert unsere Schale bis in den Raum unserer Knie und weiter bis um die Zehenspitzen, rundherum.

Im Ausatmen empfangen wir vom achten Chakra die himmlische Energie, die uns wie ein Mantel der Liebe umhüllt, der uns beschützt und wärmt,

> *durch uns hindurch,*
> *durch unseren ganzen Körperraum hindurch,*
> *von den Schultern durch bis zu den Sitzknochen und*
> *weiter durch die Beine und Füße, zum neunten Chakra,*
> *aber auch durch unseren Scheitel,*
> *durch die Wirbelsäule,*
> *durch deren Mitte, die Sushumna,*
> *durch den Heilfaden, der uns zur Einheit bringt, bis in das neunte Chakra.*

Jetzt fühlen wir, wie viel einfacher wir uns in unsere Tiefe loslassen, und wie wir Einssein von unserer vertieften Schale her fühlen, mit dem neunten Chakra und dem achten Chakra, unserem Himmel, der sich geöffnet hat.

Entspannt strecken wir unseren Rücken und erfahren das Strömen der Energien so wie es sein soll, auf eine natürliche Weise.

Wenn wir jetzt von unserem kosmischen Auge her einatmen, rundherum, mit dem vergrößerten rechten Auge mitschauend, bemerken wir, wie weit und tief unsere Schale geworden ist, sowohl horizontal als auch vertikal ausstrahlend.

Im Ausatmen zwischen dem achten und neunten Chakra vertikal durch den Mittenkanal scheint unsere Aura die eines Riesen zu sein. Diese Aura beschützt und heilt uns, sie erhellt unseren ganzen Körper.

8 Der Heilfaden

»Woher wissen wir, was zu tun ist?« Diese Frage ist mir in den unterschiedlichsten Formulierungen oft von Menschen, mit denen ich gearbeitet habe, gestellt worden. Vor allem von denen, die sich haben ausbilden lassen, um ihrerseits wieder mit Menschen zu arbeiten. »Woher weiß ich, ob ich jetzt gerade das Richtige wähle?«, »Woher weiß ich, wie weit ich gehen kann?«, »Wie weiß ich, ob ich reden oder schweigen muss?« und so weiter.

Immer wieder habe ich, genau wie im letzten Kapitel, bei diesen Fragen auf unsere aufrechte Wirbelsäule verwiesen. Mit ihren drei Kanälen, aus dem Yoga bekannt als Nadis, Ida, Pingala und Sushumna und dem unsichtbaren Faden, der hier hindurch verläuft, der für uns noch am deutlichsten durch die Sushumna wahrnehmbar ist. Ich nenne ihn den »Heilfaden«.

Der Heilfaden ist mit Bewusstseinsprozessen, Formen von Energie und wesentlicher, essenzieller Wahrnehmung verbunden.

Er ist kein körperlicher Kanal wie Nerven oder Blutgefäße. Er hat auch keinen festen Verlauf wie die Meridiane aus der Akupunktur. Der »heilende Leitfaden«, wie ich ihn auch oft nenne, ist mehr ein Durchgang für die Energie, die unsere Individualität als Einheit, Atman, mit der universellen Seele, Brahman, verbindet. Ein Kanal für unseren Geist, vergleichbar mit den Kanälen eines Radio-Empfängers. In unserem Fall ist die »Sendestation« das universelle Feld und der »Empfänger« unser Körper.

Man könnte auch sagen, dass es hierbei um einen bestimmten Schwingungszustand unseres Bewusstseins geht, in dem alles in uns mitschwingt und so zu einem persönlichen Ausdruck der Harmonie mit dem Ganzen wird. Der Heilfaden bringt alle Energieprozesse, die in uns wirken, in Harmonie, trotz ihrer unterschiedlichen Frequenzen.

Obwohl nicht körperlich, ist dieser Faden doch mit dem Körper verbunden, genauso wie die Chakren mit den Nervengeflechten in Verbindung stehen. Eine wichtige Verbindung zwischen dem Heilfaden und unserem Körper ist die Wirbelsäule. Sie beschützt die zum Gehirn und Rückenmark gehörende Flüssigkeit, die feine Energiewellen weiterleitet und so die Verbindung zwischen Gehirn und Organen unterhält und, wenn nötig, wieder herstellt.

Der Heilfaden ist zwar in seiner Funktion nicht von der Wirbelsäule abhängig, aber eine aufrechte Wirbelsäule wirkt unterstützend und bringt uns in Einklang mit den Energiestrahlen von Erde und Himmel. Diese Energien strömen dann freier durch unseren Körper. Auf der ätherischen Ebene arbeitet der Heilfaden mit den geöffneten Chakren zusammen, die die Energie von der Basis unten an der Wirbelsäule aufnehmen, umwandeln und zum Kopf und darüber hinaus weiterleiten.

Der Heilfaden hat auch eine innere Verbindung mit zwei Meridianen aus der traditionellen chinesischen Medizin: zum einen mit dem Lenkergefäß auf unserer Rückseite entlang der Wirbelsäule und zum anderen mit dem Konzeptionsgefäß auf der Vorderseite unseres Körpers.

Jeder Mensch hat solch einen besonderen Kanal. Und man kann sich, auch nach jahrelanger Vernachlässigung, wieder daran anschließen.

Um zu wissen, was hier und jetzt das Richtige zu tun ist, müssen wir vor allem heil, also eine Ganzheit in uns selbst, sein und bleiben. Darum müssen wir uns sehr bemühen und genau wahrnehmen. Nicht weil unser Veränderungs- und Entwicklungsprozess so schwierig ist, sondern weil wir nicht mehr erkennen, wie einfach das Leben im Einklang mit der Ganzheit eigentlich ist.

Wenn wir keine Ganzheit mehr sind, sondern innerlich zerrissen und geteilt, funktioniert der Heilfaden nicht. Unsere Energien fächern sich dann auf und sie können nicht mehr zielgerichtet eingesetzt werden. Wir fühlen uns ängstlich und unsicher.

Aber zum Glück ist Heilen ein natürlicher Vorgang, der uns, außer in Fällen extremer Degeneration, immer in Richtung Einssein führt, solange wir das nur in uns zulassen. Unser Körper heilt sich selbst. Wir können zwar Symptome mildern, Schmerz lindern und helfend eingreifen, aber Heilung findet aus sich selbst heraus statt. Wozu diese heilende Kraft in uns in der Lage ist, wird vielleicht noch am ehesten bei so genannten Spontanheilungen von Krebs deutlich, bei Heilungen ohne Medikamente oder chirurgische Eingriffe.

Der Heilfaden ist auf vielen Energieebenen wirksam. Er ist ganz wichtig für unsere Gesundheit und unsere persönliche Öffnung. Und er schützt uns durch seine Ausstrahlung. Bei einem gut funktionierenden Heilfaden fühlen wir uns körperlich und innerlich gut. In der Meditation lässt er unseren Geist still werden. Wir fühlen uns dann in all unseren Aspekten als eine Ganzheit.

Wenn wir vom kosmischen Auge her eine Einheit sind, dann hilft uns der Heilfaden bei unserer spirituellen Entwicklung. Wir leben mit seiner Unterstützung in einer andauernden, wachen Aufmerksamkeit für das, was uns unser Leben bietet. Kosmische Botschaften können uns erreichen und bereichern. Wir empfangen Informationen, die ewig und absolut wahr sind.

Das universelle kosmische Feld ist die Gesamtheit aller Energieprozesse. Wir können uns in jedem Moment daran anschließen, wenn wir unsere Frequenz auf das richtige Band abstimmen. Empfindsame Menschen können sich sogar auf verschiedene Gebiete dieses Feldes einstellen und empfangen dann deutliche und zusammenhängende »Informations-Strahlen«. Je größer die »Bandbreite« ist, mit der wir uns auf dieses universellen Feld abstimmen können, desto umfassender sind die Informationen, die wir empfangen.

Erleuchtung ist eine Verbindung mit diesem Feld, in der uns alle Informationen aus der Vergangenheit, dem Jetzt und der Zukunft, die durch Energie miteinander verbunden sind, zur Verfügung stehen. Deshalb hören wir von hoch entwickelten Menschen aus allen Zeiten und Kulturen immer wieder dieselben Grundwahrheiten. Egal ob sie nun aus dem atlantischen, dem alt-chinesischen oder dem ägyptischen Zeitalter kommen, aus dem persischen, dem indischen oder dem tibetanischen. Jeder dieser Menschen hatte auf seine eigene Weise den Heilfaden zu der absoluten Wirklichkeit geöffnet.

Das universelle elektromagnetische Feld ist ein unendliches rückgekoppeltes System, das die Ordnung im Universum aufrecht erhält und gleichzeitig ein zeitloses Wissen in sich bewahrt. Ein kosmisches Wissen über alle Energieprozesse und ihre Grundprinzipien. Die Botschaften aus dieser Quelle sind für uns, sofern wir uns dafür öffnen können, ein fortwährender Informationfluss. Unsere Offenheit dafür ist vom Grad unseres Bewusstseins abhängig.

Sind wir wirklich geöffnet, dann sind es spirituelle Resonanzen, die unserem Bewusstsein diese Botschaften übermitteln. In solchen Momenten, die in unserem Leben immer wieder auftauchen und wieder verschwinden, aber unsere Entwicklung beeinflussen, erleben wir häufig einen besonderen Kontakt mit der absoluten Ganzheit. Solche spirituellen Resonanzen stellen uns jedes Mal vor die Entscheidung, dem Weg zu dieser Ganzheit zu folgen.

Der Heilfaden hat auch zahlreiche Energiefrequenzen, die in direkter Verbindung mit speziellen Energieebenen stehen.

Abhängig vom Grad unseres Bewusstseins sind die Verbindungen mit bestimmten Energieebenen jeweils stärker oder schwächer. Je weiter wir entwickelt sind, desto größer ist die Wahrscheinlichkeit, dass wir uns auch mit den hohen Energien verbinden können.

Ist der Heilfaden in uns geöffnet, erfahren wir ein Mitströmen, ein Mitvibrieren mit etwas, das stärker und größer ist als unsere eigene Schwingungsfrequenz. Wir fühlen jedoch deutlich den Unterschied zwischen den Schwingungen in uns und denen außerhalb von uns. Und weil alles schwingt, müssen wir durch Einfühlen herausfinden, was für uns wichtig ist, worauf wir uns also durch das Mitschwingen einstellen wollen. Wir erkennen dann eigentlich sofort, auf welcher Entwicklungsebene wir stehen.

Wenn wir uns beispielsweise durch den Lärm oder das Verhalten eines bestimmten Menschen gestört fühlen, deutet das auf einen noch nicht akzeptierten Teil in uns selbst hin, dessen Resonanz-Frequenz auf einem niedrigen Bewusstseinsniveau liegen. Wir sind es, die uns selbst stören!

Wenn wir nicht richtig »eingestellt« oder »abgestimmt« sind, werden beinahe alle Energiefrequenzen mehr oder weniger mit unserem persönlichen Gefühl gestört zu werden verbunden, weil wir die Schärfe der Signale, die uns durch den Heilfaden erreichen, nicht mehr bemerken. Nur eine feinere Abstimmung erhöht dann die Wahrscheinlichkeit, dass uns die richtigen Informationen erreichen. Erst dann können wir unterscheiden, was in unserem Leben wichtig für uns ist. Vorher strömen so viele Reize auf uns ein, dass wir nicht mehr wissen, worauf wir reagieren sollen, und deshalb kaum noch auf irgendetwas reagieren.

Auch bei Stress ist der Druck, der auf uns einwirkt, so stark, dass wir auf die wirklich wichtigen Informationen nicht mehr angemessen eingehen können und uns stattdessen mit Belanglosigkeiten befassen. Oft nehmen wir auch beides gleich wichtig und geraten damit in ein hin und her geschleudert werden zwischen Problemen und Störungen und zwischen Psyche und Körper.

Auf der emotionalen Ebene können Trauer und Wut so stark sein, dass sich unser Bewusstsein in diesem Bereich auf einem niedrigen Niveau befindet und auf niedrige Energiefrequenzen abgestimmt ist. Durch ihren Drang nach Aktivität zieht diese Energie dann alles an, was ungesund ist. Aber damit versuchen wir nur abzulenken. Wir verleugnen unsere geistige »Frequenz«, wenn wir uns für Schwingungen öffnen, die nicht harmonisch sind, sondern unnatürlich oder destruktiv.

Genau wie die Pflanzen sind wir auf natürliches Sonnenlicht eingestellt. Und jede Schwingung, die nicht mit der Ganzheit harmoniert, schadet uns. Auf der anderen Seite kann unser Bewusstsein aber auch so weit entwickelt sein, dass wir schädliche Strahlungen in gesunde umwandeln können.

Der Heilfaden besteht tatsächlich und er verbindet uns mit der kosmischen, universellen Intelligenz. Aber wir müssen die Botschaften, die wir empfangen, überhaupt erst wahrnehmen können, sonst helfen sie uns weder in unserem täglichen Leben noch bei unserer weiteren Entwicklung.

Die meisten Menschen müssen noch lernen, wie sie sich an diesen Kanal anschließen und diese Verbindung verstärken können. Wer damit vertraut ist weiß, wie er diesen wichtigen Verbindungsweg in sich wieder finden kann, um die Ganzheit in sich wieder herzustellen. Es geschieht, wenn wir vom vergrößerten kosmischen Auge her da sind und uns von rechts durchstrahlen lassen durch die Sonnen-Energie und vor dem Schlafengehen von links durch die Mond-Energie.

Es ist natürlich, dass dieser Kanal in uns geöffnet und von Energien durchströmt ist. Wir sollten uns bewusst sein, dass wir in einen unnatürlichen Zustand geraten, wenn wir uns von dieser Verbindung entfernen. Denn dann blockieren wir einen natürlichen Prozess.

Beinahe jeder von uns hat schon einmal jemanden getroffen, mit dem er sich unmittelbar wohl gefühlt hat, mit dem sofort gegenseitiges Verstehen da war. Wir entdeckten gemeinsame Interessen und konnten offen miteinander sprechen. Hinterher waren wir dann überrascht, wie selbstverständlich wir uns sogar über ganz persönliche Themen austauschen konnten. Es gab keine Vorbehalte zwischen uns und dem anderen.

Das ist ein gutes Beispiel für zwei aufeinander abgestimme Heilfäden, durch die die kosmische Energie frei strömt. Es entsteht unmittelbar eine Gemeinsamkeit, eine Einheit. Bleibt dieses gemeinsame Schwingen bestehen, werden sich solche Menschen immer ähnlicher. Etwa so, wie man es bei älteren Ehepaaren sieht.

Wenn wir erleben, wie es sich anfühlt, in diesem Kanal zu sein, erinnern wir uns auf einmal an Situationen, in denen wir genau das schon einmal erfahren haben und auch in diesen Einklang kamen. Wir versuchen uns das dann als einen Zufall zu erklären, was, sollte es Zufall geben, denkbar wäre. Aber nur solange so etwas selten passiert. Wenn es hingegen öfter der Fall ist, hat es einen nachvollziehbaren Grund: Vom Heilfaden her treffen wir nämlich keine Entscheidungen, setzen auch nicht unseren Willen ein und von dortaus gibt es auch kein Suchen nach Lösungen. Es passiert einfach, was passieren *muss*.

Je mehr wir aus diesem Kanal heraus leben, umso einfacher wird unser Leben. Denn unser wachsendes Bewusstsein macht uns für die Harmonie in uns selbst und mit allem, was uns umgibt, empfänglich. Was nicht mit unserem Heilfaden harmoniert, bekommt in unserem Leben immer weniger Raum.

Wenn wir beispielsweise rauchen, wird uns das immer unangenehmer werden, weil es eine ungesunde Schwingungsfrequenz hat. So ist es auch mit unserer Ernährung. Wir fühlen, was richtig ist, und richten uns danach.

Unsere Wahrnehmung konzentriert sich dann auch mehr und mehr auf das Wesentliche. Wir tun nur noch die Dinge, die unsere Entwicklung fördern.

Dass wir mit dem Heilfaden in uns immer vertrauter werden, bedeutet für unser tägliches Leben, aber auch für die Entwicklung unseres Bewusstseins und unserer Arbeit als Therapeut, dass wir uns darüber bewusst werden, uns auf die Schwingungsfrequenz der Ganzheit abzustimmen. Dafür ist es wichtig, dass wir diese Resonanz gebündelt und über die Wirbelsäule, durch die hindurch die kosmische Energie strömt, aufrecht in uns halten.

Das Durchlassen der Energie, man kann auch sagen das Kanalisieren, heißt, dass wir die Energie nicht mehr, egal nach welchen Kriterien, beurteilen, sondern einfach mit dem Ganzen bleiben. Es geht darum, dass wir uns durch die Energie zeigen lassen, was für unsere Entwicklung das Beste ist. Was aber auch bedeutet, dass wir den Willen, unser Leben in eine bestimmte Richtung zu lenken, aufgeben müssen.

Wer vom Heilfaden her lebt, braucht sein Leben nicht mehr zu steuern. Es entfaltet sich dann so, dass es unserer Entwicklung dient und ganz unserem bewussten Sein entsprechend. Wenn wir das in uns zulassen, zeigt uns die Energie, was wir zum Leben und um daran zu wachsen brauchen.

Wir Menschen suchen, wenn es um Entscheidungen geht, die für uns schwierig sind oder über unsere Kräfte zu gehen scheinen, oft nach einer Lösungen, mit der wir uns vor der Entscheidung drücken. Sobald wir aber gewohnt sind, von der aufrechten Wirbelsäule her mit dem Heilfaden zu leben, bemerken wir das sofort daran, dass diese Verbindung dann abbricht. Es entsteht ein kaltes Gefühl und die dann aufkommende Missstimmung ist uns so unerträglich, dass wir die zunächst unlösbar erscheinende Entscheidung dann doch treffen. Dann strahlt die kosmische Energie wieder durch den Heilfaden und unsere aufrechte Wirbelsäule weist uns den Weg.

Wir lernen immer mehr auf das, was uns der Heilfaden zu sagen hat, zu horchen und auch zu gehorchen, also danach zu handeln. Wir »gehorchen« zwischen Erde und Himmel. Manche Menschen in unserer Umgebung denken dann, dass wir »ganz eigen« sind oder dass es »schwierig ist, mit uns zu leben« und verstehen nicht, dass wir einfach nur ganz gehorsam sind gegenüber unserem inneren Weg, den wir innerlich aufrecht und aufrichtig gehen. Und dass wir auf diese Weise wir selbst sind.

Für das liebevolle und aufrichtige Arbeiten als Therapeut bedeutet das, dass wir den Mut haben müssen, den richtigen Rat zu geben, auch wenn dieser für den Klienten verletzend oder schmerzlich ist und deshalb oft Wut, Ärger und Empörung auslöst. Später, wenn auch er lernt, mit der aufrechten Wirbelsäule zu leben und den Heilfaden als Leitfaden anzunehmen, wird er es verstehen.

Die kosmische Energie findet in jedem Moment unserer Evolution von sich aus die Stellen, die geöffnet sind. Das ist etwas ganz anderes als therapeutische Vorgehensweisen, mit denen das Vergangene verarbeitet wird, indem man »zurückgeht«. Beispielsweise in der Freud'schen Psychoanalyse.

Sigmund Freud und viele andere Therapeuten, die sich auf sein Werk beziehen, gehen davon aus, dass der Patient sich seiner Widerstände bewusst werden muss, um sich dann, nach den Regeln der jeweiligen Methode, durch diese Widerstände zu arbeiten und sie zu überwinden.

Wenn wir durchlässig werden, brauchen keine Widerstände mehr überwunden zu werden. »Widerstand« ist doch nur ein anderer Ausdruck für Energieblockade. Wir müssen uns also lediglich dieser Blockaden bewusst werden und die kosmische Energie kann wieder fließen. Beim Durchlassen strömt die

Energie in den Brennpunkt aller Energien, das kosmische Auge, und intensiviert so unsere Gefühle, Ideen und Verhaltensweisen, die nur deshalb da sind, damit wir durch sie etwas lernen.

Das Heilen geschieht dann von selbst. Es ist in allen Energiefeldern, auf allen Ebenen des Daseins »eingebaut«. Nichts anderes ist nötig, als die Verbindung mit dem Heilfaden wiederherzustellen und ihn wach und gesammelt geöffnet zu halten, damit er uns die Richtung unseres Lebens weisen kann.

Würden wir die kosmische Energie so nehmen, wie sie kommt, bräuchten wir keine Therapie. Leider haben wir große Schwierigkeiten mit dieser einfachen Tatsache und nehmen deshalb, um wieder eins zu werden, oft gezielte therapeutische Hilfe in Anspruch.

Formen entstehen aus kristallisierter Energie und vieles von dem, was wir »Ich« nennen, ist zur Versteinerung kristallisiert. Es ist sehr schwierig, solche Strukturen loszulassen.

Um das alles loszulassen, müssen wir sterben.

Letztendlich ist unser ganzes Leben durch Energieprozesse geformt, die wieder losgelassen werden müssen. Das nennen wir »Tod«. Unser physisches Selbst muss sterben, damit Energie frei wird. Alle Materie, von der kleinsten Zelle bis zum größten Himmelskörper, entwickelt sich fortwährend und löst sich wieder auf. Auch unser Körper selbst und natürlich auch die kleineren Einheiten, aus denen sich unsere persönliche Einheit zusammensetzt, unterstehen diesem dauernden Prozess von Stirb und Werde. Wenn Zellen entstehen und absterben und sich unsere Persönlichkeit während unseres Lebens verändert, sind das auf unterschiedlichen Ebenen Zeugen hiervon.

Wahre Evolution besteht aus dem sich ständig weitergehenden Loslösen aus der Form, bis der körperliche Tod uns schließlich von unserem Körper trennt. Wenn wir alles das, was in uns unterdrückt und versteinert ist, frei und lebendig werden lassen, lernen wir eigentlich zu sterben.

Dieses Freilassen und Loslassen sehen wir auf vielen Ebenen: bei unseren Körpersäften und Ausscheidungen, bei Farben, Träumen und körperlichen Symptomen oder einfach als Energiewellen und -schwingungen, die unseren Körper durchströmen und ihn reinigen.

Meistens halten wir schon so lange Energie in uns zurück, dass wir zu einem angestauten See von Energie geworden sind, wobei unsere Muskeln und unser Bindegewebe als Damm fungieren. Wir können auch sagen, dass sie wie ein Muster das Gewebe unseres Lebens, unseres Körpers, unserer Persönlichkeit, Rollen, Einstellungen und unserer Gefühle und Beziehungen durchziehen. Es fällt uns schwer, sie loszulassen. Wenn wir sie freilassen, erleben wir diese für uns ungewohnte Energie als eine emotionale Explosion und können uns wieder natürlich und spontan bewegen.

Häufig begegnen wir auf diesem Weg durch unser Leben unserem Tod. Aber der Tod ist nicht das Endstadium von Krankheit und ebenso wenig das Ende des Entfremdetseins von der Einheit. Der Tod ist eine Befreiung aus der Form und ein Wegbereiter zur Rückkehr in den Geist.

So ist der Tod letztlich der Schlüssel zum Leben. Nur wenn wir sterben können, leben wir wirklich. Oft und meistens für Menschen, die sich in einer Therapie befinden, fühlt sich der Tod in all seinen Formen so an, als ob wir wirklich sterben würden. Das hängt damit zusammen, dass wir uns mit unserer körperlichen Form identifizieren und das Sterben mit dem wirklichen körperlichen Tod gleichsetzen. Es geht jedoch darum, dass wir durchlässig, durchscheinend werden und eine Form nach der anderen sterben lassen. Denn dann ist der Durchbruch zum großen Selbst möglich und wir sind frei.

Wir müssen jetzt selbst entscheiden, ob wir auf der Problemseite, der Seite des Zerrissen- und Geteiltseins bleiben wollen, oder ob wir teil haben wollen an der Ganzheit oder Einheit.

Beides gleichzeitig geht nicht. Es ist ein klarer, deutlicher Weg des Geistes, der nach der Vereinigung mit dem ewig All-Einen strebt. Auf diesem Weg ist nichts anderes mehr zu akzeptieren als die Ganzheit. Und unser Bewusstsein über die Einheit als einem universellen Kraftfeld kosmischer Energie ist der Anfang der Wandlung von Schwierigkeiten in Möglichkeiten.

Nur wenn wir diese Veränderung durchsetzen, entscheiden wir uns für unser wahres spirituelles Selbst und den Frieden, der davon ausstrahlt. Gerade in dieser Zeit von Entfremdung, Orientierungslosigkeit und Isolation brauchen wir Menschen, die bereit sind, die Ganzheit des Lebens zu sehen und auch entsprechend dieser Ordnung zu leben. Auch wenn die Menschen um uns herum diesen Weg nicht begreifen. Ob wir dabei akzeptiert werden oder nicht, sollte keinen Unterschied machen.

Wenn wir selbst als Totalität leben statt in Phantasien und Ideen darüber, liegt unser Weg deutlich vor uns. Dieser Weg ist uralt und es kommt darauf an, ihn wieder für jeden sichtbar zu machen. Wir müssen nur innerlich ganz werden, eine Einheit in uns selbst, und wach dabei sein. Immer wieder – und vor allen Dingen *jetzt*!

Ich denke der echte
Tod ist so leicht
wie eine Feder
die du
wegbläst in eine Luft
voller Sonne
und die schaukelnd verschwindet
in das Licht das scheint
als ob es in der fernsten Ferne
nie an ein Ende kommt.

Hans Andreus

9 Liebe, die aus der Stille erwächst

Die Problematik des heutigen Menschen scheint im Wesentlichen religiöser Art zu sein. Durch das Fehlen einer religiösen Anbindung fühlen sich die Menschen nicht mehr als Ganzheit. Und alle Versuche zur Wiederherstellung dieser Ganzheit scheitern, wenn wir nicht das Fehlen dieser religiösen Anbindung als Ausgangspunkt nehmen. Ohne diese Einsicht können wir nur einen Teil der Einswerdung ermöglichen. Wie es beispielsweise geschieht, wenn unsere religiösen Wurzeln durch ein intellektuelles System ersetzt werden.

Genauso ergebnislos bleiben auf Dauer alle Versuche, den verlorenen Ursprung durch das Popularisieren von »Geheimnissen des Glaubens« zurückzugewinnen, indem Sakrales scheinbar verständlich gemacht und so auf etwas Weltliches reduziert wird.

Erneuerung und Wiederherstellung dieser Wurzeln sind nur auf eine Weise möglich, nämlich indem wir religiöse Ur-Erfahrungen ernst nehmen. Heilen in der heutigen Zeit bedeutet, dass wir an dieser Wiederherstellung mitarbeiten. Wer täglich an sich selbst arbeitet und meditiert und sich dafür wirklich Zeit nimmt, wird solche Ur-Erfahrungen erleben.

So viele Menschen sehnen sich ernsthaft nach einer Veränderung. Ihre Seelen wollen gerne einen neuen Auftrag übernehmen. Immer mehr Menschen sind an Meditation interessiert, weil sie Entspannung und inneres Vertieftsein als etwas erkennen, in dem sich jeder direkt üben kann.

Diejenigen, die meditieren, reagieren in schwierigen Situationen und bei Problemen gelassener und ruhiger. Sie hören besser zu und lassen leichter andere Meinungen gelten, ohne sich gekränkt oder verletzt zu fühlen. Ihre Ruhe kommt aus ihrer Tiefe, wodurch sie aufmerksamer und ausgeglichener auf Menschen und das, was sie beschäftigt, eingehen können.

Wenn wir in der Meditation immer wieder aufs Neue Licht um uns herum ausstrahlen, hat das eine positive Wirkung. Licht und Energie geben uns neue Kraft und unser inneres Wachstum nimmt zu.

Und trotzdem passiert es uns, dass wir eine Meinung äußern oder etwas aus einer bestimmten Vorliebe heraus beurteilen oder gerade durch eine persönliche Antipathie. Und oft sagen wir etwas über einen Menschen, ohne vorher nachzudenken und ohne uns darüber bewusst zu sein, warum wir so reagieren.

In unserer Arbeit als Therapeut oder Begleiter hören wir zu, fühlen ein und nehmen wahr. Aber wenn man uns nach unserer Meinung fragt, verurteilen wir oft. Und dann sind wir unglücklich darüber, dass wir anderen gegenüber nicht immer offen und warm sein können.

Was uns dabei hilft, ist die folgende Übung.

Übung *Wir zentrieren uns im kosmischen Auge und verbinden uns mit unserer Erde, dem neunten Chakra. Wir empfangen vom achten Chakra her entlang der vertikalen Linie zur Hypophyse und senkrecht weiter durch alle inneren Augen zur Thymusdrüse und entlang einer horizontalen Linie vom höchsten Punkt auf unseren Ohrmuscheln von rechts nach links. Wir nehmen in unserer Aufmerksamkeit die kleinen Kuhlen mit, die einen Fingerbreit über den Ohrmuscheln liegen.*

Die vertikale und die horizontale Linie kreuzen einander mitten in unserer Stirn, in der Stelle, die wir wir das »heilende Auge« nennen.

Wir fühlen dann, wie sich oben in unserem Gaumen ein Raum bis in das Gebiet unseres Gehirns öffnet, durch den Scheitel hin zum achten Chakra, unserem Himmel.

Es entsteht dann sofort Wärme und ein wundervolles Licht im Raum unseres Kopfes.

Diese Wärme und das Licht strahlen weiter durch unseren Körper, unsere Schale, durch unsere Füße nach außen, in die Erde hinein.

So atmen wir mindestens fünfzehn Minuten still ein und aus und bleiben in dieser Strahlung.

Wenn wir in und von der Tiefe unserer Beckenschale her atmen, dort wo immer die erhöhte Schwingung unseres kosmischen Auges ist, können wir von unserem dritten Auge und dem Punkt zwischen unseren Augenbrauen und von unserem mystischen Herzen her Licht und Trost zu anderen ausstrahlen.

Das wirkt heilend – genauso, wie auch liebevoll gesprochene Worte heilend wirken können.

Es gibt nur einen Weg – den Weg der Liebe.

2 Den Weg gehen

10 Ein freier Mensch werden

Wenn wir im Sitzen üben oder meditieren, gehen wir mit unserer Aufmerksamkeit immer zuerst zu unserer Basis, zum Boden der Beckenschale, in der das »heilige Dreieck« liegt. Wir lassen die Spitzen dieses Dreiecks, die beiden Sitzknochen und der letzte Steißbeinwirbel, in dem verwurzeln, worauf wir sitzen und dort hindurch zur Erde, sodass eine Verbindung zwischen der Energie in uns und der Energie der Erde entsteht. Beide Energien verschmelzen im neunten Chakra und strahlen zusammen zurück, aus der Erde aufsteigend zu unserer Schale hin. Es entsteht eine Kugel heilender Erde-Kräfte zwischen dem neunten Chakra und dem kosmischen Auge, das diese Kugel zusätzlich verstärkt.

Wer das mehrmals täglich regelmäßig übt, wird merken, dass das heilige Dreieck allmählich leichter fühlbar wird.

In einer Meditationsgruppe kann man nach einigen Tagen beobachten, dass sich dieses Dreieck bei den Teilnehmern, sobald sie auf ihren Hockern sitzen, von selbst öffnet und ausstrahlt. So entsteht eine gemeinsame Energie und das Gruppenbewusstsein entwickelt sich. Erst dann kann man anfangen, wirklich mit der Gruppe zu arbeiten. Aber auch die Atmosphäre im Meditationsraum und die Temperatur verändern sich dadurch merklich.

Uns selbst können wir auch angewöhnen, die Punkte des heiligen Dreiecks während des Tages immer wieder zu verwurzeln. Zum Beispiel immer dann, wenn wir uns hinsetzen. Dann fangen wir auch an, uns als »freier Mensch« zu fühlen. Und zwar durch das fortwährende Loslassen von allem, was nicht in uns gehört. Also vor allem Schmerz, Krankheit und negative Gefühle anderen gegenüber, aber auch solche, die von anderen zu uns kommen.

Wenn wir uns entscheiden, den inneren Weg zu gehen, werden wir zuerst Meditierende. Aber dabei dürfen wir nicht stehen bleiben. Wir müssen freie Menschen werden. Dazu müssen wir erkennen, dass wir den spirituellen Weg nur weitergehen können, wenn unsere Entwicklung in unseren eigenen karmischen Gegebenheiten gegründet ist und nicht in dem, was jemand anderes für uns für richtig hält. Wir können den Weg zum Beispiel nicht schneller gehen als uns gegeben ist oder etwas überstürzen, sonst kehrt es sich gegen uns und wir würden weit zurückfallen.

Viele Menschen fallen tatsächlich zurück und sagen dann: »Nein, das ist doch nichts für mich« oder »Es ist nicht logisch« oder sie projizieren das ein oder andere auf denjenigen, der ihnen den Weg zeigt.

Alle negativen Dinge, mit denen wir unseren Weg begonnen haben, müssen karmisch gesehen werden. Wir sind in diesem Leben die Summe aller vorherigen Leben. Und das, was noch nicht verarbeitet wurde, fordert uns in diesem Leben heraus. Auch das gehört zum Weg.

Und wenn wir einmal begonnen haben, uns bewusst zu werden, womit wir beschäftigt sind, können wir damit auch nicht mehr aufhören. Wo sollten wir denn hin? Sollen wir einfach so tun, als ob nie etwas gewesen sei, als ob wir nichts von dem wüssten, was da »mehr ist zwischen Erde und Himmel«? Das würde uns nicht gelingen. Denn es ist in uns selbst, und damit immer bei uns. Es sitzt uns sozusagen auf den Fersen und holt uns ein. Aber darüber regen wir uns nicht auf, es ist in Ordnung.

Stattdessen gehen wir durch das Leiden hindurch. Das klingt einfacher als es ist, aber wir können nicht anders, so zerrissen und elend wir uns dabei auch ab und zu fühlen. Wir werden uns nämlich bewusst, dass wir von unserer alten Art zu leben, unserem alten Ich und den gewöhnlichen täglichen Dingen, die dazu gehören, genug haben. Erst dann beginnen wir, innerlich zu wachsen. Und so absurd es klingt müssen wir hinterher zugeben, dass Leiden eine Gnade ist.

Wir können uns kaum vorstellen, was dann in uns geschieht.

Gurdjieff hat einmal gesagt »Das ist erst der Anfang, es wird noch viel schlimmer. Du hast mit dem Sterben erst begonnen. Und bis der Tod kommt, hast du noch einen langen Weg zu gehen. Aber es fällt, wie auch immer, viel Dummheit von uns ab. Du machst dir selbst auch nicht mehr so viel vor wie früher. Du hast jetzt die Wahrheit geschmeckt.«

Und genau so ist es. Wir erleben das am eigenen Leib.

Zum Beispiel verlieren wir alte Freunde, und wir gewinnen neue. Weil Menschen in unterschiedlichem Tempo innerlich wachsen. Der eine wächst schneller als der andere, andere wiederum wachsen im gleichen Tempo wie wir. Das gehört zum großen Schicksal auf dem Weg. Aber es ist besonders schwer, wenn es um Menschen geht, die uns sehr lieb sind, wie zum Beispiel unsere Partner.

Außergewöhnlich schwer und traurig kann dann sein, eine mit dem Versprechen »bis dass der Tod uns scheidet« eingegangene Bindung trotzdem als ein »durch Liebe getragenes zusammen Wachsen« lebendig zu erhalten und als Herausforderung anzunehmen. Das ist es nämlich viel öfter, als ein Anlass, das ursprüngliche Versprechen nicht einzulösen.

Ein weiteres Beispiel für das, was Gurdjieff beschreibt ist, dass die Dinge, mit denen wir unser Dasein üblicherweise rechtfertigen, wie zum Beispiel Leistungen, in zunehmendem Maße an Bedeutung verlieren. Wenn das zu uns durchdringt und selbst das Gewinnen eigentlich kein Gewinn mehr ist, erleben wir die dunkle Nacht in unserer Seele, die Verzweiflung, die aufkommt, wenn ein gewohnter Halt wegzufallen beginnt.

Aber nie sind wir näher am Licht als im tiefsten Dunkel.

An diesem Punkt angelangt, kommen viele von uns in eine heikle Situation. Denn wir müssen erkennen, dass unsere spirituelle Reise völlig anders verläuft, als wir am Anfang dachten. Der durch uns eingeschlagene Weg entpuppt sich als etwas ganz anderes. Es ist sehr schwer, das anzunehmen und den Sprung ins Ungewisse zu wagen.

Viele Menschen wollen das einfach nicht. Sie wollen aus ihrem spirituellen Arbeiten Kraft schöpfen, um ihr Leben, die *alte* Weise zu leben, schöner und besser zu gestalten. Das ist an sich großartig, und ich respektiere das auch. Allerdings ist genau das der Punkt, um den es geht. Denn das ist keine Befreiung. Und es ist auch nicht das, was uns der spirituelle Weg eigentlich bietet.

Dieser Weg bietet uns Befreiung an, allerdings eine Befreiung, die völliges Annehmen unserer Aufgabe fordert, einer Aufgabe, bei der wir uns fragen:

Wer bin ich,
was bin ich,
was tue ich
und wofür?

Mahatma Gandhi hat einmal so schön gesagt: »Als Preis für die einzige Freiheit, nach der wir wirklich streben, verlangt Gott nichts weniger von uns als die totale Aufgabe unseres Egos.«

Unser Ego mit seiner inneren Zerrissenheit baut auf unsere Bedürfnisse und Wünsche, um uns mit deren Befriedigung so genanntes Glück und Geborgenheit finden zu lassen. Und was ist, wenn das zu Ende geht? Trungpa Rinpoche hat es so formuliert: »Erleuchtung ist für das Ego die letzte große Enttäuschung«.

Es ist so unglaublich, wenn wir einmal verstanden haben, was für ein besonderes Ereignis es ist, wenn das Ego, das kleine Ich, stirbt und ein neues Ich, das Selbst, geboren wird. Ein gewisses Sterben ist absolut damit verbunden, und das stimmt sehr traurig. Es ist ein großer Kummer, wenn dasjenige, wofür wir uns gehalten haben, zu verschwinden beginnt.

Kalu Rinpoche sagt: »Wir leben in einer Illusion, in einem Schein, in dem wir die Dinge wahrnehmen. Es gibt keine Wirklichkeit, wir selbst sind die Wirklichkeit. Wenn wir das erkennen können, begreifen wir, dass wir *nichts* sind. Und erst wenn wir nichts sind, sind wir *alles.*« In dem Augenblick, in dem wir nichts Besonderes sein wollen, haben wir teil an allem. Dann sind wir im Tao und in Harmonie.

Wer sein Ego verliert, ist, ohne es unbedingt zu wollen, im Dienste von allem, was lebt, und wird froh, ja sogar glücklich darüber sein. Denn er wird ein neuer Mensch und nichts lieber wollen, als sein Leben in den Dienst von Gottes Schöpfung zu stellen.

Franziskus von Assisi wird folgender Ausspruch zugeschrieben: »Es ist nicht der Mühe wert, herumzugehen und zu predigen, wenn nicht das Gehen unser Predigen ist!«. Wir müssen also versuchen, unsere Erfahrungen auf dem Weg in die Meditation zu integrieren und gleichzeitig von daher in unserem Alltag mit Freude und Ehrfurcht das Leiden anzuschauen und zu akzeptieren, ohne auch nur einen Moment wegzusehen.

Wenn wir Menschen mit einer leidvollen Krankheit wie Krebs oder Aids begegnen, können wir nicht anders, als sie völlig in uns aufzunehmen. Unser Herz bricht zwar fast angesichts ihres Leidens. Und wir fühlen ihren Schmerz mit, und unseren Schmerz über all das, was sie durchstehen müssen. Und doch ist da gleichzeitig in unserem Innersten die tiefe Freude und Hingabe.

Hierin liegt ein großer Widerspruch verborgen, der schwierig in Worte zu fassen ist. Aber vielleicht ist er gerade das, was notwendig ist, um wirklich helfen zu können. Weil wir dadurch in das Leiden des anderen nicht verstrickt werden. Würde das passieren, wäre es für den anderen nur noch schwerer.

Wir können unser Handeln, einschließlich unserem Helfen, am besten als einen Weg sehen, auf dem wir auch an uns selbst arbeiten. Wir lernen dann, dass unser ganzes Leben, jede Erfahrung, die wir durchleben, zu unserem eigenen Weg wird.

Eine Eigenschaft, die wir auf dem Weg entwickeln, ist die Fähigkeit, »Zeuge« dessen zu sein, was geschieht und ruhig hinzuschauen, auch auf unsere eigenen Gefühle, unser Verhalten und unsere Reaktionen.

Je mehr wir diese Eigenschaft entwickeln, desto stärker bekommen wir das Gefühl, auf zwei verschiedenen Ebenen gleichzeitig zu leben. Die eine Ebene ist die des Zeugeseins, die andere die Ebene von Wünschen, Verlangen, Angst, Gefühlen, Aktion, Reaktion und so weiter. Aber selbst wenn wir hauptsächlich noch auf dieser letzteren Ebene leben, bedeutet das Zeuge sein einen großen Schritt weiter in unserer Entwicklung und gibt uns Kraft.

Noch einen Schritt weiter leben wir dann vom großen Selbst her in der Tiefe unserer Beckenschale. Die Entwicklung dorthin ist aber nur durch Hingabe möglich.

Wenn wir gelernt haben, unseren Blick nicht nach außen zu richten, also beispielsweise nicht mit dem Finger auf andere zu zeigen, sondern uns nach innen zu wenden, in uns selbst, dann werden wir wirklich unser eigener Beobachter.

Wir gehen nach innen und dort hindurch. So erlangen wir Bewusstsein. Danach ist eigentlich alles einfach. Denn wir sind nicht länger damit beschäftigt, mit einem Teil unseres Geistes einen anderen Teil wahrzunehmen. Und das erleichtert vieles.

Trotzdem bleibt auf unserem Weg eine gefährliche Falle bestehen, auf die wir achten müssen: unsere Intelligenz und unser Denken! Als »freier Mensch« sind wir weiser und erlangen mehr Einsicht, weil wir mehr und mehr mit dem Kosmos und dem kosmischen Wissen verbunden sind. Wir können dann in Versuchung geraten, uns anmerken lassen zu wollen, dass wir wissen. Dieses Wissen und die Weisheit kommen jedoch nur in Bescheidenheit zu ihrem Recht.

Unsere verstandesmäßige Intelligenz ist ein Instrument der Macht, gespeist aus unserem inneren Uneinssein. Unser intuitive Herz dagegen ist der Zugang zur Ganzheit in uns. Eigentlich ist es das schönste Geschenk, das das Gehen des Weges uns bietet: die Chance, zurückzukehren zu der uns angeborenen, mitfühlenden Art unseres eigenen Herzens in Verbindung mit der Wärme und der unbegrenzten Weite unserer Schale.

Das gibt uns intuitive Weisheit und Gelassenheit und führt dazu, dass wir unseren Intellekt, wenn es notwendig ist, sehr gut benutzen können, ohne dass er uns beherrscht. Wir sind dann auch nicht länger im denkenden Ich gefangen.

Den Weg zu gehen bietet uns eine Chance. Und es ist eine Gnade, dass es einen solchen Weg gibt, auf dem wir, unserem Wesen treu bleibend, in immer tieferem Sinn Wahrheit sind und werden.

Hör auf zu glauben
was das Ego alles entstellt
nur Versöhnung kann
heilen.
Glaube an die Wirklichkeit
zusammen
den Weg zu gehen
jeder in seinem eigenen
Sein
frei von hemmendem Zögern.

Gleichsein ohne »einst«
und »aber«.
Nenne es zeitloses Jetzt
ich
du
wir
und sie
unbegrenzt
durch Zeit oder Leid
geschmiedet zum
allumfassenden Eins
in Dir.

Paul Bos

11 Unsere Füße

Wenn wir uns entscheiden, den inneren Weg zu gehen, um zum»neuen Menschen« zu werden, ist das gleichzeitig eine Entscheidung für das Einswerden von Körper, Seele und Geist. Das heißt, dass wir unser Üben und Meditieren von Anfang an als etwas sehen müssen, bei dem der ganze Mensch einbezogen ist. Auch unser physischer Körper, und zwar von Kopf bis Fuß. Wir gehen den inneren Weg sozusagen genauso auf unseren Füßen wie unseren Weg durch die äußere Welt.

Nicht nur für uns persönlich, sondern auch in der Arbeit mit Menschen müssen wir unseren Füßen immer wieder besondere Aufmerksamkeit schenken. In meinen früheren Büchern, vor allem im ersten, *Finde dich selbst durch Meditation* (München, 1984), und im zweiten, *Offen zwischen Himmel und Erde* (München, 1985), habe ich dem Öffnen der Füße zur Erde hin viel Aufmerksamkeit gewidmet. Dort sind viele Übungen beschrieben, um sie in unserer Erde zu verwurzeln.

Für diejenigen von Ihnen, die durch dieses Buches zum ersten Mal mit meiner Arbeit in Berührung kommen, ist es besonders wichtig, sich bewusst zu machen, dass wir erst die Erde – unser Leben auf der Erde – akzeptieren müssen, bevor wir uns zum Himmel hin öffnen können! Das ist wirklich eine große Aufgabe, für jeden von uns, die dann auch ein Leben lang dauert.

Aber je mehr sich unsere Füße, in Verbindung mit unserem kosmischen Auge, öffnen, desto tiefer können wir in die Erde hinabsteigen, umso mehr öffnet sich dann der Himmel für uns, hoch über unserem Kopf, und desto mehr Energie ist in unserer Schale, die von dorther in die Welt, die uns umgibt, ausstrahlt. Die folgenden Übungen laden Sie zu dieser Erfahrung ein.

Übung 1 *Innerlich tasten wir die Haut der Fußsohlen ab. Durch unsere Aufmerksamkeit öffnen sich die Poren, auch unter und zwischen den Zehen.*

Langsam transformieren die Fußsohlen, und zwar mit so viel Energie, dass der Raum des ganzen Fußes weit und grenzenlos wird. Rechts und links.

Fühlen Sie, wie sich der Außenrand der Zehen nach unten öffnet. Dort, wo wir unsere Zehen von der Erde zurückziehen, wenn wir dem Leben nicht zustimmen und eigentlich von der Erde weg wollen, weg aus unserem täglichen Leben.

Dadurch, dass sich unsere Füße transformieren und unsere Haut, die dann auch mitatmet, sich öffnet, können wir die Zehen loslassen. Und die »Tore« zwischen unseren Zehen öffnen sich mit. Dann strömt Energie durch die Räume unserer Füße und durch die offenen Zehenspitzen nach außen.

Wir erleben deutlich, wie unsere Schale mit dem kosmischen Auge durch unsere Füße hindurch eins wird mit unserer Erde, dem neunten Chakra. Ungefähr 40 cm unter uns, wenn wir stehen oder sitzen, und genauso weit horizontal an den Füßen vorbei, wenn wir liegen.

Wenn wir liegend üben ist es, als ob wir in einem Bett von Energie ruhen, warm und geborgen. Unsere Füße sind warm und lebendig, offen und stark.

Unser Oberkörper und unser Kopf fühlen sich klar und entspannt an, offen zum Himmel hin.

Wir fühlen uns neu geboren.

Übung 2 *Wir stehen mit leicht gespreizten Beinen. Dann lehnen wir uns mit unserer Wirbelsäule nach hinten.*

Das Gewicht unseres Oberkörpers, unserer Arme und auch unserer Beine lassen wir in unsere Rückseite hinein los.

Ganz entspannt mitgehen in dieses sich Zurücklehnen und Loslassen.

Gut nachspüren.

Wir können das noch besser fühlen, wenn wir den Mittenkanal der Wirbelsäule, die Sushumna, mit einbeziehen. Das belebt die Strahlung.

Fühlen, wie das Gewicht zum untersten Rand des Kreuzbeines sackt, genau hinter die Hüftgelenke mit den Köpfen der Oberschenkelknochen. Und dann nach unten an den Beinen entlang, zur Außenseite der Fersen.

Die Außenseiten unserer Füße helfen, das ganze Gewicht unseres Körpers zu tragen. Egal ob wir gehen oder uns anders bewegen.

Dann können sich alle Organe in unserem Körper loslassen. Unsere Nieren, unsere Milz und Leber, unser Magen, unser Herz, unsere Lungen, unsere Kehle, die Zentren in unserer Schädelbasis, die Hirnrinde und alle unsere Gehirnzellen können sich entspannen.

Nur wenn wir alle unsere Organe entspannen und zu unserer Schale hin und in sie hinein loslassen, hört unser Denken auf.

Solange unser Denken nicht in die Tiefe unserer Beckenschale losgelassen ist, neigt es immer wieder dazu, uns zu beherrschen. Es gibt Befehle, kontrolliert unser geistiges und körperliches Verhalten und stört unsere körperliche Beweglichkeit.

Emotionen dagegen, die nicht zum tiefen Fühlen in unsere Beckenschale losgelassen sind, bewirken, dass wir unsere Organe nach oben ziehen. Wir haben das alle schon einmal gefühlt, als wir einen Kloß im Hals hatten, unser Magen hochkam, unser Herz sich zusammenzog oder sich unser Denken verwirrte und uns von unserer Lebensquelle wegholte.

Um diese Folgen unserer Emotionen zu vermeiden oder sie zu lösen, müssen wir das Gewicht aller Organe loslassen, aus unserem Kopf, aus unserem Oberkörper, aus Armen und Beinen, aus unseren Hände und Füßen und durch unsere Fersen nach außen.

Innerlich dabei sein, mitgehen, bewusst zu unserer Erde, zu unserem neunten Chakra hin.

Wir erleben dann deutlich, wie sich unser Kopf durch unseren Scheitel zu unserem Himmel, dem achte Chakra, öffnet.

Aber nicht nur das!

Wir haben mithilfe unserer transformierten Füße auch eine Verbindung mit dem Raum hinter uns und um uns herum hergestellt.

Wenn wir andere auf eine innere Reise mitnehmen, wie wir das gerade zusammen getan haben, müssen wir mit ihnen nach innen lauschen, in ihrem inneren Erleben mitgehen und ihre inneren Fragen verstehen. So lange, bis sie selbst bewusst und wach geworden sind und ihre eigenen Erfahrungen erleben und verstehen können.

Wir müssen also bei ihnen sein, indem wir uns selbst wirklich ganz für sie öffnen.

Wir stellen uns dann selbst die Fragen, die in diesem Lauschen geboren werden. Dadurch kommt es zu heilenden Schwingungen, deren positive Wirkung bei Menschen, die den inneren Weg gehen, sichtbar und hörbar werden. Ihre Ausstrahlung verändert sich genauso wie ihre Stimme.

12 Die Vision von Heilung und Ganzheit

Die Vision von einer geheilten Welt als einer Ganzheit, die alle Menschen und alle anderen Lebensformen in sich trägt, ist ein Traum, der Wirklichkeit werden kann.

Jeder von uns muss natürlich von sich aus das Seine dazu beitragen eine Welt zu schaffen, die so ist, wie wir sie uns im Grunde wünschen, und sich von den für diese Heilung und dieses Wohlergehen notwendigen Werten und Qualitäten leiten lassen.

Ernst zu nehmende Zukunftsperspektiven, die den momentanen Zustand unseres kollektiven Bewusstseins mit einbeziehen, weisen deutlich darauf hin, dass wir dringend so etwas wie Heilung und Einigung brauchen. Die Frage ist, ob wir noch rechtzeitig aufwachen und uns von der oben genannten Vision der Ganzheit führen lassen. Sie würde uns den Weg zeigen, auf dem wir dauerhaft und kreativ an der Erhaltung des Lebens auf der Erde mitwirken können.

Die Antwort auf diese Frage wird von unserer Bewusstwerdung abhängen. Denn Bewusstsein ist notgedrungen sowohl ein Objekt von, als auch ein Instrument für Veränderung geworden. Das heißt, wir müssen das, was wir über Selbstheilung wissen, für das Heilen der Welt nutzen. Und wir müssen uns selbst und einander ermöglichen, friedliche und sich weiter entwickelnde Alternativen zur Selbstvernichtung zu schaffen.

Das ist keine Aufgabe, die ein Mensch alleine auf sich nehmen kann. Wir können auch nicht so lange warten, bis ein heldenhafter Führer kommt, uns zu retten. Denn das haben wir schon einmal auf eine bittere Art erlebt und gelernt, dass das Böse nicht auf dem Schlachtfeld überwunden wird. Diese Art Konfliktlösungen lassen das Problem nur weiterbestehen.

Wenn wir dagegen die Fähigkeit entwickeln, zu schauen und uns selbst zu transformieren, sollten wir das einbringen, um die oben beschriebene Gefahr in eine neue Lebensform zu wenden. Es führt zu nichts, wenn wir uns an unsinnigen Vorstellungen festklammern und anderen die Schuld an unserer verfahrenen Situation geben. Die notwendige Veränderung muss von tief in uns entstehen. Deshalb müssen wir an Weisheit wachsen, egal wie schwer die Umstände auch sein mögen.

Im Lichte einer von alters her bestehenden Weisheit können wir uns sehr gut eine Welt vorstellen, in der wir in Harmonie leben. Wir erkennen Probleme dann als eine Herausforderung, die uns Kraft gibt, positive Entwicklungen in Gang zu setzen und unsere Vision von Ganzheit zu verwirklichen.

Zuerst aber müssen wir unsere Verantwortung für die Welt, wie sie jetzt ist, erkennen und beschließen, sie positiv zu verändern. Wenn wir dann über den gängigen Glauben an das Begrenztsein von uns selbst und der Welt hinausgehen und uns zusammen mit anderen für die Verwirklichung einer ganz anderen Vision einsetzen, werden wir Heiler und Seher einer neuen Zeit.

Wir müssen also unsere eingeschränkte Wahrnehmung erweitern und vertiefen. Die vorausschauenden Kräfte in uns müssen erwachen. Wir bekommen dann ein Auge für die großen Strukturen, die allem zugrunde liegen und für die Richtung, in die sich alles bewegt, statt nur Teile und Fragmente zu erkennen.

Es geht hierbei um ein Sehen, dass das Ego übersteigt, um einen überpersönlichen und vorausschauenden Blick, der uns weniger ein neues Bild zeigt und genauso wenig schnelle Antworten auf Fragen, die sich unser Denken stellt, als uns neue Möglichkeiten erkennen lässt. Ein solcher Blick ermöglicht jedem von uns für sich selbst zu erkennen, was Wahrheit ist, und sich dann nicht länger mit Lügen zu beruhigen. Täuschen können wir uns dann nur noch, indem wir für wahr halten, was wir gerne sehen wollen. Aber die echte Vision des überpersönlichen Selbst ist kein Irrtum.

Um uns für das alles zu öffnen und um diese Vision hinaustragen und verwirklichen zu können, suchen wir uns möglicherweise persönliche Begleitung. Und es stimmt ja auch, dass niemand diesen Weg ohne einige Hilfe von außen bewältigen kann. Aber letztlich kommt es nur auf uns selbst an. Wir werden es, mithilfe unserer aufrechten Wirbelsäule, selbst tun müssen. Deshalb bereiten uns die meditativen Übungen immer tiefer darauf vor, selbstständig unseren Weg gehen zu können, offen zwischen Erde und Himmel.

Wenn wir die kollektive Herausforderung, vor der wir stehen, annehmen, sind wir bereit, das Schmerzliche der menschlichen Situation zu sehen und unsere Herzen zu öffnen, um den Schmerz auf allen Ebenen des menschlichen Daseins zu heilen. Physisch, psychisch, mental, existenziell und spirituell, um es mit Frances Vaughan zu sagen.

Beginnen wir also damit, uns unserer Vision hinzugeben. Damit Friede in uns und zwischen uns entsteht und wir sowohl individuell als auch kollektiv geheilt werden. Lassen wir diese Vision in uns leben, damit wir sie so in die Welt hinaustragen können!

Überpersönliche Erfahrungen

Im Licht des Obenstehenden wird deutlich, welchen Wert Erfahrungen von erweitertem Bewusstsein haben. Sie helfen als Ermutigung auf dem Weg, als Zeichen, dass Leben auf anderen Ebenen des Einswerdens möglich ist und dienen als Motivation zu weiterer Transformation, nicht aber, um Neugier oder Wünsche des Egos zu befriedigen.

Durch überpersönliche Erfahrungen, bei denen die Begrenzungen des Egos erweitert oder transformiert sind, wird deutlich, dass wir uns mit anderen Menschen weitgehend identifizieren können, zum Beispiel mit anderen Mitgliedern einer Gruppe, zu der wir gehören, oder mit guten Freunden.

In solchen Zuständen erweiterten Bewusstseins können wir aber auch Zugang zu sowohl mikrokosmischen als auch astronomischen Bereichen bekommen, die wir sonst nur mit technischen Hilfsmitteln wahrnehmen können. Außerdem scheint es möglich, uns in Zeiten zu versetzen, die für unser »normales« Bewusstsein eine weit zurückliegende Vergangenheit bedeuten, oder direkt in die Zukunft und sogar noch Dimensionen weiter.

Normalerweise gehört ja das, woran wir uns erinnern können, zur Geschichte unseres jetzigen persönlichen Lebens. Aber wenn sich unser Bewusstsein vertieft und erweitert, scheinen wir uns zum Beispiel an Gegebenheiten um den Zeitpunkt unserer Geburt herum erinnern zu können, oder sogar noch weiter zurück.

Dem tschechisch-amerikanischen Psychiater Stanislav Grof zufolge ermöglichen Erinnerungen an »perinatale« Erfahrungen, also Erlebnisse im Zusammenhang mit der Geburt, Einsicht in die Verbindung zwischen der persönlichen und der überpersönlichen Ebene des Bewusstseins. Geburt und Tod, der Anfang und das Ende unseres irdischen Daseins, sind jeweils ausgesprochen einschneidende Übergänge für unser Wesen.

Überpersönliche Erfahrungen, egal ob sie nun aus Übungen und Meditation hervorgehen oder sich spontan zeigen, bringen ans Licht, dass es Verbindungen zwischen Individuum und Kosmos gibt. Wir können sie mit unserem Verstand vielleicht nicht begreifen, aber von unserem kosmischen Auge her am eigenen Leib erfahren. Und zwar dann, wenn sich die Poren unserer Haut für kosmische Energie öffnen und sie so zur atmenden Haut wird, die mit dem großen kosmischen Atem mitatmet.

In dem Bewusstseinszustand, den wir in unserer Kultur angefangen haben als »normal« zu betrachten, erleben wir uns selbst als innerhalb der Grenzen unseres Körpers, innerhalb der Haut. Unsere innere Wahrnehmung ist sehr eingeschränkt. Das Wahrnehmen der Welt um uns herum ist in diesem Bewusstseinszustand auf die fünf Sinnesorgane beschränkt und das Bild der Welt außerhalb von uns bewegt sich in den »normalen« räumlichen, irdischen Grenzen.

So erleben wir lediglich unsere gegenwärtige momentane Situation und unsere unmittelbare Umgebung auf eine lebendige Weise. An vergangene Geschehnisse erinnern wir uns nur und über unsere Zukunft haben wir Vorstellungen oder Phantasien.

Im überpersönlichen Erleben bestehen eine oder mehrere dieser Einschränkungen nicht. Auch Ereignisse aus der Vergangenheit oder Zukunft scheinen erlebt werden zu können, als ob sie jetzt stattfinden, lebendig und eindringlich. Allerdings ist es besser, falls sich eine solche Erfahrung einstellt, wie aus einem Abstand heraus darauf zu schauen.

Wir können unser eigenes Bewusstsein aber auch weit außerhalb der Grenzen unseres Ichs oder außerhalb der Begrenzungen durch unsere Haut erleben. Und das nicht nur als vorübergehende Erfahrung, sondern, vom kosmischen Auge her, auch als eine Weise, in der wir dauerhafter da sind.

Wenn unser Bewusstsein im wahrsten Sinne des Wortes erweitert ist, können wir in Gebieten wahrnehmen, anwesend sein und ausstrahlen, die weit von unserem physischen Körper entfernt sind. Deshalb sage ich so oft, dass es keinen »Abstand« gibt.

In überpersönlichen Bewusstseinszuständen überschreitet unser Bewusstsein also die Begrenzungen von Raum und/oder Zeit. Manche Erfahrungen, die zu dieser Kategorie gerechnet werden, sind sehr konkret und realistisch. Zum Beispiel, wenn sich jemand an Ereignisse aus seiner Zeit als Fötus oder Embryo erinnert. Es gibt sogar Menschen, die lebendige Eindrücke von einem »zellulären Bewusstsein« bei der Befruchtung erhalten haben.

Aber die Reise in die Vergangenheit geht manchmal noch weiter. Die betreffende Person kann davon überzeugt sein, Ereignisse aus dem Leben der Vorfahren oder aus dem gesamten Dasein einer Rasse erneut erlebt zu haben. Man erzählt auch von Erlebnissen, bei denen man sich mit verschiedenen tierischen Vorfahren in der Evolution identifizierte, oder dass man Passagen aus eigenen früheren Leben erneut erlebte.

Als Begleiter oder Therapeut müssen wir uns das immer genau anhören, aber kritisch bleiben. Genauso, wie wir das auch im Bezug auf unsere eigenen Erlebnisse dieser Art bleiben müssen.

Das Gleiche gilt für Erfahrungen, bei denen weniger Grenzen in der Zeit, als im Raum überschritten werden, und auch für die Erfahrung, mit einem anderen zu verschmelzen oder das Bewusstsein einer ganzen Gruppe aufzunehmen. Wir erleben das zum Beispiel in einer Meditationsgruppe, nachdem wir alles, was nicht in uns gehört, losgelassen haben und dann beim Atmen und unserer Konzentration auf das kosmische Auge fühlen, dass wir transformiert sind, transformiert in diese starken heilenden Energien, die dann entstehen. Wir empfinden dadurch eine Zusammengehörigkeit im Licht.

In tiefer Meditation ist es auch möglich, alle Menschen und alles, was lebt, aber auch Planeten und Sterne, ja sogar das gesamte Universum in unser Bewusstsein aufzunehmen. Ein weiteres Beispiel für das Überschreiten räumlicher Grenzen ist, dass wir verschiedene Teile unseres Körpers in unsere bewusste Aufmerksamkeit einbeziehen. Zum Beispiel Organe, Gewebe und Zellen, aber wir können dabei auch an Tumore, Abzesse und so weiter denken. Wir kennen diese Möglichkeit aus unserer Arbeit an uns selbst oder mit anderen.

Außerdem gibt es noch Erfahrungen, die man über- oder außersinnlich nennt, sowie Erlebnisse, die wir außerhalb unseres Körpers durchleben. Beispielsweise das Schweben über dem Körper während eines Komas oder einer schweren Operation, Nah-Todes-Erfahrungen, Telepathie, Hellhören, Hellsehen und Begegnungen mit Verstorbenen oder übermenschlichen Wesen.

Es gibt aber auch Menschen, die ein intuitives Verständnis für universelle Symbole haben oder die kosmische Energie durch ihren Körper fühlen oder strömen sehen. Manche erleben das Aufsteigen der Kundalini oder die Aktivierung der verschiedenen Chakren, die vom kosmischen Auge her alle in ein und derselben Energie geöffnet sind.

Vor allem aber kann unser Bewusstsein mit dem Geist des Universums zusammenfallen, mit dem Absoluten, mit Gott. Und die allerletzte Erfahrung, die für uns möglich ist, ist die von der geheimnisvollen Leere des Urbeginns, die jeder von uns in sich trägt und die das ganze Sein bis in seinen Kern umfasst.

Alle diese Erfahrungen können zu dem Gehen des Weges gehören, solange sie auf der Vertiefung und Erweiterung unseres Bewusstseins beruhen und nicht auf Phantasien, Wünschen oder Fluchtversuchen des Egos. Ich nenne sie hier, weil wir ihnen in unserer eigenen Entwicklung und in der Arbeit mit Menschen begegnen können. Als authentische Erfahrung stellen solche Erlebnisse Schritte auf dem Initiationspfad dar, auf dem wir immer tiefer in uns selbst kommen.

Und wenn wir unser vertieftes Wahrnehmen durch regelmäßiges Üben mehr und mehr entwickeln, werden wir sehen, dass daraus auch neue therapeutische Möglichkeiten entstehen. Damit tragen wir dann zur Verwirklichung unserer Vision von Heilung und Ganzheit bei.

13 Wirklich hören, wirklich sehen

Im ersten Teil des Buches habe ich bereits über die vertieften Sinne geschrieben. Hier möchte ich nun drei einfache, uns befreiende Übungen dazu anleiten. Die erste Übung ist jeweils als Vorübung für die zweite beziehungsweise dritte gedacht. Wir können aber auch alle drei Übungen hintereinander üben. In der zweiten geht es um unsere Ohren und das Lauschen, in der dritten um unsere Augen und das Schauen.

Wir können diese drei Übungen sowohl sitzend als auch liegend tun.

Wenn wir uns hinlegen, ist es wichtig, unmittelbar in unserem kosmischen Auge anwesend zu sein und die Wirbelsäule langsam abzurollen. Während des Abrollens fühlen wir, wie wir von innen her, durch die Haut unserer Rückseite hindurch, Kontakt mit der Erde unter uns bekommen.

Wir nehmen uns Zeit, bevor wir mit den beschriebenen Übungen beginnen.

Wir atmen ruhig und rhythmisch ein und aus.

Wir fühlen uns als Teil des Kosmos rund um uns herum.

Wenn wir uns auf unseren Meditationshocker oder in Yogahaltung hinsetzen, verwurzeln wir von unserem heiligen Dreieck her in die Erde hinein, bis wir in der Ausatmung das warme Strömen zur Erde hin erleben und in der Einatmung die Erde-Energien in unsere Schale hineinströmen fühlen.

Dann konzentrieren wir uns auf unser kosmisches Auge und nehmen uns Zeit, unseren Atem ruhig und gleichmäßig werden zu lassen, eins mit dem kosmischen Atem.

Übung 1 *Sobald wir uns in der oben beschriebenen Weise vorbereitet haben, richten wir unsere Aufmerksamkeit auf unser Gesicht. Wir bemerken, dass unsere Haut dort sehr empfindsam ist.*

Wir stellen uns vor, dass ein dünner Schleier über unser Gesicht ausgebreitet wird. Wir versuchen, den Schleier zu fühlen. Das verursacht ein angenehm prickelndes Gefühl.

In unserem Gesicht wird unser Tastsinn wach, auch in unseren Haarwurzeln. Vielerlei Muskeln entspannen sich mit, zum Beispiel auch unsere Kiefermuskulatur, die Abwehr, Spannung und Aggression anzeigt.

Oft wird diese Entspannung als befreiend erfahren, aber gleichzeitig bekommen verborgene Ängste die Chance, sich zu zeigen. Wenn sie an die Oberfläche kommen, sehen wir sie an und halten sie aus ohne einzugreifen. Dann lassen wir sie los.

Auf diese Weise bekommen unsere Gefühle eine leichtere Qualität. Unser Kopf wird leer und weit und fühlt sich leicht an.

Und so verschwindet auch das Gefühl, dass wir einen Kopf haben.

Übung 2 *Wir bleiben ruhig sitzen oder liegen und atmen weiter von unserem kosmischen Auge her.*

Von innen, tief von unserer Schale her, richten wir unsere Aufmerksamkeit auf unsere Ohren.

Wir vergessen, dass wir jemals von außen unsere Ohrmuscheln berührt haben oder wie sie aussehen, wenn wir in den Spiegel schauen. Wir vergessen die Form unserer Ohrmuscheln und machen uns nicht die geringste Vorstellung davon, was wir fühlen müssten.

Wir fühlen, dass wir fühlen.

Wir sind eins mit unserem Ohrgefühl.

Wir können die Entspannung wahrnehmen. Wir bekommen das Bedürfnis, zu gähnen und tun das dann auch. Nicht nur mit unserem Mund, sondern mit unserem ganzen Gesicht, bis tief in unsere Ohren hinein.

Jetzt stellen wir uns vor, dass unsere Ohren wachsen.

Zuerst an der Außenseite. Wir fühlen, wie unsere Ohren wachsen und wachsen, bis sie so groß zu sein scheinen wie Elefantenohren.

Sie wachsen sogar in den Raum hinein, wie enorme Trompeten.

Je weiter sie sich von unserem Kopf her ausdehnen, desto größer und weiter scheinen sie zu werden.

Sollte ein Geräusch in der Ferne zu hören sein, können wir mit unseren kilometerlangen Ohren die Geräuschquelle dort berühren.

Wir versuchen, das Geräusch dort zu hören, und nicht in unseren Ohren.

Wenn wir nicht wach und aufmerksam sind, könnten wir uns durch das Geräusch mitnehmen lassen, fort vom Hier und Jetzt. Dann wäre das Geräusch ein Fluchtmittel. Es würde wie eine Art Notausgang wirken, weg von diesem Moment. So wie es im täglichen Leben leicht passiert.

Wir nehmen bewusst wahr, ob unsere Aufmerksamkeit hin und her springt. Es kann sein, dass wir in einem Augenblick im Heute sind, aber etwas später an eine Begebenheit aus unserer Jugend zurückdenken, und wieder später sind wir vielleicht mit einem Land beschäftigt, in das wir gerne in den Sommerferien reisen würden.

Wenn das so ist, merken wir, dass wir nicht mehr völlig lauschen können.

Völliges Lauschen lässt unser Denken still werden.

Wir müssen immer wieder aufs Neue zum Lauschen zurückkehren, denn müheloses Lauschen ist mit unserer Quelle im kosmischen Auge verbunden. Dort findet unsere Aufmerksamkeit einen Ruhepunkt, ein Gefühl von Frieden und Harmonie.

Dann verändert das Lauschen seinen Charakter. Es richtet sich auf etwas, das so weit ist wie der Himmel. Wirkliches Lauschen ist mit dem kosmischen Raum verbunden, entspannt sich, wird mühelos, ohne Angst und Sorgen.

Lauschen und Aufmerksamkeit sind eins geworden.

War die Qualität des Lauschens erst bleischwer, so wird sie nun fließend und strömend.

Schließlich ist es so, als habe sich unser Kopf vollständig aufgelöst.

Die Muskeln unseres Kopfes sind vollkommen entspannt.

Wir halten unsere Aufmerksamkeit auf unser Gehör gerichtet, auf das Lauschen im Allgemeinen und werden eins mit dem »Ohrgefühl«.

Wir lauschen dem Lauschen.

Wir haben uns von einem Hörenden in das Hören selbst verwandelt.

Alle Spannung in unseren Ohren ist weg. Fühlen Sie einmal.

Dem Lauschen zu lauschen gibt Klarheit und Licht.

Und auf einmal wird uns deutlich, dass wir selbst diese Klarheit sind.

Übung 3 *Wir sitzen oder liegen weiterhin entspannt.*

Weil wir unsere Aufmerksamkeit nach innen richten, haben wir unsere Augen geschlossen. Wie sehen wir jetzt?

Wir beginnen mit dem Entspannen unseres Gesichtes und des Raumes in unserem Kopf. Ruhig, voller Aufmerksamkeit.

Innerlich gehen wir zu unseren Augen, dem rechten und dem linken Auge.

Wir fühlen die Augenhöhlen der beiden Augen.

Langsam streichen wir, so stellen wir es uns vor, mit einem Zeigefinger die Form der Augenhöhlen nach, einfühlend und aufmerksam.

Dann stellen wir uns vor, dass die Augenhöhlen weiter und tiefer werden, wie eine große Pflaume, rechts und links.

Es ist, als ob sie noch größer und tiefer werden, bis zur Größe eines Apfels.

Diese Ausmaße nehmen immer weiter zu. Die Augenhöhlen werden tiefer und weiter, bis wir, aus der Tiefe unserer Schale heraus, das Gefühl haben, dass der Raum unseres Kopfes zusammen mit unserem Gesicht grenzenlos wird.

Augen, Kopf und Gesicht sind in Energie transformiert.

Auf diese Weise verschwinden Spannungen, Müdigkeit und Beschwerden.

Auch unsere Nase ist nicht mehr begrenzt. Sie ist bis tief in den Raum unseres Kopfes mitvergrößert und mit dem Gesicht zusammen weit geworden und transformiert.

Wenn wir versuchen zu fühlen, wie unser Gesicht nun ist, bekommen wir nur ein ungefähres Bild. Es ist ein Energiefeld geworden.

Das Sehen hat kaum noch Grenzen, es ist unermesslich geworden.

Immer mehr beginnen wir zu fühlen und zu verstehen, dass wir sind, was wir sehen.

Wir können jetzt auch in uns selbst sehen.

Wir schauen in eine neue Dimension, in der die Farben klarer und frischer sind.

14 Die Transformation unseres Schattens

Können wir eine von uns unterdrückte negative Seite als positive Kraft in uns erfahren? Ja, da bin ich mir ganz sicher. Wenn wir, sobald wir mit unserem Dunkel in Kontakt kommen, nicht die Augen davor schließen und denken »ist doch nicht so schlimm«, sondern uns die Wirklichkeit dieser Seite bewusst ansehen, das Negative und auch die Kraft. Das erfordert Mut, aber es ermöglicht uns auch, die darin enthaltenen positiven Aspekte zu entdecken.

Wir haben so viele Gaben und Möglichkeiten, also viele positive Eigenschaften unserer Persönlichkeit. Aber wir kommen nur zur Ganzheit, werden nur dann eins in uns, wenn wir auch unseren unschönen Seiten, unsere »Schattenseiten« anschauen und annehmen. Das hilft uns, unsere innere Stärke auf allen Ebenen zu entwickeln.

Bis zum Schluss, bis in mein 78. Lebensjahr hinein, habe ich mit großer Freude und Dankbarkeit gearbeitet. Das gemeinsame Üben und Meditieren wurde eine tiefe Reise durch uns hindurch. Jetzt nehme ich dankbar die Gelegenheit wahr, ausführlicher über den Umgang mit unserem Schatten zu sprechen.

Oftmals wird über den Schatten als ein ausschließlich psychisches Phänomen gedacht und gesprochen. Aber korrekter ist, es »psychosomatisch« zu nennen. Wie in der Einleitung und den ersten beiden Kapiteln dieses Buches bereits gesagt, liegt die Ursache unseres Krankseins und unseres Leidens in uns selbst.

Solange die vielen Funktionen unseres Körpers aufeinander abgestimmt ablaufen, erleben wir das als harmonisch. Wir fühlen uns gut, gesund und unbelastet. Sobald aber eine einzige dieser Funktionen gestört ist, gerät diese Harmonie in Gefahr und wir fangen an, uns krank zu fühlen.

Es ist wichtig zu verstehen, dass sich eine solche Störung zuerst in unserem Geist abspielt und dann in unserem Körper. Gerät ein Mensch in seinem Geist, also in seinem Bewusstsein aus dem Gleichgewicht, wird das in seinem Körper als Symptom sichtbar und erlebt. Eigentlich ist es falsch, dann zu behaupten, der Körper sei krank. Der Körper drückt nur ein sich negativ auswirkendes Muster in uns selbst aus. Was sich als körperliches Symptom manifestiert, ist die sichtbare Wiedergabe eines unsichtbaren Prozesses. Also ein Signal, dass etwas in uns nicht in Ordnung ist.

Ein solches Signal verlangt unsere Aufmerksamkeit, unser Interesse und unsere Energie. Ob wir wollen oder nicht, es fordert unsere Hinwendung. Wir erleben diese Unterbrechung unseres normalen Funktionierens aber als Störung, die von außen kommt und die wir so schnell wie möglich beheben wollen. So beginnt der Kampf mit dem Symptom. Und so erreicht das Symptom, dass wir uns mit ihm beschäftigen.

Unser Geist ist offensichtlich nicht im Gleichgewicht und es fehlt uns an Bewusstsein. Also müssen wir, um gesunden zu können, tief in uns hineinschauen, um zu verstehen, was uns das Symptom zu sagen hat. Denn wenn wir auf unsere Symptome hören und mit ihnen kommunizieren, werden sie ein Wegweiser zu wirklicher Heilung.

Krankheit hat einen Sinn, ein Ziel, das wir in seiner allgemeinsten und meist absoluten Form im Begriff »Einswerdung« fassen können.

In jedem Menschen existiert eine von der Zeit unabhängige Weise des Seins, die von ihm im Laufe der Zeiten bewusst gemacht und verwirklicht werden kann. Dieses innere Muster nennt man in der Tiefenpsychologie das »Selbst«. Unser Lebensweg ist der Weg zu diesem Selbst, das ein Symbol des Ganzseins ist. Der Mensch braucht Zeit, um dieses Ganzsein zu finden, obwohl es von Beginn an da ist.

Auf unserem Weg zur »Selbst-Erkenntnis«, also dieses Selbst in uns zu erkennen, tauchen immer wieder Schwierigkeiten und Irrtümer auf. Man kann oder will dann bestimmte Teile seines Musters nicht sehen oder akzeptieren. Solche noch nicht bewussten Aspekte des Selbst nennen wir den »Schatten«. In einem Krankheitssymptom zeigt der Schatten seine Anwesenheit. Er drückt sich aus, und diese Seite von uns versucht sich zu verwirklichen.

Der Augenblick, in dem ein Symptom auftritt, kann wichtige Information über das Problem liefern, das sich darin offenbart. Aufrichtigkeit und Selbstkritik sind notwendig, um zu erkennen, was sich wirklich hinter dem Symptom verbirgt.

Gewöhnlich geht es nicht um die großen Dinge im Leben, denn damit beschäftigen wir uns meistens bewusst. Es sind die kleinen Dinge des Alltags, die häufig der Ausdruck verdrängter Probleme sind.

Bei akuten Beschwerden wie Kopfschmerzen, Durchfall, Sodbrennen, Erkältung, Übelkeit und Verletzungen sollten wir uns fragen, was wir in dem Augenblick, als das Symptom auftrat, dachten oder taten. Man kann dann in sich selbst nach der Verbindung zwischen Symptom und verborgenem Problem suchen, nach dem Warum der Gedanken oder Taten und sehr gut auf die erste, sich spontan einstellende Antwort achten.

Wir müssen lernen, ganz bewusst auf Körper und Geist zu hören, und das, was wir dabei hören, aufmerksam in uns aufzunehmen. Sprache ist dann ein wunderbares Mittel, tiefere und unsichtbare Verbindungen bewusst zu machen.

Ein Kranker hat oft die Neigung, der durch seine Erkrankung erzwungenen Veränderung seines Lebens Widerstand zu leisten. Sogar so viel Widerstand, dass er mit allen Mitteln versucht, diese »Korrektur« so schnell wie möglich ungeschehen zu machen, damit er auf seinem bisherigen Weg ungestört weitergehen kann. Aber es ist gerade wichtig, dass wir uns durch eine *Störung* auch wirklich *stören* lassen.

Jeder Versuch, den Stand der Dinge aus der Zeit vor dem Krankwerden erneut zu erlangen, ist im Grunde naiv oder dumm. Wir können nicht in den alten Zustand zurück. Und selbst wenn wir es könnten, wäre es eine verpasste Chance. Kranksein kann uns weiterbringen zu neuen, unbekannten und noch nicht durchlebten Ebenen. So kommen wir auf unserem Weg zu Ganzheit und Einswerdung weiter.

Ein Thema kann durch verschiedene Organe und durch verschiedene Symptome zum Ausdruck gebracht werden. Jedes Organ kann Emotionen widerspiegeln. Es besteht allerdings keine völlig festgelegte Verbindung zwischen Thema und Organ. Was es dem Behandler einerseits schwieriger macht, weil er sich länger darum bemühen muss, das Symptom zu verstehen, dem Symptom aber andererseits ermöglicht, sich genauer und passender auszudrücken, als es in einem festgelegten Schema der Fall wäre.

Jedes Problem kann also verschiedene Formen körperlicher Entsprechung wählen. Wenn jemand zum Beispiel »unter Druck steht«, kann sich das unter anderem als erhöhter Blutdruck, als grüner Star oder als erhöhte Muskelspannung zeigen. Ein Symptom trägt zwar dadurch zu unserer Ganz- und Einswerdung bei, dass es im Körper verwirklicht, was im Bewusstsein fehlt, aber dieser Umweg löst das Problem nicht. Im Bewusstsein bleibt der Mensch so lange krank, bis er seinen Schatten integriert hat. Das erfordert Bewusstwerdung, indem wir lernen, reifen, erfahren und durchleben. Und dieser Wahrnehmungs- und Verarbeitungsprozess geschieht dann im Bewusstsein.

Die Übungen und Meditation helfen uns bei diesem Prozess. Wenn wir meditieren und atmend in unsere Beckenschale hineingehen, begegnen wir unausweichlich Dunklem. In Form von dunklen, nicht mitleuchtenden Energien in unseren Organen, die wir dann zum Beispiel als Verkrampfung, Schmerz oder Kälte erleben. Wir widmen dem unsere Aufmerksamkeit und konzentrieren uns mit unseren inneren Augen, zum Beispiel dem dritten Auge, darauf.

Dann werden wir uns nicht nur unserer Schattenaspekte bewusst, sondern – und das ist ganz wesentlich – versuchen auch, konstruktiv und kreativ mit ihnen umzugehen. Und zwar indem wir diese unerwünschte Seite annehmen und in positive Möglichkeiten umsetzen, ohne uns mit dem Schatten zu identifizieren.

Wir leben dabei in einem Spannungsfeld zwischen unserer alten, früheren Persönlichkeit und dem Moment, in dem wir ein neues Element in unsere bewusste Persönlichkeit integrieren, es in unser bewusstes Selbst »einbauen«. Mit unseren inneren Augen können wir in der Meditation diesen Integrationsprozess beobachten. Wir fühlen das Warmwerden, das Entspannen der Schattenbereiche in unseren Organen, Muskeln und Nervenbahnen. So wird Integration Wirklichkeit.

Das Ziel dieser nach innen gerichteten Aufmerksamkeit ist also nicht, das Gegenteil von dem zu werden, was wir jetzt sind, sondern das miteinander Versöhnen der Gegensätze! *Das* ist unser Auftrag. Eine Einheit aus hell strahlendem Weiß des Selbst und dem Schwarz, dem Dunkel des Schattens, zu bilden.

Es hilft, wenn sich durch das Atmen vom kosmischen Auge her unsere Haut öffnet und unser Bewusstsein durch den ätherischen und astralen Körper hindurch mittransformiert. Dadurch transformieren auch das große Selbst und der Schatten und werden eins, zum »neuen Menschen«.

Eine solche Integration erfordert viel Zeit, viel Mut, Vertrauen und gläubige Geduld und viel liebevollen Umgang mit uns selbst. Wenn wir aber konsequent dabeibleiben, kommt der Moment, in dem wir uns offen fühlen zwischen Erde und Himmel und eins mit der kosmischen Energie, mit dem kosmischen Atem, mit Gott. Dann fühlen wir, wie unser Körper lebendig wird und Vitalität ausstrahlt, mit einer kräftigen Aura ringsherum, ohne Risse.

Solange wir gesund sind, sind wir uns normalerweise fast nie dieser unglaublichen vitalen Dynamik bewusst und begreifen auch nicht, dass unser Gefühl von Vitalität etwas ganz besonderes ist. Wenn uns dann durch Krankheit die Illusion genommen wird, unsterblich zu sein, sind wir tiefer geschockt, als wir es uns haben vorstellen können. Werden wir wieder gesund, fühlen wir uns durchdrungen von einer neuen Identität und sobald unsere Tatkraft wieder hergestellt ist, sind wir sehr dankbar. Unser Leben hat wieder Sinn und wir sind in Kontakt mit uns selbst.

Wir sehen dann auch, dass Heilung tatsächlich etwas anderes als die Rückkehr in unseren früheren Zustand ist. Unsere Interessen sind weiter geworden und es zeigt sich eine alles umfassende Liebe. So gesehen werden also nicht nur die Kranken geheilt, sondern die ganze Menschheit.

Leider fehlt auf dem Wege dorthin vielen Menschen das nötigen Selbstvertrauen. Negativ wirkende Aspekte in uns selbst, wie zum Beispiel ein Mangel an Selbstdisziplin und an Risikobereitschaft, Selbstzweifel und mangelndes Selbstvertrauen verfinstern unser Selbstbild.

Aber das Bild, das wir von uns selbst haben, hat große Macht. Es kann sowohl eine Kraft zum Guten sein, als uns auch tief verzweifeln lassen und unser Selbst verwirren. Wenn unser Selbstbild positiv ist, nährt es unser Vertrauen und macht uns erfolgreicher. Außerdem gibt es Kraft, auch Misserfolge hinzunehmen. Bei einem negativen Selbstbild erleben wir uns als wertlos und unfähig. »Keiner liebt mich«, »Niemand versteht mich«.

Bei einem positiven Selbstbild dagegen ist man sich seines Wertes bewusst. Wir können die Kraft spüren, die davon ausgeht, und verstehen, dass uns das unseren Weg erleichtert und wir zufrieden sind. Negativ gebrauchte Kraft dagegen kann uns entmutigen, inneres Wachstum verhindern und uns sogar daran hindern, unseren Weg zu gehen.

Die Meditation und unser bewusstes Ein- und Ausatmen, durch das wir unser Selbst als Raum erleben, und das Loslassen und Empfangen, das alles entwickelt ein positives Selbstbild in uns. Wir werden ganz, eine Einheit in unserem Selbst, aber auch eins mit dem Kosmos. Auch Gegensätze in uns werden zu einem Ganzen. Und wir lernen, auf neuen Energieebenen zu leben, unsere Sinne vertiefen sich mehr und mehr, wir erkennen unser Selbst an. Wir bejahen uns und glauben an uns. Von daher lernen wir andere zu lieben, sie zu schätzen und zu respektieren und sie in ihrem Wert zu lassen.

Von unserem kosmischen Auge und unserer Verbindung mit Gott her wissen wir, dass wir einmalig sind, wertvoll und wichtig. »Wir sind nach Gottes Bild geschaffen, mit Ehre und Herrlichkeit gekrönt«, so steht es sinngemäß in Psalm 8, Vers 6.

Und im Johannes-Evangelium Kapitel 3, Vers 16 steht: »Denn also hat Gott die Welt geliebt, dass er seinen eingeborenen Sohn gab, damit alle, die an ihn glauben, nicht verloren werden, sondern das ewige Leben haben.« Das Christentum erfährt diese Liebe Gottes in der Geburt von Christus, seinem Tod und in seiner Auferstehung.

Um uns selbst zu heilen, müssen wir in erster Linie erkennen, dass wir tief aus unserem Innersten geführt werden und als nächstes, dass wir darauf vertrauen können. Unser Selbst ist in der Lage, uns zu unserer Bestimmung zu führen.

Ich habe es immer als einen wesentlichen Teil meiner Arbeit angesehen, Menschen zu zeigen, wie sie in Kontakt mit ihrer inneren Weisheit, der inneren Stimme des Selbst kommen können, und sie zu ermutigen, dieser Stimme zu vertrauen und sich von ihr leiten zu lassen.

Weiter oben haben wir gesehen, dass die wesentlichste Ursache der meisten körperlichen Beschwerden mit der Tatsache zusammenhängt, dass wir nicht in Harmonie mit unserem inneren Wesen leben. Weil wir nicht gelernt haben, auf unsere innere Stimme zu hören. Mit der Folge, dass wir dieser inneren Führung nicht vertrauen und nicht für uns selbst sorgen, wie uns das von innen her geraten wird.

Wenn wir mit diesen tieferen Wahrheiten in Kontakt kommen wollen, müssen wir in uns selbst tiefer nach innen gehen als äußerliche Einflüsse das tun. Dann lernen wir, uns auf unsere Intuition einzustimmen und entdecken, wo in jedem Augenblick die meiste Energie hineinströmt und worauf sie gerichtet ist. Und dann wissen wir sofort, was wir eigentlich am liebsten täten, statt eine Entscheidung mit dem Verstand zu fällen.

Dieses Horchen auf unsere innere Stimme ist in vielen wichtigen Situationen im Leben anwendbar, auch bei der Frage, was der Körper braucht, um zu heilen. Das ist im Grunde das Gleiche wie das »Durchlässigwerden« für unser Selbst, für unser Wesen, für ein tieferes Sein. Und diese zunehmende Transparenz gibt uns dann auch eine sich vertiefende Einsicht in unseren Schatten.

Die meisten von uns denken, dass sie sich selbst kennen, weil wir dazu neigen, Selbsterkenntnis mit dem Bewusstsein über unser kleines Ich, unserem Ego zu verwechseln. Aber dadurch kennen wir noch lange nicht unser ganzes Selbst in seiner vollen Breite und Tiefe, obwohl wir diese Dimensionen doch in uns tragen. Um uns dafür zu öffnen, müssen wir unser ganzes Selbst akzeptieren.

Sehen Sie Ihre eigene Habsucht, Unersättlichkeit, Eifersucht und Angst an. Es erfordert Transformation, uns all dessen bewusst zu werden. Von Angesicht zu Angesicht mit uns selbst zu stehen, mit unserem Wesen. Egal ob wir traurig oder glücklich sind, allein sind oder nicht, immer nehmen wir uns selbst wahr. Nicht von unserem Kopf her, sondern von unserer Tiefe, unserer Verbindung mit Gott, unserem Wesen, das sich im kosmischen Auge spiegelt.

Je mehr Verständnis wir für uns haben, desto mehr akzeptieren wir uns so, wie wir sind.

Diese Selbstakzeptanz gibt uns eine enorme Energie. Energie, die uns unsere Talente und Interessen wieder entdecken lässt und uns die nötige Kraft gibt, sie zu entwickeln. So wird es uns möglich, sowohl unsere Schwäche als auch unsere Kraft, unseren Erfolg sowie unser Versagen anzunehmen.

Das Letztere ist für viele Menschen ungewohnt, weil sie zwar die positiven Anteile in sich und in ihrem Leben akzeptieren, aber von ihren negativen Seiten nichts wissen wollen. Doch das macht uns unrealistisch und besonders empfänglich für das Dunkle und Negative in uns.

Ich will es noch einmal ganz deutlich sagen: Akzeptieren heißt, dass wir uns selbst annehmen, so wie wir sind und uns von daher auch von Gott angenommen fühlen. Viele Menschen haben Angst, dass Gott sie zurückweist. Eine Angst, die durch die dunkle Macht ihres eigenen Schattens entsteht. Und wenn sie sich nur vorstellen, in ihrem Inneren auf Reisen zu gehen, lassen sie sofort wieder davon ab. Bringen wir jedoch den Mut auf, durch unseren Schatten hindurch in unser Unbewusstes hineinzugehen, wissen wir, dass es unvermeidlich ist, erst durch das Dunkle und Negative zu gehen, um diese Kraft zu erfahren.

Das kann beängstigend sein. Deshalb werden es viele solange vermeiden, wie sie ihre negativen Dimensionen mit Erfolg auf andere projizieren können. Aber es geht darum, das Licht, das auch in uns anwesend ist, mit all unseren positiven Möglichkeiten zu verbinden. Und dann zu entdecken, welche Schätze in unserem Unbewussten verborgen liegen.

Der größte dieser Schätze ist die ungeteilte, bedingungslose Liebe, die wir entdecken, wenn Körper, Seele und Geist eins werden. Diese Liebe durchströmt alles.

Viele unserer körperlichen, emotionalen und selbst spirituellen Probleme entstehen durch den Mangel an Liebe. Und keine einzige Therapie kann wirklich helfen, wenn sie nicht mit Liebe angewandt wird.

Die meisten Menschen müssen lernen, sich selbst zu lieben und dadurch zu gesunden, um anschließend andere lieben und heilen zu können. Die Ursache vieler Probleme liegt in dieser Ablehnung der eigenen Person und in der Verleugnung des eigenen Wesens. Solange wir nicht bereit sind, das Bedürfnis nach Selbstbestrafung aufzugeben, kann uns kaum dauerhaft geholfen werden. In vielen Fällen zeigen sich dann zwar Anzeichen von Heilung, aber sie sind immer nur vorübergehend. Wenn Liebe dabei ist, liegen die Dinge anders, selbst in Fällen mit ernsten Erkrankungen.

Wir müssen auch aufhören, uns selbst zu kritisieren, denn Kritik hilft nicht. Sie bringt uns nur dazu, in unseren Problemen stecken zu bleiben. Wenn wir dagegen bereit sind, uns selbst zu lieben und zu akzeptieren, dann können wir unsere inneren und äußeren Mustern verändern. Deshalb müssen wir zuerst lernen, uns selbst zu lieben, um dann auch anderen mit Liebe begegnen zu können.

Diese Veränderungen sind notwendig, um für uns selbst die Beziehung in unserem Leben zu finden, die uns immer wieder erneuert, die Verbindung mit uns selbst, mit unseren Gefühlen, Gedanken und Erfahrungen, Vorstellungen und Träumen und die Verbindung mit anderen Menschen, mit unserem großen Selbst und mit Gott. Wir erleben diese Verbindung, wenn wir, mit unserer Einsicht und in der Verbindung von Erde und Himmel, immer weiter üben und dabei vom kosmischen Auge her ein- und ausatmen.

Dass wir nicht ganz sind, nicht eins sind und keinen Zugang

zum Ganzen haben führt dazu, dass wir krank werden. Um ganz zu werden, muss der Mensch zu seinem Ursprung zurückgebracht werden, zu seinem Einssein, zum kosmischen Bewusstsein, zur Vollkommenheit. Das ist es, was heil werden bedeutet.

Wenn wir handeln wollen, werden wir als Menschen immer wieder zu einer Entscheidung zwischen zwei Möglichkeiten gezwungen. Eine Möglichkeit lassen wir dann ungenutzt. Wähle ich das eine, so kann ich nicht gleichzeitig das andere tun. So entsteht der Schatten. Der Schatten ist das, womit wir uns in unserem Ich-Bewusstsein nicht identifizieren. Also das, was wir »das Andere« nennen, oder »die Welt«, oder das »Nicht-Ich«.

Der Schatten ist in jedem Bereich das, wozu wir nicht »Ich« sagen. Das, was uns gegenüber zu stehen scheint und ein Objekt wird. Aber der Schatten ist auch das, was uns andererseits fehlt, um ein Ganzes zu sein. Deshalb kann es beim echten Heilwerden nur darum gehen, dass wir das Fehlende in uns selbst aufnehmen und integrieren. Also das »Nicht-Ich« zum »Ich« werden lassen.

In diesem Verwandlungsprozess begeben wir uns auf die Suche nach dem Fehlenden, nach dem, was wir nicht durchlebt haben. Wir gehen zurück in die Zeiten, in denen wir etwas Furchtbares mitgemacht haben und wo der Ursprung der Symptombildung liegt. Wir erleben es dann noch einmal, so schrecklich es auch war. Um Heilung zu erlangen, kehren wir den Prozess um und fügen dann das Fehlende hinzu.

Die Frage nach der Schuld bringt den Schatten ins Bild. Wir übernehmen die Verantwortung dafür, das, wozu wir bislang immer »Nicht-Ich« sagten, doch noch in unseren Bereich der »Ich-Identifikation« zu integrieren. Das Fehlende wird dann als etwas von uns angesehen. Und das, was unbekannt und unbewusst war, kann bewusst werden.

So arbeiten wir an unserem Schatten. Es ist ein Prozess, der heilend wirkt. Wir kommen dadurch zur Versöhnung mit unseren dunklen Seiten und mit all dem Negativen, das wir für böse und schlecht gehalten und deshalb verdrängt hatten. Dafür gehen wir tief in unser eigenes Bewusstsein hinein, wo wir, mitten durch alles Dunkle hindurch, mit unserem Selbst in Verbindung kommen. Und das macht uns heil. Die Einheit ist wieder hergestellt.

Das Leben ist ein Prozess des Erinnerns, indem wir wieder zurückfinden und schließlich aufs Neue alle Anteile des Selbst mit dem »Ich bin« verbinden.

Man kann sich natürlich fragen, ob die Macht des Schattens das nicht unmöglich macht. Aber nur Angst kann uns daran hindern, den freien Energiestrom zwischen Erde und Himmel durch uns hindurchgehen zu lassen. Angst lässt uns eng werden und wir verlieren dann das bewusste Gefühl von Sicherheit und Zufriedenheit, das nur von dieser Erfahrung her, durchströmt zu werden, wächst.

Nehmen Sie in sich selbst wahr, wie Sie mit Menschen umgehen. Wie Sie sich anderen nähern. Wie verhalten Sie sich?

Wir suchen Freundschaft, einen Partner, Beziehungen, aber wir suchen oft aus Angst und um uns selbst zu vergessen – also um in einer solchen Beziehung unterzutauchen und zu jemandem zu gehören. Aber das ist keine Liebe. Liebe kommt erst, wenn wir die Angst überwunden haben. Angst und Liebe können nicht nebeneinander bestehen.

Solange ein Mensch aufgrund seiner Ängste in sich uneinig und von allen anderen getrennt ist, misstraut er jedem, auch sich selbst. Er lebt in einer dauernden Angst, letztendlich allein zu sein und keine Sicherheit mehr zu haben. Da, wo Sicherheit ist, ist keine Angst. Angst entsteht, wo Zweifel aufkommt und der weitere Verlauf unsicher ist.

Wenn uns das Atmen vom kosmischen Auge her viel Energie und die dazugehörige Transformation ermöglicht und uns ein erweitertes Selbstgefühl durchdringt, verschwindet unsere Angst. Wir werden einer inneren Kraft gewahr und von Freude erfüllt, unabhängig von Umständen und Erwartungen und unabhängig von welchem Verlauf auch immer. Wir erfahren, wie wir bis zu den Wurzeln unseres Daseins hinabsteigen und wie unser wahres Wesen sichtbar wird.

In der Einleitung zu diesem Buch habe ich schon gesagt, dass Heilwerden nicht immer bedeutet, dass man auch körperlich wieder gesund wird oder dass man seinen Körper wieder auf die vertraute Weise nutzen kann. Heil sein kann auch bedeuten, dass man Gelassenheit findet. Harmonie zwischen innen und außen und zwischen den verschiedenen Schichten, aus denen unser menschliches Energiefeld besteht. Auch dann ist unsere Ausstrahlung wieder ganz und strahlend. Und auch dann wandeln wir das Dunkel in uns in Licht.

Für diesen ganzen Prozess ist Schweigen, innerlich still werden, wesentlich.

Die zeitlose Qualität der Stille vermindert Angst, Spannung, Nervosität, Erschöpfung und Depressivität. In den Meditationsgruppen haben wir immer das Schweigen, die innere Stille geübt. Und immer konnte ich sehen, wie schnell die Menschen ihre Vitalität wieder fanden. In dem Zustand von tiefer innerer Ruhe kann die Seele sich ganz natürlich erholen, ohne unterdrückte emotionale Traumata verbal auszudrücken oder analysieren zu wollen.

In tiefer Meditation kann die innere Stille so tief sein, dass eine Bewusstseinserweiterung stattfindet. Sie lässt uns erkennen, dass sich das innerste Selbst, das wir beim tiefen Fühlen in unserer Beckenschale erfahren, von Körper und Geist unterscheidet. Diese Erfahrung ist bis in die tiefste Tiefe erfüllend und geht einher mit einer andauernden positiven Wirkung.

Durch das Üben und Meditieren wissen wir, dass wir uns selbst auf unserem Weg durch den Schatten hindurch helfen können. Und zwar indem wir unseren Körper bewusst bewohnen, von unserem kosmischen Auge her atmen, unsere vertieften Sinne öffnen und eine erhöhte Energiefrequenz in uns aufbauen. Was wir weiterhin brauchen, um diesen Weg gehen zu können, ist Aufrichtigkeit, Treue gegenüber unserer Entscheidung, auf die innere Reise zu gehen, Selbstdisziplin, Einsicht, Weisheit, regelmäßiges tägliches Üben und Meditieren.

Es ist eine große Aufgabe, aber während wir sie erfüllen, werden wir merken, dass wir wachsen und innerlich ruhig und stark werden.

Dann erleben wir auch, was in dem Brief des Paulus an die Epheser steht (5, 13-14): »Das alles aber wird offenbar, wenn's vom Licht aufgedeckt wird; denn alles, was offenbar wird, das ist Licht«.

Wenn ein Meister ein Bild macht
aus einem Stück Holz oder einem Stein,
so trägt er das Bild nicht in das Holz hinein;
vielmehr schneidet er die Späne ab,
die das Bild verborgen und verdeckt hatten.

Er gibt dem Bild nichts,
sondern er nimmt und gräbt ihm die Decke ab
und nimmt den Rost weg –
und dann erglänzt,
was darunter verborgen lag.

Meister Eckehart

15 Der heilende Atem

Wir beginnen dieses Kapitel mit einer Übung.

Übung *Wir atmen zehnmal ein und aus. Beim Einatmen und rundherum Rundwerden vom kosmischen Auge her folgen wir innerlich dem Strömen der Energien, die entstehen, wenn wir mit den Bewegungen unseres Zwerchfells zum Schambein hin mitgehen.*

Genauso folgen wir den Energien, die beim Ausströmen des Atems durch das kosmische Auge hindurch zum neunten Chakra, unserer Erde, fließen.

Wir folgen diesen Energien und legen unsere linke Hand auf unseren unteren Bauch und den rechten Zeigefinger auf unserem Nabel.

Wir gehen immer wieder bis in das neunte Chakra mit und überprüfen, ob sich unser Kopf zum achten Chakra hin öffnet.

Fühlen Sie die sanften Wellen, die durch uns hindurch strömen.

Alles, was noch an Negativem in uns hängen geblieben war, verschwindet. Zum Beispiel Zweifel, Sorgen und Angst. Das alles lassen wir los.

Neue Energie strömt in uns hinein. Wir fühlen uns gut, ausgeruht und vital.

Von unserem kosmischen Auge her erfahren wir, wie wir mit der kosmischen Energie um uns herum eins sind.

Wir entspannen die Muskeln unserer Stirn.

Unsere geschlossenen Augenlider sind entspannt.

Unsere Lippen sind geöffnet wie der Mund eines Babys.

Auch die Mundwinkel sind entspannt. Wir lassen unseren Unterkiefer los.

In den Muskeln von Hals, Kehle, Schultern und Brust sind alle Spannungen losgelassen.

Unsere Stirn ist so entspannt, dass sie bis in unsere Brust ausstrahlt.

Wir atmen ruhig und natürlich, wie von selbst.

Wir fühlen die Wärme der Ausatmung und die frische, kühle Luft, die wir einatmen.

Jetzt bleiben wir mit unserer Aufmerksamkeit bei der Nasenscheidewand und versuchen die Länge des Atemstromes bei der Einatmung an den der Ausatmung anzugleichen. Zehn- bis fünfzehnmal so atmen.

Das Herz schlägt regelmäßig und ruhig.

Wir können den großen Blutkreislauf durch unseren Körper hindurch verfolgen.

Der Magen ist entspannt, sobald wir gut mit der Erde verbunden sind, ebenso unsere Brust und unser Herz.

Die Rippen dehnen sich aus und sie kommen dann, sobald wir von der Schale her atmen, in ihre natürliche Position zurück.

Fühlen, wie unsere Hände und Finger so tief entspannen, dass sie fließend werden, wie ohne Haut. Sie sind nur noch Energiefeld, wie auch der Rest unseres Körpers.

Wir lächeln nach innen in unseren Brustraum und von da aus durch den ganzen Körper, durch die Fußsohlen bis hin zum neunten Chakra.

Alles fühlt sich warm und strahlend an.

Unsere Hüftgelenke sind reine Energie.

Dazu nehmen wir die beiden »Tore von Leben und Tod« wahr, rechts und links etwas unterhalb und hinter den Hüftgelenken.

Dann nehmen wir das dritte Tor hinzu, den letzten Steißbeinwirbel.

Die Sonne strahlt von rechts durch
das rechte Tor von Leben und Tod,
den letzten Steißbeinwirbel,
das linke Tor von Leben und Tod
nach außen, ins Kosmische hinein.

Fühlen Sie die Strahlung der Energien durch Beine und Füße.

Dann öffnet sich das vierte Tor von Leben und Tod, mitten im Damm, dem Perineum. Es ist ein Zentrum der Yin-Energie, Hui Yin.

Folgen Sie jetzt den Energien durch die Oberschenkel, die Knie, die Unterschenkel und Waden, durch die Fußgelenke und Fersen, die Füße und Zehen weiter durch zum neunten Chakra, unserer Erde.

Der ganze Körper ist ein großes Energiefeld geworden, grenzenlos und fließend. Wir fühlen uns glücklich, voller Hingabe, zufrieden und tief entspannt. So als ob wir von einer feinen Wolke umgeben wären, die uns von allen Seiten umhüllt und unsere Nerven und Sinne verträumt werden lässt. So »als würde es mir von oben geschenkt«.

Wenn wir diese gerade beschriebene Übung üben, bemerken wir wieder, wie entscheidend der Atem für diesen Weg der inneren Heilung ist. Wir könnten auch sagen, dass es der Atem ist, der heilt. Vorausgesetzt, wir atmen auf die richtige Weise.

Das ist auch beim Atmen mit den »Türmen des Lichts« erfahrbar. Um die geht es in der nächsten Übung, die wir auch während einer kurzen Unterbrechung unseres Alltags üben können, entweder stehend oder sitzend. In einer schwierigen Situation können wir uns zum Beispiel während einer Mittagspause einfach an unseren Schreibtisch setzen oder an einen Tisch im Restaurant. Mit einer Tasse Tee vor uns versuchen wir uns dann zu konzentrieren.

Übung *Unsere Wirbelsäule ist aufrecht, die Füße stehen parallel auf der Erde und die Hände ruhen mit den Innenflächen auf den Oberschenkeln.*

Wir atmen ruhig ein und aus und vergrößern langsam unser kosmisches Auge.

Dann entspannen wir uns von diesem vergrößerten kosmischen Auge her von unseren Zehen bis zu den Muskeln unseres Gesichtes.

Rund um uns herum stellen wir uns eine eiförmige Ellipse aus intensiv blauem, klarem Licht vor. Sie umhüllt uns im Abstand von ungefähr 25 cm und reicht bis 30 cm über unseren Kopf und 30 cm unter unsere Füße.

Das Blau schützt uns.

Wir achten darauf, dass uns dieses helle blaue Licht von allen Seiten umgibt.

Dann stellen wir uns innerhalb dieser Aura über unserem Kopf eine Kugel vor, die unseren Kopf jedoch nicht berührt. Sie ist wie ein Ball aus strahlend weißem Licht.

Wir konzentrieren uns auf diese Kugel, sodass sie immer stärker und heller ausstrahlt.

Nicht nach oben schauen, sie auch nicht berühren. Diese Kugel ist eine Spiegelung unseres wahren Selbst, und wir identifizieren unser wahres Selbst nicht mit dem Ego.

Wir konzentrieren uns ganz auf die blaue Hülle und die strahlend weiße Kugel über unserem Kopf, die in dem oberen Ende der Aura strahlt.

Wir empfangen diese beiden Strahlungen als das Höchste, was ein Mensch empfangen kann. Als wirkliche göttliche Kraft, die durch uns hindurchströmt.

Zehn bis fünfzehn Minuten ruhig atmen, ein und aus.

Wenn wir diese Übung im Stehen machen, gehen wir noch weiter.

Wir lassen silberne Kristalle durch uns hindurchstrahlen.

Bei jeder Einatmung fühlen wir, wie wir das vibrierende Licht bis in jede Zelle unseres Körpers zulassen, auch in das Gehirn und das ganze Nervensystem.

Wir stellen uns vor, wie uns das hilft, unser Leben von unserem höheren Selbst her in die richtigen Bahnen zu lenken und damit bewusst umzugehen, sodass wir auch unsere Gaben und Möglichkeiten kennen lernen und bewusst nutzen können.

Bei jeder Einatmung nehmen wir wahr, wie das vibrierende Licht immer stärker wird. Es ist wie ein schützender Mantel um uns herum und fühlt sich an wie ein Segen,

der uns begleitet bei allem, was wir tun,
der unsere Zweifel zerstreut,
der uns stärkt, wenn wir Entscheidungen fällen
und wenn wir irgendwo durchhalten müssen,
immer mit Liebe, sowohl nach innen als auch nach außen.

Dann wird die blaue Hülle immer tiefer und strahlender blau. Und es ist, als ob goldene Funken sprühen, wenn das Licht mit dem Atem durch uns hindurch strahlt.

Um diese Übung abzuschließen, zählen wir innerlich bis zehn, gähnen und recken uns, und fühlen, wie unsere Füße zur Erde hin geöffnet sind, verwurzelt bis in das neunte Chakra.

Durch den Tag hindurch können wir dann immer mal wieder unsere Augen schließen und nach innen schauen. Ohne Worte, in Stille und voller Liebe und Vertrauen.

Durch das Atmen entstehen Kraftfelder um uns herum und durch uns hindurch. Wir können das sowohl in der horizontalen Bewegung vom kosmischen Auge und dem Rundwerden von unserer Schale her, als auch in der vertikalen Bewegung merken, dem Ausatmen vom achten zum neunten Chakra durch das kosmische Auge hindurch. Dabei erleben wir in uns selbst die Möglichkeit, von einem Energiepotenzial her da zu sein, dessen sich der Mensch normalerweise nicht bewusst ist.

Erfahrbar wird das, wenn wir uns auf das kosmische Auge zwischen dem zweiten und dritten Wirbel des Kreuzbeins konzentrieren. Auf den Punkt, in dem erneuernde Kräfte zusammenkommen. Jeder Mensch besitzt diese Kräfte und kann erleben, wie von diesem Punkt her der Raum des mystischen Herzens frei wird und Grenzen verschwinden, sich auflösen.

Wenn wir unser mystisches Herz, in dem das Christuskind wohnt, mit unserer Quelle, dem kosmischen Auge, über das wir verbunden sind mit Gott, dem Vater, verbinden, verschmelzen beide miteinander. Dann und erst da fühlen wir uns eins mit allen Wesen der Schöpfung.

Deshalb ist es auch so wichtig, dass wir lernen, vom kosmischen Auge her zu leben. Die Poren unserer Haut sind dann geöffnet und durch jedem Atemzug werden wir eins mit dem großen kosmischen Atem, der von Gott kommt. Und die Übungen helfen uns, das zu verwirklichen.

In der folgenden Übung geht es um den Augenblick des Nicht-Atmens, den heiligen Moment.

Übung *Wir atmen in Verbindung mit dem großen kosmischen Atem.*

Alle Poren sind geöffnet, wenn wir vom kosmischen Auge her einatmen und bei der Ausatmung vertikal durch uns hindurch gehen.

So atmen wir zusammen mit allem, was ist und nehmen in unserer grenzenlosen Schale Berge, Bäume, Himmel, Sterne, Sonnen und Planeten mit.

Es ist nicht mehr »ich atme«, sondern »Es atmet in mir«.

Wenn wir einatmen und rundum rund werden, bis die Kugel von heilenden Erde-Kräften immer deutlicher in uns da ist, kommt ein Moment, in dem wir natürlicherweise genügend empfangen haben. Und dann stoppt der Atem für einen Augenblick.

So ist es auch bei der Ausatmung. Es kommt der Moment, in dem wir wirklich losgelassen haben und dann ist die Ausatmung zu Ende.

Es entsteht dann ein Augenblick des Nicht-Atmens. Diesen Moment nennen wir »den heiligen Moment«.

Wenn wir einatmen und der Atem ruht eine Sekunde oder weniger, und auch, wenn wir ausatmen – der Atem geht nach außen und ruht ebenfalls kurz – werden wir uns dieser »Pausen« bewusst. Und wir fühlen, dass in diesen heiligen Momenten Gott zu uns hineinkommt.

In diesen Augenblicken kann etwas in uns geschehen.

Wir können in einem solchen heiligen Moment den Christus in uns deutlich erfahren.

Wir fühlen, wie unser Körper wie eine Insel von elektromagnetischer Kraft immer strömender und fließender wird. Und wie diese Energie auch rund um uns herum strahlt.

Dieser Weg ist kein Weg der intellektuellen Befriedigung unseres Verstandes oder auf dem Leistungen wichtig sind. Liebe, Wärme, Verständnis und Weisheit sind es, die aus unserem Herzen Licht strahlen lassen.

Während des Übens können zwar große, kraftvolle kosmische Energien durch uns hindurchströmen und so lernen wir auch von diesen Kräften her zu handeln, aber unser Körper behält seine menschlichen Schwächen und den Widerstand eines menschlichen Organismus.

Aber je tiefer wir uns durch das Atmen entspannen und je mehr wir dadurch eins werden mit der Erde und je mehr wir uns loslassen in Wirbeln, Knochen, Organen und Gelenken, desto deutlicher fühlen wir, wie sich unser Kreislauf verlangsamt. Und wenn alle neun Chakren miteinander verbunden in gleicher Energie stark reinigend und heilend ausstrahlen, erfahren wir eine neue Dimension der Wirklichkeit.

Neue Tore öffnen sich, neue Möglichkeiten entstehen.

Die Wirkung unserer inneren Augen vertieft sich. Wir sehen die eigene Aura und die Aura anderer in verschiedenen Farben. Auf diese Weise bekommen wir auch Einsicht in und Verständnis für Menschen, die wir nicht kennen. Denn die Aura lässt uns alles von Menschen sehen. Krankheiten, wobei wir gleichzeitig erkennen, ob diese gefährlich sind oder nicht, Ärger, Wut, Angst, aber auch Licht, Wahrhaftigkeit und so weiter.

Die Aura von gereinigten Menschen ist in reinem weißen Licht. Je weniger gereinigt, desto grauer ist sie. Jemand, der meditiert, hat um sich eine feine, stille Qualität, eine Ruhe und Reinheit.

So ist es auch mit unseren Ohren. Genauso wie unsere Augen eine tiefere Einsicht bekommen, empfangen unsere Ohren eine tiefere Qualität beim Hören, das Horchen. Wir hören nicht nur das, was man uns erzählt, sondern auch die Musik, den Klang und den Rhythmus der Stimme, eine innere Qualität. Die Stimme zeigt uns, wie der Mensch hinter dem, was er sagt, wirklich ist.

Wenn wir auf diese Weise horchen, die Aura von anderen wahrnehmen und das alles in uns selbst fühlen, wie eine Spiegelung, können wir vielen Menschen helfen, ganz zu werden und eins in sich selbst.

Wenn wir tief nach innen gehen, bis in unseren Kern, in unser Wesen, lernen wir unseren Körper bewusst zu bewohnen und ihn bis in jede Zelle zu erforschen und zu kennen. So begegnen wir Gott in unserem tiefsten Wesen, in unserem kosmischen Auge.

Unsere Sinne werden uns mehr und mehr dabei unterstützen. Und dann merken wir, dass das, was verschwindet, unsere Dunkelheit ist und das, was in uns wächst, das Gute, das Positive und das, was von Wert ist.

Liebe wächst und Dankbarkeit wächst auch.

Dann erst können wir uns hingeben und sind von unserem Ego befreit.

16 Der ätherische Körper

Von unserem kosmischen Auge her öffnet sich unsere Haut. Das haben wir bereits besprochen, und jeder, der von dorther atmet und lebt, erfährt es. Wir atmen so durch alle unsere Poren mit dem kosmischen Atem mit.

Aber auch unser ätherischer Körper, ein Gebilde aus feinstofflicher Materie, das eine bläuliche, oft auch violette Ausstrahlung hat, wächst. Bei Menschen, die von ihrem Sonnengeflecht her atmen, reicht diese Ausstrahlung bis ungefähr drei Zentimeter über die Grenze der Haut hinaus. Bei denen jedoch, die von ihrer Beckenschale und deren Tiefe her atmen, kann diese Ausstrahlung viele Zentimeter weiter reichen.

Der ätherische Körper formt eine schützende Schicht für den physischen Körper. Er ist eine Umhüllung, die schädlichen Energien standhält, auch einem Zuviel an Sonnenstrahlung, die uns verbrennen würde, sowie der Strahlung von Ozon-Energien.

Außerdem sind in unserem ätherischen Körper unsere Lebensenergien konzentriert, aber auch unsere geistigen Energien und die Chakren. Von diesen Energiezentren aus laufen unzählbar viele haarfeine Energiefäden zu den feinsten Endungen unseres Nervensystems, mit denen sie verbunden sind. Über diese Fäden und auch über die Chakren selbst nehmen wir kosmische Energie auf, die wir für unser seelisches und geistiges Gleichgewicht und für die Gesunderhaltung unserer Organe brauchen.

Über die Chakren nehmen wir auch viele andere Energien in uns auf, die des Meeres, der Wälder, der Natur im Allgemeinen, aber auch die Ausstrahlung der Menschen, die uns umgeben, sowohl positive als auch negative. So kann es passieren, dass wir uns in einer großen Menschenmenge durch die verschiedenen Energien, die in uns eindringen, unwohl fühlen.

Eine Möglichkeit, die Ausstrahlung unseres ätherischen Körpers deutlich zu spüren ist, in einem dunklen Zimmer mit ausgestreckten Armen langsam auf eine Wand zuzulaufen, um dann zu merken, dass unser ätherischer Körper gegen die Wand »anstößt«, bevor unser physischer Körper die Wand berührt. Es kann sein, dass wir dann nicht direkt merken, dass dieser Körper die Wand berührt. Aber wenn wir plötzlich das Gefühl haben, dass wir stehen bleiben müssen und dann das Licht anmachen, wird klar, dass wir einige Zentimeter vor der Wand angehalten haben.

Angesichts dessen, dass ich in letzter Zeit schlechter sehen kann, habe ich unter anderem dadurch, dass ich das regelmäßig geübt habe, gelernt, mich im Dunklen sicherer zu bewegen. Das ist für mich sehr wichtig geworden.

Die Energie in unseren Chakren können wir mit unseren Händen fühlen. Strömt sie gleichmäßig durch, geht es uns gut. Ist der Energiefluss dagegen in den Chakren blockiert, fühlen wir uns depressiv und unsicher und es kommt zu vegetativen Störungen.

Von unserem kosmischen Auge, der Schale und ihrer Tiefe her sind wir mit dem Kosmos und der Welt um uns verbunden. Sollten die Chakren verkrampft bleiben, strömen die kosmischen Energien aus der Welt um uns herum ungefiltert in uns hinein und unsere Organe können sie nicht verarbeiten. Wir fühlen uns dann kraftlos und nervös und es kann zu neuralgischen Schmerzen kommen.

Wir können uns selbst davor schützen, indem wir unsere Chakren schließen. Menschen, die mit mir an sich selbst gearbeitet haben und an den Meditationsgruppen teilgenommen haben, kennen diese Übungen schon. Aber sie sind sehr wichtig. Denn jeder lernt so, sich selbst zu helfen und sich selbst zu schützen.

Übung *Wir halten unsere Hände vor unseren Magen-Sonnengeflecht-Raum, ohne unseren Körper zu berühren. Wir stehen mit etwas Abstand zwischen den Beinen, unsere Füße fest auf der Erde. Unsere Fersenbeine, rechts und links, lassen wir in die Erde hinein verwurzeln, ebenso die Unterseiten der Grundgelenke von großem und kleinem Zeh beider Füße. Diese drei Stellen sind jeweils eine Spiegelung des Heiligen Dreiecks in unserem Becken.*

Wir atmen vom kosmischen Auge her weit rundum ein. Das Querholz des Kreuzes zwischen den beiden Hüftgelenken hindurch, das Längsholz des Kreuzes zwischen Himmel und Erde, von 40 cm über unserem Kopf bis 40 cm in der Erde unter unseren Füßen.

Wir halten unsere Hände übereinander und bringen sie an unserem Körper entlang nach oben über unseren Kopf, über unseren Scheitel, bis in unseren Nacken.

Dann lassen wir unsere Hände los und nehmen sie aufmerksam zurück zu unserem Magen-Sonnengeflecht-Gebiet. Auch jetzt berühren sie unseren Körper nicht. Genauso wie am Anfang der Übung.

Wir tun das morgens nach dem Wachwerden und abends vor dem Schlafengehen zehn- bis fünfzehnmal. Es ist nötig, das immer wieder zu üben.

Wir können unser Magen-Sonnengeflecht-Gebiet, das Gebiet unserer Emotionen, noch mehr mitnehmen, indem wir mit unserer rechten Hand an der rechten Seite des Körpers entlanggehen und gleichzeitig mit unserer linken Hand an der linken Seite. Danach bringen wir unsere Hände beim Magen-Sonnengeflecht-Raum wieder zusammen.

Das tun wir zwei- oder dreimal.

Anschließend fühlen wir, ob wir ausreichend geschützt sind.

Wir können dasselbe auch mit anderen Energiezentren tun. Zum Beispiel beim untersten Chakra am Steißbein, wenn wir Rückenschmerzen oder Schmerzen in den Beinen haben.

Wir bringen dann beide Hände mit den Innenseiten nebeneinander in die Nähe des Steißbeines, und gehen dann über das Becken zu den Hüften. Dabei dürfen unsere Hände den Körper auch berühren. Und langsam kehren unsere Hände zum Steißbein-Chakra zurück.

Das tun wir auch zehn- bis fünfzehnmal.

Bei Herzbeschwerden und Schwierigkeiten mit den Atemwegen legen wir unsere rechte Hand auf unser Herzchakra, das sich mitten hinter dem Brustbein in unserem Brustkorb befindet.

Dann gehen wir mit unserer rechten Hand aufmerksam über unsere linke Schulter und am gestreckten linken Arm vorbei nach unten, an den Fingerspitzen vorbei. Wir achten darauf, dass vor allem unser Mittelfinger, der »Ausatemfinger«, und unser kleiner Finger mit dem Herzmeridian wirklich offen sind und loslassen.

Es geht darum, dass wir innerlich mit unserer Hand mitgehen und bewusst erleben, was geschieht.

Auch das tun wir zehn bis fünfzehnmal.

Bei Schmerzen in unserem Hals, unserer Kehle, unserem Kopf oder unserem Nacken halten wir beide Hände bei unserem Kehlchakra übereinander, ohne unseren Körper zu berühren. Von dort gehen wir aufmerksam an unserem Stirnchakra, unserem dritten Auge, vorbei über unser Kronenchakra entlang zu unserem Nacken und lassen bei dem sechsten und siebten Halswirbel unsere Hände los.

Bei beginnenden Kopfschmerzen macht man diese Übung sofort und hört erst auf, wenn der Schmerz vorbei ist.

Diese Übungen unterstützen das Strömen zwischen unserem physischen und dem ätherischen Körper. Wir sollten sie mehrmals am Tag tun, beispielsweise während eines wichtigen Gesprächs, wenn wir uns konzentrieren müssen, wenn wir uns durch eine schlechte Nachricht geschockt fühlen oder in ähnlichen Situationen.

Bevor jemand transformiert werden kann, muss er innerlich ein starkes Bedürfnis danach verspüren. Oft bringt ihn erst ein völliger Zusammenbruch der Person, die er ist oder zu sein denkt dazu, Hilfe zu suchen. Aber jeder von uns hat in sich die Möglichkeit, sich zu verändern.

Wir beginnen mit uns selbst. Wir lernen, uns selbst zu lieben, anzuerkennen und in unserem eigenen Inneren die verborgene Dinge aufzusuchen und anzuschauen, und dann loszulassen und wegzugeben.

Wenn wir uns so sehen, geht Wärme von uns zu den Menschen, aber auch zur Erde. Mit jeder Seele, den Tieren, den Bäumen und den Pflanzen gehen wir dann respektvoll um. Geduldig, aufgeräumt und verständnisvoll. Kurz gesagt gehen wir mit allem so um, wie wir gerne hätten, dass man mit uns umgeht.

Mit dem Atmen vom kosmischen Auge her, durch das viele Üben und mit der Einsicht, die sich dadurch entwickelt, lernen wir unser Dunkles zu verwandeln und unsere persönliche Verantwortung zu nehmen. Eine Verantwortung für die Erde mit all ihren Lebensformen, den Meeren, dem Land und auch dem Boden. Auf der Basis von Achtung können wir so zur Transformation der Erde beitragen, damit auch sie aus der Dunkelheit erlöst wird und sich vollständig entwickeln kann.

So sind wir von der Quelle in unserer Schale her mit der großen kosmischen Quelle verbunden, die unsere neun Chakren in strahlend weißes Licht transformiert.

Innerlich still sein, sich die Zeit dafür nehmen, in Frieden und Harmonie, und in Liebe zu uns selbst und allem, was uns umgibt.

Das leuchtende Kraftfeld rund um uns herum wird dann immer weiter. Durch die Räume und Wände unseres Hauses, durch den Garten, weiter durch das Land, durch alle Bäume und Pflanzen, durch alle Völker strahlt das weiße Licht und verbindet alle Menschen in liebevoller Energie. So werden Menschen sich der Notwendigkeit bewusst, persönlich Verantwortung für die Erde zu tragen.

Der Borobudur

In üppigem Gewand aus fahl bemoostem Stein,
durchduftet einst von des Weihrauchs Süße,
so sinnt er still in Abendsonnenglut
und blickt die offne Ferne rundum weit,

gleich jenem Bildnis mit gekreuzten Beinen
im Glanze seiner tiefen Seele lächelnd,
in der Böses nur des Guten Schatten ist
und Schmerz sich löst durch seines Friedens Licht.

Noch strahlt die Weihe von dem Tempel aus,
wo einst mein Volk dem Weisen Ehre gab,
des Herz sich hoch erhob zu Gottes Thron.

Und wie der, der Gott in sich gefunden hat,
so weilt auch er, im rasenden Vorbei der Zeit
und strahlt in Ruhe Gottes Schönheit aus.

Noto Soeroto

17 Kosmisches Auge und Kundalini

In allem, was ich bislang gesagt und geschrieben habe, geht es immer wieder darum, wie wir durch Übungen und Meditation die Energien, die unser Körper braucht, reinigen und verstärken können. Das kosmische Auge ist dabei unsere größte Hilfe. Wenn wir von dieser Quelle her atmen, strömt unmittelbar eine reine, heilende kosmische Energie in uns hinein. Eine Energie, die uns mit Licht und Kraft erfüllt.

In diesem Buch wird das nicht ohne Grund immer wieder betont. Es ist so wichtig, dass man diese Übungen und die Atem-Meditation wirklich vom kosmischen Auge her ausübt und in sich selbst bis in die Tiefe der Beckenschale hinabsteigt. Ich wiederhole es noch einmal, für den Fall, dass dies die ersten Seiten sind, die Sie in diesem Buch lesen.

> Unser kosmisches Auge liegt zwischen dem zweiten und dritten Kreuzbeinwirbel. Wenn wir von dorther einatmen, füllt sich unsere Beckenschale weit rundherum und aus allen Poren der Haut strahlt die kosmische Energie, die wir empfangen, zurück, ins Kosmische hinein. Außerdem strahlt diese Energie von der Schale her auch direkt durch die Räume der Beine und Füße zu unserer Erde hin, zum neunten Chakra, ungefähr 40 cm unter unseren Füßen.
>
> Das Wunder ist, dass die Erde-Energie auf ihre Weise vom neunten Chakra her nach oben strahlt und sich durch das kosmische Auge mit der himmlischen Energie, die wir von unserem achten Chakra, 40 cm über unserem Kopf, empfangen, verbindet. Dann strahlt von unserem Himmel her weiß glänzende Energie durch uns hindurch und um uns herum, wie ein Mantel der Liebe.

Das Reinigen und Verstärken unserer Energien verläuft auf diese Weise grundsätzlich harmonisch. Durch das »Geerdetsein«, das Aufrechterhalten unserer Verbindung mit der Erde, ist es ein sicherer Entwicklungsweg.

Sobald wir aber von einer höheren Stelle im Körper her atmen, verläuft unser Prozess ganz anders. Die Verbindung mit der Erde ist, falls vorhanden, schwächer. Das Reinigen und Verstärken der Energien in uns kann dann auf eine unvorhersehbare Weise geschehen. Statt selbst für »Erdung« zu sorgen, für die Randbedingung also, durch die dieser Prozess harmonisch verläuft, ist man auf das Gleichgewicht angewiesen, das in einem selbst bereits vorhanden ist oder nicht.

Spannungen und Verkrampfungen, aber auch überschüssige Energien können dann möglicherweise nicht zur Erde hin abgeleitet und im neunten Chakra transformiert werden. Außerdem ist dic Haut, anders als wenn wir vom kosmischen Auge her atmen, nicht geöffnet, nicht mitatmend. Sobald wir von einem höheren Ort im Körper her atmen, sind wir auch nicht tief genug auf das Loslassen eingestellt. Der Akzent von Energie und Bewusstsein liegt dann beim westlichen Menschen immer noch im Gebiet des Sonnengeflechts. Es bleibt also eine Ausrichtung auf Beherrschen, Wollen, Streben oder Macht. So gelangen wir nicht zur Hingabe.

Stattdessen kann sich durch Übungen oder Meditation in relativ kurzer Zeit zu viel Energie im Körper ansammeln, ohne dass er sich daran gewöhnen kann. Diese Energie wird dann zu einem wesentlichen Teil festgehalten und beginnt, Spannung zu erzeugen. Dadurch kann eine Blockade für weiteres Wachstum entstehen. Und statt dass wir unser Ego immer weiter loslassen, kann es sich verstärken und verhärten, sodass wir ausgerechnet durch das Meditieren vom inneren Weg abkommen.

Wer seinen Schwerpunkt schon in einem der Chakren hatte, wird das vielleicht noch verstärken. Aber wenn wir unser Bewusstsein und unsere Energie nur auf eines der bekannten sieben Chakren konzentrieren, hat das immer Einseitigkeit zur Folge, mit Konsequenzen für unseren Entwicklungsprozess. Wer darüber mehr lesen will, den verweise ich auf mein drittes Buch *Das Licht in uns* (München 1986).

In diesem Buch habe ich auch davor gewarnt, dass sich durch Blockaden die Energien in uns zu einer enormen, für uns unkontrollierbaren, Kraft aufstauen können. Das kann passieren, wenn man, ohne vom kosmischen Auge her zu atmen, mit kosmischen Kräften übt und sich nicht sachkundig dabei begleiten lässt. Oder, was auf dasselbe herausläuft, sich nicht an die Übungsanweisungen hält. Deshalb gebe ich immer den Rat, nicht zu lange zu üben oder zu meditieren und die Verbindung mit der Erde aufrechtzuerhalten!

Einiges davon gilt besonders, wenn man Übungen aus einer Richtung macht, die auf das so genannte »Wecken der Kundalini« abzielen.

In meinem oben erwähnten Buch habe ich darauf hingewiesen, dass dieses »Schlangenfeuer« manchmal zu sehr als eine völlig eigene Energie angesehen wird, die sich von den Energien unterscheidet, mit denen wir umzugehen lernen. Aber eigentlich sind die Kundalini-Energie, die Energien der Meridiane und die kosmischen Energien ein und dasselbe. Hatha- und Tantra-Yoga-Schriften zufolge ist diese Kraft ein latenter Aspekt von kosmischer Energie.

Worum es eigentlich geht, ist, dass die Kundalini, die bereits in unserem Körper anwesend ist, sich mit der großen kosmischen Kundalini vereinigen will.

Im Becken, nahe beim untersten der sieben Chakren im Körper, befindet sich eine konzentrierte Menge Kundalini. In einigen Traditionen stellt man sie sich als eingerollte Schlange vor, die schlummernd an der Basis der Wirbelsäule liegt.

Wenn wir vom kosmischen Auge her atmen und üben, wird diese Kundalini in der Schale voller Licht und Energie durch unsere Beine und Füße zur Erde mitgenommen und mit der Erde verbunden. Dadurch findet das »Wecken« der schlummernden Kraft nicht plötzlich und unvorbereitet statt. Es kann nämlich sehr schädlich sein, wenn diese Urenergie aus ihrem »Ruheplatz« beim untersten Chakra hervorbricht und durch eine oder mehrere Energiebahnen, vor allem durch die Sushumna, zum Scheitel schießt und dort oben heraus. Das kann mit Licht und Hitze in und um das Rückenmark herum verbunden sein und verschiedene ernsthafte Störungen, unter anderem Gehirnschädigungen und Psychosen, können folgen.

Ohne die Verbindung mit der Erde kann das Wecken der Kundalini also ein schockierendes Erlebnis sein. Das passiert vor allem dann, wenn man sich nicht ausreichend durch Übungen und Meditation innerlich gereinigt und vertieft hat. Und wenn man zu sehr versucht, mit der Willenskraft nachzuhelfen. Emotionen und unbewusste Blockaden können den Prozess, durch den man dann noch immer hindurch muss, sehr unberechenbar machen.

Wenn wir stattdessen auf die bekannte Weise vom kosmischen Auge her üben und meditieren, wird das alles verhindert. Schon bei der Quelle in unserer Schale, dem kosmischen Auge, findet die Verbindung zwischen der kosmischen Energie, die wir von weit um uns herum empfangen und der Urkraft, die schon in uns vorhanden ist, statt.

Von dieser Quelle her strahlen die dann miteinander verbundenen Kräfte zusammen zur Erde, und in einer gereinigten Qualität von dorther zum Himmel. Von unserem achten Chakra her strahlen diese Energien dann, verbunden mit dem weißen himmlischen Licht, wieder zurück durch die Sushumna, aber auch um uns herum, wie ein Mantel der Liebe. Um ihr Ziel, die Vereinigung mit der kosmischen Energie, zu erreichen, muss die Kundalini in uns also keineswegs »entwurzelt« und plötzlich aufsteigen.

Vom kosmischen Auge her strahlen wir rundherum aus und sind offen zwischen Erde und Himmel und zwischen Himmel und Erde. Alle Chakren strahlen mit in ein und derselben Energie, dem weißen kosmischen Licht. Und weil sich alle Chakren zugleich, aber auch allmählich öffnen, immer in Verbindung mit der Erde, kommt es zu keiner gefährlichen Situation.

Neben dem kosmischen Auge hilft auch das heilige Dreieck, ein Feuerdreieck oder das »Tetraeder«, für das wir die drei Punkte des heiligen Dreiecks jeweils mit dem kosmischen Auge verbinden, die Urenergie in unserer Beckenschale zentriert und geerdet zu halten.

So strahlen wir nicht nur durch all unsere Poren Energie aus, sondern dürfen auch das Einssein von Körper, Seele und Geist erleben. Und den heilenden Leitfaden, der uns deutlich unseren rechten, inneren Weg weist.

Unser ganzer innerer Körper, aber auch alles, was zum grobstofflichen Körper gehört, wird erleuchtet.

18 Das Sonnengeflecht

Das, was wir unter Licht, Wärme und Leben verstehen, ist in Wirklichkeit nur ein sehr bescheidener Teil des wahren Lichtes und der wirklichen Wärme.

Über dem Licht der Sonne strahlt das Licht Gottes, das für uns ebenso unbegreiflich ist wie Seine Wärme, Seine Liebe oder Sein Leben. Das heißt, wir können die höchste Ebene des Lebens nicht begreifen. Gott ist nicht zu erkennen, unerreichbar, aber gleichzeitig berührt Er uns beinahe. Das geschieht nur in einer für Ihn fernen, sehr unvollkommenen Form des Sich-Äußerns.

Man darf also das Sonnenlicht nicht als das wirkliche göttliche Licht ansehen. Es ist nur ein Widerschein davon. Das höhere Licht können wir weder wahrnehmen noch verstehen. Es ist so subtil und so außergewöhnlich kräftig, dass es für uns und selbst für höher entwickelte Geschöpfe nur Dunkelheit bedeutet.

In der ganz alten Einweihungslehre sagt man, dass das Licht aus der Dunkelheit hervorging. Im Anfang war Chaos, ungeordnete Materie. Dieses Chaos wird durch einen Kreis angedeutet, durch die Ziffer Null. Der Kreis symbolisiert die Unendlichkeit und leblose Materie.

Derartige Bilder sind schwer zu verstehen, sie liegen beinahe außerhalb unseres verstandesmäßigen Begriffsvermögens. Unser Gehirn, gedacht, um abstrakte Theorien zu durchdringen, ist nicht in der Lage, vertieftes Fühlen, Erleben und Schmecken der Dinge völlig zu verarbeiten. Das Gehirn kann natürlich ein bisschen diskutieren, sprechen, schreiben und etwas erklären. Aber mit dem Gehirn allein können wir hier kein wirkliches Verstehen erlangen. Wer wirklich verstehen will, muss die Dinge, denen er auf seinem Weg begegnet, mit seinem ganzen Wesen durchdringen.

Man spricht in diesem Zusammenhang dann von der Herzensintelligenz, also über das, was wir von unserem Herzen her verstehen. Jeder denkt dabei an das Organ Herz, das ja auch ein Herz mit Intelligenz ist, weil es unseren Blutkreislauf regelt. Aber das Herz, das hier eigentlich gemeint ist, ist den alten Einweihungslehren zufolge das Sonnengeflecht. Es versteht, fühlt und durchdringt die absolute kosmische Wahrheit.

Das Sonnengeflecht lenkt alle Körperfunktionen. Unsere Atmung, unseren Stoffwechsel, Kreislauf, die Ernährung, Ausscheidung und das Wachstum sind von seinem Wirken abhängig. Wenn das Sonnengeflecht mit unserer Schale verbunden ist, eins damit ist, ist ein wirklicher Austausch mit dem Kosmos möglich. Denn dann ist es mit dem ganzen Universum verbunden, was bei unserem Gehirn nicht der Fall ist. Das Gehirn ist noch nicht weit genug ausgereift. Es hat sich in der Evolution erst später entwickelt.

Aber es entwickelt sich durch unser tägliches Üben aus der Tiefe unserer Schale, dem Atmen von unserem kosmischen Auge und der Transformation immer weiter. Und eines Tages wird es perfekt funktionieren. Denn es ist dazu vorgesehen, umfangreiches Wissen in sich aufzunehmen und außergewöhnliche Dinge zu verwirklichen.

Das Sonnengeflecht ist wie ein »umgestülptes« Gehirn. Im Gehirn ist die graue Masse außen und die weiße Masse innen, während beim Sonnengeflecht die graue Masse innen und die weiße außen ist. Die graue Masse ermöglicht uns das Denken, die weiße schenkt uns das Fühlen. Dank der weißen Anteile nimmt das Sonnengeflecht wahr, was in uns geschieht, was in jeder Zelle stattfindet. In der Folge davon ist es ständig damit beschäftigt, das Gleichgewicht in uns aufrechtzuerhalten.

Unser Gehirn merkt nichts davon, wenn es uns nicht gut geht und alles gestaut ist und nicht strömen kann, oder wenn wir Bauchschmerzen haben oder unser Herz zu langsam oder zu schnell schlägt. Unser Gehirn kann daran nichts verändern. Nur wenn wir den Bereich des Gehirns von unserem kosmischen Auge her durchstrahlen, zusammen mit unseren inneren Augen und den »Augen des Lichts« oben auf unserem Kopf, transformiert unser Gehirn und hilft mit, uns zu heilen.

Aber das geschieht von einer anderen Dimension her, von einer höheren Ebene.

Das Sonnengflecht kann unter den richtigen Voraussetzungen für ein normales Funktionieren sorgen. Deshalb müssen wir wirklich darauf achten, dass es immer mit der Beckenschale und ihrer Tiefe verbunden ist. Davon hängt alles ab. Und wach im Jetzt darauf achten, was in uns geschieht, damit sich Unzufriedenheit, Sorge, Ungeduld, Ärger und Wut nicht in unserem Sonnengeflecht festsetzen.

Es ist eine gute Übung, in der Morgenmeditation unsere rechte Hand auf unser Sonnengeflecht zu legen und es mit Energie aufzuladen. Wenn wir innerlich dabei zuschauen, nimmt diese Energie noch zu. Dann strahlt vom achten Chakra Licht durch uns, in uns und um uns herum, wie ein Mantel der Liebe. Und die Sonne von rechts bringt unseren Körper ins Gleichgewicht.

Wenn wir innerlich ruhig sind, ist unser Sonnengeflecht warm und entspannt.

19 Klang als heilende Schwingung

In dem Maße, in dem wir auf dem inneren Weg weiterkommen, bemerken wir, dass wir unseren Körper im täglichen Leben anders und bewusster nutzen. Das betrifft viele Aspekte, egal ob wir nun sitzen, stehen, liegen oder uns bewegen. Es betrifft aber zum Beispiel auch unsere Stimme. Und zwar in Bezug darauf, ob wir aus unserer Tiefe oder nur aus einem angespannten Kehlgebiet heraus sprechen.

Einige der sich mehr auf unsere gesamten Körper beziehenden Aspekte erfordern immer wieder unsere Aufmerksamkeit. Ich will hier drei Beispiele nennen.

Erstens müssen wir uns vornehmen, eigentlich immer schon, wenn wir aufstehen, den Boden unter unseren Füßen bewusst zu spüren. In jeden Fall dann, wenn wir etwas unternehmen wollen. So vertiefen wir jedes Mal unser vertrauensvolles und harmonisches Verbundensein mit der Erde.

Zweitens sind wir uns immer wieder unserer beiden Körperhälften bewusst, rechts und links, wie eine Art Basisbewusstsein von Symmetrie.

An dritter Stelle müssen wir unser Gehirn vor seiner Fähigkeit schützen, Spannungen und Emotionen zu spiegeln. Das tun wir, indem wir unser Gesicht entspannen:

- unsere Nasenflügel weiten;
- unsere Augenlider loslassen, als ob sie schwere Vorhänge wären;
- unsere Augenbrauen und auch unsere Stirn loslassen, statt sie zu runzeln;

- die Spannungen am Haarrand und um unsere Ohren loslassen;
- die Kiefergelenke loslassen, indem wir unseren Unterkiefer lockern und etwas hin und her bewegen;
- den Raum unter unserem Kinn loslassen.

Wir können uns darin üben, darauf zu achten.

So bereiten wir uns auch auf die intensivere Beschäftigung mit zwei Zentren vor, die unseren Kopf zum achten Chakra, unserem Himmel, hin öffnen.

Das erste Zentrum ist der Atlas, unser erster Halswirbel. Er trägt unseren Kopf und steht in Verbindung mit dem »Punkt der Weisheit«, dem zweiten Zentrum, um das es hier geht, oben mitten auf dem Kopf. Gemeinsam durchstrahlen uns der Atlas und der Punkt der Weisheit mit weißem himmlischen Licht, dass sie vom achten Chakra her empfangen.

> Ohne den Schwerpunkt in unserem kosmischen Auge dabei zu verlieren verbinden wir jetzt voller Aufmerksamkeit diese beiden Zentren, den Atlas und den Punkt der Weisheit und öffnen so den Weg zu reiner Konzentration. Die sowohl psychische als auch physische Konzentration sowie die Öffnung des Raumes hinter unserem rechten und linken Ohr helfen uns bei der Wiederbelebung dieser Verbindung.

Wenn wir dem Obenstehenden in uns selbst folgen, sind wir bereit für die folgenden Übungen.

Übung

Sobald wir die oben beschriebenen Verbindungen in uns wahrnehmen können, stellen wir uns vor einen Spiegel und schauen, ob unser Kopf aufrecht zwischen beiden Schultern steht.

Wir nehmen wahr, ob Hals und Kopf nicht zu einer Seite neigen, oder vielleicht zu stark nach vorne gezogen sind.

Langsam lassen wir unseren Kopf kreisen. Von links nach hinten und dann weiter nach rechts. Anschließend nach vorne, weiter nach links und wieder nach hinten. Und so weiter.

Aufmerksam tun wir das fünfmal.

Wir fühlen, dass die Bewegung jedes Mal einfacher geht. Unser Hals und Nacken fühlen sich lockerer an.

Wir lassen den Kopf dann auch fünfmal andersherum kreisen.

Anschließend nicken wir langsam »Ja«. Wir lassen unser Kinn dabei schwer auf unsere Brust hängen.

Dann heben wir das Kinn so, dass unser Kopf aufrecht zwischen den Schultern steht.

Wir fühlen die Entspannung und das Strömen der Energie an unserer Rückseite, am Rücken, dem Gesäß, den Beinen und Fersen entlang zur Erde hin.

Langsam und schwer sackt unser Kopf nach hinten. Wir lassen ihn entspannt auf unserem Rücken aushängen.

Völlig in der Bewegung mitgehen.

Ruhig durchatmen und innerlich schauen, fühlen und wahrnehmen, was in uns geschieht.

Dann heben wir den Kopf wieder an und stellen ihn aufrecht zwischen unsere Schultern.

Gehen Sie innerlich mit und spüren Sie immer in sich nach, was in Ihnen geschieht und was in Ihrem Körper in Bewegung kommt.

Schauen Sie jetzt noch mal in den Spiegel, ob Sie die Veränderung in Ihrem Gesicht, in Ihren Augen, in der Haltung Ihres Kopfes wahrnehmen. Und sehen Sie, wie Ihr Kopf jetzt zwi-

schen Ihren Schultern steht, während Sie Ihre Arme und Hände locker hängen lassen.

Wir sollten diese Übung jeden Tag tun, damit wir erleben, wie viel mehr innerer Raum entsteht und wie viel Spannung wir dabei loslassen.

Gähnen Sie einmal mit Ihrem weit geöffneten Mund. Ihre Kehle öffnet sich weit mit. Wir fühlen dann, wie rechts und links in unserer Kehle Spannung frei wird, auch in ihrer Rückwand, tief hinten in unserem Mund bei dem Zäpfchen.

In unserem täglichen Leben sind wir selten mit dieser Stelle beschäftigt, aber wir sollten das öfter tun. Wenn unsere bewusste Aufmerksamkeit bei der Rückseite unserer Kehle ist, unterstützt das unsere Stimme und ihren klaren Klang. Dieser Klang setzt sich in unserem Mund fort.

Lassen Sie uns einmal lauschen, auch mit unserem inneren Ohr, wenn wir jetzt mit entspannter Kehle und Mundhöhle summen. Zuerst

m – mmm – mmmmmmmmm ...

und dann

n – nnn – nnnnnnnn ...

und so weiter, abwechselnd den m- und den n-Klang, beide siebenmal.

Langsam vibrieren nicht nur Kehle und Mundhöhle, sondern auch die Lippen. Und nach unten hin unser Herz, unser Magen, unser Zwerchfell, die Nieren. Alle Organe vibrieren entspannt mit, lassen zur Wirbelsäule hin und nach unten los.

Versuchen Sie sich wirklich Zeit zu nehmen, innerlich an den Stellen anwesend zu sein, an denen Sie loslassen. Und erleben Sie bewusst, wie ihre Organe mit entspannen. Folgen Sie der Richtung, in der Spannungen abfließen.

Durch Emotionen können sich Magen und Nieren sehr stark nach oben ausdehnen. Dasselbe gilt für unser Herz und unser Zwerchfell. Es ist dann so, als ob sie sich durch unsere Kehle hindurch zu unserem Kopf hin hochdrücken würden. Wir fühlen das als einen Pfropfen in unserer Kehle, während in unserem Kopf ein Gedankensturm wütet. Das Letztere, weil wir gewöhnt sind, dass unser Verstand uns schon eingeben wird, was wir tun müssen.

Aber wir wissen inzwischen schon, dass wir unseren Nacken strecken und unser Kinn zurücknehmen müssen, um allen Stress, alle Panik und Angst aus unserem Hinterkopf loszulassen. Wir lassen das alles entlang unserer Wirbelsäule hinabgleiten, den ganzen Rücken entlang, bis zum Steißbein, und von dort durch unsere Beine und Füße in die Erde hinein.

Fühlen Sie jetzt aus der Tiefe Ihrer Schale und von Ihrem unendlich weit ausstrahlenden kosmischen Auge her, wie Sie auf der Erde stehen!

Und wie anders Ihre Stimme klingt.

Wir gehen wieder zurück zu unserer Mundhöhle, in der unsere Zunge wie in einem eigenen Bett ruht, in dem sie sich entspannt. Von hierher formen wir in der Ausatmung Vokale und Konsonanten. Wir erzeugen verschiedene Konsonanten, indem wir unsere Zunge, die mit ihrer Spitze an den unteren Zähnen anliegt, zur Rückseite der oberen Zähne bringen. Die Konsonanten stoßen gegen die Rückwand unserer Kehle, wo sie mit den Vokalen zusammentreffen. So entstehen Worte und Sätze, dynamisch von der Tiefe unserer Schale her.

Wir atmen still ein. Und mit der Ausatmung tönen wir »fa«.

Wir gehen mit in dem Strom zwischen Himmel und Erde. Und lassen los, was nicht in uns gehört. Fünfmal so atmen und summen.

Dann atmen wir wieder ein und tönen in der Ausatmung »fu«.

Wir erfahren uns selbst als eine große atmende Flöte.

Wir singen durch die Flöte zwischen Erde und Himmel und zwischen Himmel und Erde.

Klar und sauber »fu«.

Wir nehmen die Transformation vom kosmischen Auge her wahr. Und die Aura, die uns umringt, weit außerhalb der Grenzen unserer Haut.

Nun summen wir »hu«. Dunkel und tief im Klang, aufmerksam.

Der Richtung der Energien von unserem kosmischen Auge zum Herzzentrum folgen. Wir fühlen dann deutlich, wie der Herzensbereich sanft und warm wird, entspannt. Und dass von unserer Schale her ein Raum entsteht, der das Organ-Herz und das mystische Herz umfasst.

Dieser Raum wird tiefer und breitet sich noch weiter aus, wenn wir nacheinander »ku«, »mu« und »wu« summen.

Bei »ku« legen wir unsere Hände auf unseren Magen.

Bei »mu« auf unser Sonnengeflecht.

Bei »wu« auf unsere Schale. Bei »wu« ist der Ton am tiefsten, dunkel wie das Nebelhorn von Schiffen auf See.

Wir suchen in uns selbst nach der richtigen Tonhöhe. Schauen, lauschen, spüren Sie nach innen, bis der Raum Ihres Körpers eine stille Einheit ist, ohne Grenzen. Offen zwischen Erde und Himmel und eins mit allem, was ist.

Wenn durch die oben angeleitete Übung Ruhe und Stille in uns entstanden ist, möchte ich gerne noch einen Schritt weitergehen und drei Nervengeflechte im Bereich unserer Wirbelsäule aufsuchen. Zwei dieser Stellen befinden sich im Bereich unseres Nackens, eines in der Tiefe unserer Schale.

Wir beginnen mit dem Geflecht, das am weitesten oben liegt, zwischen dem ersten und dem vierten Halswirbel.

Wir gehen dort tief hinein, sodass es frei von Spannung wird.

Ein zweites Nervengeflecht liegt etwas weiter unten, zwischen dem fünften Halswirbel und dem ersten Brustwirbel.

Auch diese Stelle muss frei von Spannung sein.

Das dritte Nervengeflecht liegt am untersten Ende unserer Wirbelsäule, zwischen dem fünften Lendenwirbel und dem vierten Kreuzbeinwirbel, tief in unserem Becken, nahe beim kosmischen Auge, unserem Zentrum. Hier gehen die Nervenbahnen durch unsere Gesäßmuskeln zu den untersten Sehnen in unseren Kniekehlen. Und von dort verlaufen sie weiter nach unten zu unseren Fußgelenken und den Fußknöcheln an der Außenseite. Sie finden dann unterhalb der Fußsohlen ihren einzigen Halt, die Erde.

Wir nehmen ruhig wahr, ob auch dieses Geflecht frei von Spannung und zusammen mit unserer Schale ein warm durchstrahlter Raum ist. Und wir fühlen die Verbindung von hieraus mit der Erde.

In unserem hektischen und dicht gedrängten Leben kann sich in Verbindung mit dem Üben schon einmal der Gedanke aufdrängen »Ja, aber das kostet mich zu viel Zeit«. Weil es wirklich viel sein kann, was nicht nur während des Tages, sondern auch in unserem Üben auf uns zukommt. Aber wir müssen uns die Zeit dafür nehmen, es in uns zuzulassen und zu verarbeiten. Auch ich habe immer viel gearbeitet, mit langen Tagen und kurzen Nächten. Trotzdem habe ich täglich geübt und meditiert. Das Leben wird dann so viel positiver gelebt.

Wir wissen das, und wir wissen auch, dass wir durch unseren Atem, der durch uns hindurchströmt, lebendig sind, und durch die kosmische Energie, die uns erfüllt und uns durch unser kosmisches Auge Kraft gibt. So bleiben wir bewusst mit unserem Atem verbunden. Bei allem, was das Leben von uns fordert und bei allem, dem wir in unserem Leben begegnen. Immer und überall.

Wir leben im »Hier und Jetzt«, in dieser Welt. Und wir atmen durch alles hindurch.

20 Klang und Licht

Das Summen von bestimmten Klängen oder Mantren spielt in vielen Übungen eine Rolle. Zum Beispiel im vorangegangenen Kapitel »Klang als heilende Schwingung«.

Inmitten der unterschiedlichen Klänge nimmt das Summen von »Hu« einen besonderen Platz ein. Dieser Klang gibt mir immer ein tiefes Gefühl des Friedens. Mit »Hu« entsteht neben Wissen und Liebe Vertrauen in uns. Wir lassen unser Denken los und werden klar. Wir gehen in unsere innere Welt hinein.

»Hu« ist ein heiliges Wort und muss dementsprechend auch mit Ehrfurcht gesummt werden. Jede Zelle in unserem Körper strahlt aus, wenn dieser Klang eine Verbindung mit unserer Seele aufbaut. Mit dem Summen von »Hu« verbinden wir uns mit Gott und öffnen uns für den höchsten Bewusstseinszustand, das göttliche Bewusstsein.

Dieser Klang hat, vorausgesetzt, dass er in einer tiefen Tonlage und von unserer Schale her gesummt wird, eine große Kraft und stellt unmittelbar die Verbindung mit unserer Quelle, dem kosmischen Auge, wieder her. Wenn wir im Laufe des Tages oder auch nachts, wenn wir einmal nicht schlafen können, »Hu« summen, fühlen wir uns erleichtert und geborgen. Wir erhalten Antwort auf Fragen, mit denen wir beschäftigt sind, fühlen uns gut und merken, dass wir in Übereinstimmung mit den Plänen kommen, die wir in unserem Wesen mittragen.

Das Summen von »Hu« hilft uns auch Kraft zu entwickeln, wenn wir Schmerzen erleiden. Es gibt uns nämlich, mehr als jedes andere Mantra, auch eine geistige Vitalität. Trotzdem werde ich im nachfolgenden noch einige weitere besondere Klänge besprechen.

Klang und Licht sind das, was wir zum Leben brauchen. Ein Spektrum von sieben Lichtstrahlen – rot, orange, gelb, grün, himmelblau, indigo und violett – wird durch Klänge angezogen, zum Beispiel wenn wir summen. Unsere Körperzellen werden, solange sie leben, durch eine bestimmte oder mehrere Farben genährt. Ist die Zelle gesund, unterstützt das Lichtspektrum, das sie nährt, ihren Lebensplan.

Negative Einflüsse können diesen Lebensplan stören. Klänge können dann unter Umständen nicht mehr das für diese Zelle notwendige Farbspektrum anziehen, was zur Degeneration der Zelle führt. Wenn wir »Hu« summen, wird die Anziehungskraft der Zelle auf Farben stimuliert. Die Schallwellen »wecken« sozusagen den Lebensplan, sodass er sich auflädt und die Zelle erneuert. Dann können die genau auf den Lebensplan abgestimmten farbigen Strahlen wieder in die Zelle gelangen. So wird unserem Körper geholfen, sich zu regenerieren.

Das »Hu« verstärkt auch im Allgemeinen das Ein- und Ausströmen von Licht und Klängen durch die Körperzellen und erhöht unser Bewusstsein. Aber sobald wir unsere Aufmerksamkeit nach außen richten, ebben diese Energien weg. Allerdings bleibt trotzdem etwas von ihrer Wirkung in unserem Bewusstsein erhalten.

Wenn wir als Gruppe »Hu« summen, entsteht ein warmes Gefühl von Liebe und Einheit, wie Wellen himmlischer Klänge und weißen himmlischen Lichtes. Hierfür offen bleibend, tragen wir das den Tag hindurch in uns.

Summen und das Unbewusste

Wie wir durch das regelmäßige Üben merken, gibt uns unser physischer Körper die einmalige Chance, sowohl physische als auch unbewusste Bindungen loszulassen. Wir können das aber nur, indem wir unseren Verstand, unser denkendes Ich,

Gedanken und Gefühle und das Anhaften an Dingen und Besitz loslassen, aber auch die Erinnerungen an Erfahrungen, die Teil unseres Unbewussten geworden sind.

Das muss im richtigen Maß geschehen. Nur unsere Seele kann das, was in unserem Unbewussten liegt, ansehen. Wenn wir das jedoch tatsächlich tun, bleiben wir nicht länger an unser Dunkel gebunden.

Bevor wir tief genug losgelassen haben, machen wir oft eine harte Zeit durch. Nichts scheint gelingen zu wollen. Weder in unserem Privatleben noch in unserer Arbeit. Eigentlich in keinem einzigen Bereich unseres Lebens. Wir fühlen uns verwirrt und reagieren oft emotional. Doch während dieser dunklen Zeit lässt unser Unbewusste viel Negatives los, und schließlich erreichen wir eine neue, höhere Schwingungsebene, die uns ins Gleichgewicht bringt.

Wenn wir dabeibleiben, uns selbst anzuschauen, ohne Widerstand gegen diesen Prozess, und ihn als etwas betrachten, das zu unserem Erwachsenwerden gehört, können wir das ein oder andere leichter loslassen und den gesamten Verlauf beschleunigen. Danach fühlen wir uns dann von vielen Problemen befreit. Das Negative verschwindet. Wir erleben das innerlich in unserer Meditation oder in Träumen.

Andererseits brauchen wir längst nicht immer auf eine solche »dunkle Nacht unserer Seele« zu warten. Auch in unserer Meditation vom kosmischen Auge her begegnen wir unserem Dunkel. Und wenn wir erst mal akzeptieren, dass es da ist, gehen wir wahrhaftig und aufrichtig damit um. Auch in dieser Hinsicht hilft uns das Summen von Worten mit bestimmten Vokalen und Konsonanten. Es kann wie ein Schlüssel wirken.

Übung *Wir schließen unsere Augen und richten unsere Aufmerksamkeit auf das rechte Auge, dritte Auge und linke Auge. Diese drei Augen zusammen sind direkt mit der Epiphyse verbunden. Eine natürliche Verbindung, die lebendig wird und derer wir uns durch das regelmäßige Üben bewusst werden.*

Wir beginnen »Ah – Nohn« (aussprechen wie reimend auf »Sohn«) in der Ausatmung zu summen. Das wiederholen wir einige Zeit, während wir die Vokale länger anhalten.

Aaaah – noooohn, aaah – noooohn, und so weiter, immer wieder aufs Neue.

Wir atmen langsam durch unsere Nase ein und wiederholen das Summen von »Ah – Nohn« bis der Raum unseres Kopfes und der ganze Raum unseres Körpers davon erfüllt sind.

Das können wir täglich fünfzehn Minuten tun.

Es wirkt unglaublich reinigend und heilend und verbindet uns mit der Erde.

Es kann sein, dass vor unseren inneren Augen ein Stern in bläulichem Licht als Wegweiser erscheint. Ein Stern, der uns beschützt und helfen will.

Summen und mentale Blockaden

Mentale Blockaden sind meistens das Ergebnis miteinander verflochtener Probleme auf emotional-körperlichem Gebiet und verstandesmäßiger Art. So wie sie zum Beispiel entstehen, wenn wir einen zu schwierigen und ergebnislosen Appell an unseren Verstand richten, in dem Versuch, unsere Gefühle zu ordnen.

Um uns selbst zu helfen und die Probleme durch das Summen zu lösen, setzen wir uns ruhig und entspannt hin.

Übung *Wir atmen vom kosmischen Auge her weit rundum ein.*

Wir atmen aus mit »Ahh-Ohh-Mmmmm«.

Das »Mmmmm« halten wir an, bis wir wieder einatmen.

Wir atmen erneut ein und wiederholen diese drei Klänge fünf- bis neunmal.

Danach denken wir eine Weile, still durchatmend, in aller Ruhe über die Frage nach, was wir in uns verändern wollen oder müssen. Wir versuchen wahrhaftig einzusehen, was der Kern der Probleme in uns selbst ist. Zum Beispiel Eitelkeit, Eifersucht oder Misstrauen.

Dann arbeiten wir aufrichtig an der nötigen Veränderung.

Das »Ahh« öffnet unseren Verstand und unser Bewusstsein. Wir bekommen das Gefühl, weit zu werden, weit über die Grenze unserer Haut hinaus. Und alle Poren atmen mit.

Das »Ohh« verbindet unser physisches Bewusstsein mit unserer Seele. Durch unseren physischen Körper bemerken wir, dass sich unser Verstand umstellt.

Das »Mmmmm« hilft, eine klarere Zusammenarbeit zwischen unserem Verstand und unserer Seele zu ermöglichen.

Solche Wirkungen des Summens zu erleben und dies alles so deutlich wahrnehmen zu können, setzt voraus, dass wir regelmäßig üben und uns wach einfühlen.

Aber selbst wenn wir nur Teile dieser Veränderungen in uns fühlen, tut uns das schon gut. Und es stimmt uns dankbar, dass es uns Ruhe und eine gewisse Klärung gibt, die uns auf unserem inneren Weg weiterbringen.

21 Illusion und Wirklichkeit

Wenn wir uns der Erde, der Sonne, des Mondes, der Planeten und Sterne bewusst werden, sehen wir die Wirklichkeit als sehr groß an. Wir erfahren das Universum als riesig, unendlich breit und weit, auch weil es schon seit Millionen von Jahren besteht.

Wir müssen uns jedoch von der Illusion freimachen, dass diese Welt so groß ist, sonst wird es für uns sehr schwierig, zu wirklich großen und ausgedehnten Welten zu reisen. Zu diesen wirklich ausgedehnten Welten, die *in uns* liegen.

Manchmal sehen wir einen Schimmer von diesen Welten und sind dann tief beeindruckt und denken »jetzt habe ich den Kosmos erfahren«. Alles scheint verwandelt zu sein, alles ist überraschend und wundervoll! Aber was ist wirklich passiert? Wir haben den Schimmer von einer Welt erlebt, die hinter unserer Welt liegt. Und wir sind nicht einmal ein Teil dieser Welt, geschweige denn in ihrem Einflussbereich.

Der Begriff »kosmisches Bewusstsein« klingt schön. Wir denken dabei an Bilder von Unendlichkeit, an unbegrenzte Welten, die so schön sind, dass wir keine Worte für sie finden. Aber das ist nichts weiter als eine kleine Veränderung unseres subjektiven Zustandes, in den wir eintauchen.

Wir atmen ein und aus, und es zeigt sich, dass sich nichts verändert hat, außer dass wir unserer Erfahrung eine weitere Dimension hinzugefügt haben. Anstelle der flachen Welt, in der wir leben, haben wir etwas mehr Tiefe gesehen. Durch die Perspektive, die wir soeben entdeckt haben, ist alles so verändert und transformiert, dass wir denken, es sei Wirklichkeit. Und wir folgern daraus, dass sich uns alles offenbart habe.

Immer wieder gibt es Menschen, die diesen Fehler machen. Sie glauben an den einen Schimmer, den sie erfahren haben und sind damit zufrieden. Aber die Wirklichkeit ist anders. Denn um in diese unendliche Welt hineinzugehen, muss man etwas opfern, etwas preisgeben. Und man kommt beim Hineingehen in diese Welt in eine andere Kraft. Man erfährt die Kraft Gottes.

Dann wird das Leben hart, weil wir uns ausgeschlossen fühlen. Denn wir nehmen jetzt alles als unsicher, begrenzt und bedingt wahr. Noch schlimmer und unerträglicher fühlt es sich an, wenn wir begreifen, dass das kosmische Bewusstsein uns nichts gegeben hat. Dass wir eigentlich dieselben geblieben sind wie die, die wir vorher waren. Und damit beginnt unser Leiden. Denn wir merken, dass wir nicht in der Lage sind, die zu sein, die wir zu sein dachten.

Das Einzige, was wir dann tun können, ist quer durch diese Dunkelheit hindurch zu gehen, in dem Bewusstsein, dass kosmisches Bewusstsein nichts darstellt. Das Zurückgehen zu unserer Quelle, zu unserem kosmischen Auge, ist unsere einzige Hilfe dabei. Wir müssen alles loslassen, alle Bindungen an unseren Körper, also unabhängig werden von unseren körperlichen Erfahrungen, und loskommen von aller äußeren Unterstützung.

Es ist so, als ob wir sterben. Erst dann kommen wir zur Kraft. Dann erst wirkt die göttliche Kraft durch uns hindurch.

Manche Menschen stellen sich vor, dass es ein gutes Gefühl sein muss, gereinigt zu sein, frei von Egoismus und keine Fehler mehr zu machen. Aber das kommt nicht von alleine und auch nicht ohne Leiden. Und doch gibt es keinen anderen Weg. Ich kenne selbst den Weg und habe immer viel Respekt vor denjenigen, die den Sprung kopfüber in die Tiefe wagen. Ergriffen von der Kraft und bereit, sie auf sich wirken zu lassen. So sehen wir den Schimmer von etwas anderem.

Bis dahin war Liebe nur ein Wort. Jetzt scheint es ein Wort zu sein, das wir falsch verstanden hatten oder gar nicht kannten. Erst jetzt sehen wir die Gnade, das göttliche Erbarmen, das uns bis hierher – in Gottes Gegenwart – gebracht hat.

Nur wenige Menschen schaffen es, bis zu diesem Punkt zu kommen. Aber es ist diese Erfahrung, die uns fest im Leben stehen lässt, uns Sicherheit gibt und das Bewusstsein, wie wertvoll das ist. Und wenn wir dann wieder denken: »Jetzt habe ich etwas erobert, jetzt bin ich neu geboren, von den Toten auferstanden«, dann sind wir doch immer noch dieselbe Person, die nicht wirklich starb. Und wir merken, dass wir uns selbst etwas vormachen.

Beim ersten Mal taten wir das schon, als wir an Bilder und ekstatische Erfahrungen glaubten, an ein vorübergehendes Aufblühen von kosmischem Bewusstsein, das die vollständige Transformation von allem sein sollte.

Und jetzt, beim zweiten Mal, tun wir es wieder, wenn wir denken, in uns selbst Tod und Auferstehung erfahren zu haben und dass jetzt wirklich etwas in uns geschieht.

Wir sehen dann nicht, dass das eine sogar noch tiefere Illusion ist! Nur wenn wir in der Lage wären, uns selbst von der Illusion zu befreien, dass wir aus uns selbst heraus etwas sehen können, würde sich alles verändern. Dann erleben wir für einen Moment, dass da ein völlig anderer Gott ist als der, von dem wir träumen.

Durch das Üben und Meditieren erfahren wir, dass wir gereinigt werden, dass wir also von Dunkelheit und von Kummer befreit werden. Wir sind offen zwischen Erde und Himmel und alles strömt. Aber das heißt noch nicht, das wir die Idee bekommen, dass alles verändert ist. Und dass wir erleben, dass da ein völlig anderer Gott ist, als wir es uns je vorgestellt haben.

Es ist total anders. Wir können gar nicht mehr darüber sprechen, auch nicht über eine Kraft, die zu dieser Erfahrung gehören würde. Denn in dieser Erfahrung ist alles verschwunden, nicht nur wir selbst, sondern auch die Welt und Gott.

Wie ist so etwas möglich? Wir haben Augen und Ohren und noch so viel mehr, um wahrzunehmen. Wir haben auch ein Gehirn, um über diese und andere Welten nachzudenken. Und wir erschaffen uns damit Bilder und Strukturen, aber wir sehen nicht, dass sie zur diesseitigen Welt gehören. Alles, was wir denken, fühlen, wissen, sehen und hören, entstammt unserem Gefangensein innerhalb dieser Welt. Unser menschlicher Intellekt ist ein völlig unzureichendes Instrument, um das, was geschieht, wirklich zu verstehen.

Erst wenn wir unsere spirituellen Möglichkeiten nutzen, um diese andere Wirklichkeit zu erfahren, lernen wir, uns dafür zu öffnen. Das ist nicht einfach. Nichts liegt fertig da, um von uns benutzt zu werden. Und unsere spirituelle Natur ist mit Egoismus belastet, mit unseren Illusionen, unserem scheinbar begrenzten Dasein und unserem Haften an Äußerlichkeiten. All die wirklichen Dinge sind aber von geistiger, nicht von physischer Art.

Wenn wir so sehen, wie es um uns steht, beginnt das Leben. Die Wirklichkeit ist so etwas Besonderes, dass alles andere nicht mehr zählt. Unser Geist ist wach gerüttelt und mehr als alles andere wollen wir weitergehen. Schließlich, nach vielem Loslassen, uns selbst aufrichtig und bis ins Kleinste reinigen, ist es möglich, dass wir in unsere tiefste Tiefe kommen. Zu unserer Quelle, aus der wir auch hervorgegangen sind.

Jeder Mensch hat das Recht, wahrscheinlich auch die Pflicht und die Notwendigkeit, an einer eigenen inneren Erkundung zu arbeiten. So wie es für ihn stimmt. Denn Inspiration ist kein geheimnisvolles Phänomen, sondern eine für unseren Körper wirklich elementare Qualität. Inspiration ist der schöpferische Atem, der unseren Körper formt und am Leben hält. Dieser Atem ist sehr reell. Er trägt unsere Handlungen und die Art, in der wir uns offenbaren. Er enthüllt, wer und was wir sind.

Deshalb ist es so wichtig, dass wir uns immer wieder auf unseren Atem konzentrieren. Und aus diesem Grund möchte ich es hier noch einmal anleiten.

> Wir legen unsere Hände auf unsere Beckenschale, etwas oberhalb des Schambeins. Genau drei Fingerbreit über dem Schambein gehen wir weit und tief nach innen und öffnen zwischen dem zweiten und dritten Kreuzbeinwirbel unser kosmisches Auge, sodass unsere Schale und ihr Boden durchstrahlt werden und in Energie transformieren. Wir nehmen dann den Atem bewusst wahr, ohne ihn zu verändern.
> Das kosmische Auge ist, als »kleines Kreuz« im großen atmenden Kreuz, unsere Quelle, von der aus wir ganz und eins werden. Oben und unten, innen und außen, das Männliche und das Weibliche kommen zusammen. Von diesem Punkt her lassen wir kosmische Energie, Chi, Ki oder Prana, in uns zu. Wir atmen weit rundum ein und in der Ausatmung lassen wir zur Erde hin los, empfangen himmlisches Licht von über uns, das uns in der ganzen Längsrichtung und durch den Kreuzpunkt hindurch nach unten durchströmt.
> Indem wir in dieser Weise aufmerksam in der Bewegung des Atmens mitgehen, lernen wir unseren Körper als unser irdisches Haus kennen,
>
> im Öffnen und Schließen,
> uns loslassen und erneut finden,
> uns fortwährend verändern,
> innen und außen verbinden,
> uns reinigen und
> uns selbst helfen, unser Dunkel, unsere Fehler,
> und alles, was uns einschränkt,
> loszulassen.

Dann fühlen wir uns wach, erneuert, gereinigt, energievoll, entspannt, konzentriert und als eine Einheit in uns selbst. Wir fühlen, wie unser Schulterbereich losgelassen hat und wir in der Tiefe des Beckens anwesend sind.
Und dass unser Denken und Fühlen in der Tiefe eins geworden sind.
Und dass auch wir neu und eins sind, wenn wir einatmen.
Das geschieht, wenn wir in der richtigen Weise und bewusst atmen.

Wenn wir uns diese Art des Atmens zu Eigen gemacht haben, egal ob wir liegen, sitzen, gehen oder stehen, dann erleben wir deutlich unser Verwurzeltsein in der Erde, in unserem neunten Chakra. Und dass sich gleichzeitig das achte Chakra zum Himmel hin öffnet, sodass wir offen sind zwischen Erde und Himmel. Eine Einheit, aus der heraus wir auch für andere heilend da sind.

Und gleichzeitig richtet sich unsere Aufmerksamkeit auf das, was in unserem Körper vor sich geht. Dadurch, dass wir die Signale und die Art und Weise, auf die unser Körper reagiert, deutlicher wahrnehmen, lernen wir, unsere Gefühle zu äußern. So werden »verlorene« Empfindungen wieder sichtbar und genauso Erinnerungen, Assoziationen und Phantasien.

Das kann für Menschen, die ihr ganzes Leben lang nicht über ihren Körper sprechen konnten, eine große Hilfe sein. Für sie war der Körper möglicherweise tabuisiert oder es gab kaum jemals liebevolle körperliche Berührungen. Das erfordert auch vom Therapeuten eine große Empfindsamkeit für körperliche Erfahrungen und Reaktionen. Im tiefen und bewussten Arbeiten an sich selbst steht man dann auch vor neuen Aufgaben. Denn wir sind einerseits unmittelbar und gefühlsmäßig stark betroffen, obwohl es andererseits oft notwendig ist, einen gewissen Abstand zu halten.

Durch das Besprechen körperlicher Erfahrungen bekommt das emotionale Erleben Struktur. Bei dieser Körpertherapie offenbaren sich manchmal unbewusste Traumen, durch die sich eine anfänglich gestellte Diagnose auch noch verändern kann. Vom Therapeuten wird also verlangt, sich selber gut vorzubereiten und sich von eigenen Spannungen und Emotionen zu befreien.

Das heißt, die Füße gut zur Erde hin offen halten, damit sich der Kopf zum Himmel öffnet und die Energie in Harmonie, in und um uns herum und auch auf den Klienten gerichtet strahlt.

Der Klient lernt dann, sich auf seine Atmung zu konzentrieren, in bestimmten Räumen und Organen anwesend zu sein und in sich selbst abzutasten. Wir zeigen ihm durchzustrahlen, loszulassen und zur Erde hin oder durch die offenen Poren seiner Haut nach außen abzugeben und wie er dabei innerlich mitgehen kann. Ergänzend gibt es die Möglichkeit, unsere Aufmerksamkeit dem Senden von Energien in eine bestimmte Richtung, zu einem besonderen Ort hin zu widmen.

> Aber über all dem ist da noch das Durchstrahlen von rechts nach links. An unserer Yang-Seite, unserer Sonnenseite, empfangen wir durch die rechte Schulter Sonnen-Energie. Dadurch öffnet sich die ganze rechte Seite unseres Körpers und lässt diese Energie durch den ganzen Raum unseres Körpers nach links durch und durch die linke Seite nach außen ins Kosmische hinein, ungefähr 40 cm oder weiter.
> Der Vollständigkeit halber erwähne ich hier auch noch einmal den »Mond von links«. Wir tun das, wenn wir abends schlafen gehen, oder auch am Tage, wenn wir zum Beispiel eine schlechte Nachricht oder einen Schock zu verarbeiten haben oder einen Wutausbruch hatten oder erschöpft sind. Dann gehen wir auf dieselbe Weise

wie oben beschrieben, nur von links nach rechts durch uns hindurch, bis mindestens 40 cm über die Haut an unserer rechten Seite nach außen. Wir empfangen dann Yin-Energie, die Mond-Energie.

Dann lernen wir deutlich zu fühlen, ob die Energie in uns im Gleichgewicht ist und können auch das selbst beeinflussen, während wir die Energie vom Himmel her zum »Nasenpunkt« auf unserer Nasenspitze und dann weiter mitten durch die Vorderseite unseres Körpers empfangen, durch die Mitte des Kinns, unsere Halskuhle, über den Unterrand unseres Brustbeins zu unserem Nabel, und von dort aus zur Mitte des Schambeins, unserem untersten Steißbeinwirbel, durch die Mitte der Kniegelenke, mitten durch die Fußchakren und mittleren Zehen zur Erde hin, mindestens 40 cm unter den Fußsohlen.
Das verändert und transformiert uns, macht uns ganz und vertieft uns, wenn wir dabei vom kosmischen Auge her atmen. Von der Stelle zwischen dem zweiten und dritten Kreuzbeinwirbel, wo Ein- und Ausatmung einander kreuzen. Hier ist auch der Punkt, in dem das mit der Ausatmung durch den Scheitel einströmende weiße Licht gebrochen wird.

Man fragt mich gelegentlich: »Aber wenn ich dann voller strahlender Energie bin und ich sitze in der Gruppe oder zum Beispiel bei einem Kranken zu Besuch, dann fühle ich all die Energie aus mir wegströmen. Was kann ich da machen?«
Dafür hilft die folgende Übung.

Übung *Wir beginnen immer mit dem Ein- und Ausatmen zwischen Erde und Himmel und Himmel und Erde, wodurch die Wurzeln des Baumes, der wir innerlich sind, kräftig in die Erde wachsen. Ihre Kraft strahlt regelrecht nach oben durch die Innenknöchel, Beine und Leisten zum letzten Steißbeinwirbel, geht durch die Steiß- und Kreuzbeinwirbel, Lenden-, Brust- und Halswirbel und dann durch den Scheitel zu unserem Himmel, 40 cm über unserem Kopf. Von daher entfaltet sich eine mächtige Krone, wie die eines Baumes mit unzählbar vielen Blättern.*

Aus allen Blättern funkelt reine, starke Energie, die durch die Wirbelsäule zurückstrahlt, unseren ganzen Körperraum füllt, alle Körperzellen transformiert und weiter strömt durch die Beine und Füße zu unserer Erde hin, 40 cm unter den Fußsohlen. Das wiederholen wir aufmerksam mindestens fünfzehnmal, immer mitgehend.

Wir sind der große, kräftige Baum, nicht nur groß und kräftig zwischen Erde und Himmel, sondern auch rundum rund und weit.

Nun schauen wir vom rechten Auge her, dem heilenden und mit reinigender Kraft durchstrahlten Auge, das unsere rechte Körperhälfte öffnet, unsere männliche, aktive Seite, die mit der linken Gehirnhälfte verbunden ist.

Unsere beiden Gehirnhälften haben nämlich auch beim Sehen sich ergänzende Funktionen. Dadurch ist klar ersichtlich, dass der Gebrauch von nur einem Auge ein verkleinertes, unvollständiges Bild der Wirklichkeit ergibt.

Um ein gesamtes und vollständiges Bild von der Welt um uns herum zu bekommen, müssen wir lernen, tatsächlich mit beiden Augen zu sehen. Erst dann öffnen sich unsere beiden Körperhälften mit und werden mit Energie versorgt.

Das geschieht, wenn wir das vergrößerte rechte Auge benutzen. Es entsteht, indem wir Yang-Energien von rechts her zulassen,

von mindestens 40 cm außerhalb unseres Körpers,
durch die Stelle, die einen Fingerbreit über der rechten Ohrmuschel liegt,
durch die rechte Schläfe,
zum rechten Auge und da hindurch,
durch die Nasenwurzel zum linken Auge und dort hindurch,
durch die linke Schläfe zu der Stelle über der linken Ohrmuschel
und da mindestens 40 cm nach außen.

So wird alles geöffnet, verbunden und durchstrahlt. Aber auch ins Gleichgewicht gebracht, zu einer Ganzheit.

22 Das Christuskind in uns

Um dieses Kapitel zu seinem Recht kommen zu lassen, möchte ich von Herzen bitten, vor dem Lesen des zweiten Teils die folgende Übung zu machen. Eine Übung, in der wir unser Dunkel ansehen und uns verbunden wissen können mit allem, was ist.

Übung *Während wir uns hinlegen und unsere Wirbelsäule bewusst abrollen und jeden Wirbel durch die Haut hindurch Kontakt mit der Erde aufnehmen lassen, fühlen wir uns vom kosmischen Auge her rundum rund werden.*

Liegend nehmen die meisten Menschen deutlicher wahr, was sich in ihnen verändert. Ihr Dunkel, ihr Verschlossensein, ihre Müdigkeit, ihren Schmerz, verdrängten Kummer und Ärger, alles, was negativ ist.

In der Verbindung unseres kosmischen Auges mit dem vergrößerten rechten Auge nehmen wir das unbegrenzt Weitwerden unserer Schale wahr. Ihren Boden, unsere geöffneten Leisten, die Räume unserer Beine und unserer Füße, die tief zur Erde hin offen sind, zum neunten Chakra, etwa 40 cm an unseren Fußsohlen vorbei.

Dann entsteht von unserer Schale her eine große Kugel von Energie, stark strahlender Energie zwischen kosmischem Auge und neuntem Chakra. Diese Kugel spiegelt nach oben, wie eine zweite Kugel vom kosmischen Auge her bis ungefähr 40 cm über unserem Kopf.

Die beiden Kugeln werden eins.

Unser Körper ist von einer stark strahlenden Aura umgeben, die uns stärkt, heilt, beschützt und zu einer Einheit werden lässt.

In dieser Aura atmen wir ein und aus zwischen Erde und Himmel und Himmel und Erde. Durch uns hindurch entsteht ein breiter Weg von strömendem Licht.

Innerlich folgen wir dem Licht durch uns hindurch, voller Aufmerksamkeit.

Jetzt konzentrieren wir uns auf ein Dreieck, dessen Spitze im zweiten Brustwirbel liegt und mit der Thymusdrüse verbunden ist. Zusammen bilden sie ein Chakra in Yang-Energie.

Die Schenkel dieses Dreiecks gehen jeweils zum Milz- und zum Leberchakra, die beide ebenfalls in Yang-Energie sind.

Die Basis des Dreiecks liegt zwischen Leber- und Milz-Chakra, wobei die Milz als Organ ein Chakra ist und das Leber-Chakra zwischen dem unteren Ende des rechten Schulterblattes und der Wirbelsäule liegt.

Wir konzentrieren uns auf dieses Dreieck, das warm und lebendig in goldenem Licht ausstrahlt. Nehmen wir das Licht nicht wahr, so erfahren wir dennoch die starke, warme Energie.

Wir machen uns bewusst, was in unserem Körper geschieht. Spannung, Krampf und Schmerz lösen sich auf. Unsere Organe werden runder, der Raum im Dreieck wird grenzenlos und unser ganzer Körper verändert sich mit.

Nun legen wir den Zeigefinger unserer rechten Hand auf den ersten Punkt des Herz-Meridians und strahlen in Richtung Brustbein. Die Strahlung dieser Fingerspitze geht durch unser Herz und nimmt auch unsere Wirbelsäule mit. Und auch den Raum zwischen der Wirbelsäule und der Haut unseres Rückens dahinter.

Wenn unser Herz warm und tief entspannt ist, strahlt die Energie durch zur Milz, die die »Mutter des Herzens« ist. Es bildet sich in Verbindung mit unserem Leberchakra ein zweites Dreieck in Sonnen-Energie, Herz – Milz – Leberchakra.

Dann öffnet sich das mystische Herz in einem wunderschönen zarten, goldenen Licht.

Wir erleben dann wirklich in uns selbst, was Jesus zu Nikodemus, einem Pharisäer, der nachts zu ihm kam, sagte (Johannes-Evangelium 3,1-7): »Wahrlich, wahrlich ich sage dir: Es sei denn, dass jemand von neuem geboren werde, so kann er das Reich Gottes nicht sehen.«

Da fragte Nikodemus: »Wie kann ein Mensch geboren werden, wenn er alt ist? Kann er denn wieder in seiner Mutter Leib gehen und geboren werden?«

Jesus antwortete: »Wahrlich, wahrlich, ich sage dir: Es sei denn, dass jemand geboren werde aus Wasser und Geist, so kann er nicht in das Reich Gottes kommen. Was vom Fleisch geboren ist, das ist Fleisch; und was vom Geist geboren ist, das ist Geist. Wundere dich nicht, dass ich dir gesagt habe: Ihr müsst von neuem geboren werden.«

In diesen Sätzen verbirgt sich ein großes Geheimnis.

In der alten Einweihungslehre werden vier Grundelemente dieser Welt unterschieden. Die Erde, das Wasser und die Luft, die wir mit unseren fünf Sinnesorganen wahrnehmen können, aber auch das Feuer, das in die ätherischen Bereiche übergeht, das heißt, in die feinstofflichen Schichten des Körpers. Feuer und Licht bestehen aus ganz feiner, subtiler Materie.

In der Symbolik stellt Wasser den ursprünglichen Stoff, also Materie dar, und das Feuer den Geist. Wasser und Feuer zusammen können uns eine fruchtbare Energie geben, ein neues Ganzes. So wie

Materie und Geist,
weiblich und männlich,
Mann und Frau zusammen ein Neues entstehen lassen:
das Kind.

Das Kind hat Herz (weiblich) und Intellekt (männlich), es kann geben und nehmen.

In der göttlichen Welt symbolisiert das Wasser die Liebe und das Feuer die Wahrheit. Die beiden zusammen leiten zur Wahrheit der Geburt Jesu, durch die ein neues Bewusstsein entsteht. Jesus war nicht nur eine historische Gestalt, sondern auch ein Symbol für zahlreiche Wirklichkeiten im spirituellen Leben. In der Mystik wird er »Christus« genannt, was »höheres Selbst« bedeutet.

So ist die Idee entstanden, dass wir Menschen das Christuskind in uns empfangen, in unserem gereinigten, strahlenden mystischen Herzen, das sich so

> mit seinem höherem Selbst vereinigt,
> den Heiligen Geist empfängt,
> eins wird mit dem Kosmischen.

Alles drei sind Aspekte von ein und demselben Prinzip. Von dem, was ich immer das »kosmische Meer« nenne, in dem alles lebt und sich bewegt, auch in und durch uns. Das, was wir auch durch unsere Nasenlöcher loslassen, durch die geöffneten Finger- und Daumenspitzen, durch unsere Füße und Zehenspitzen und durch die offenen, mitatmenden Poren unserer Haut. So werden wir auch in der Einatmung mit kosmischer Energie genährt, mit der feinsten Energie, der Urenergie.

In diesem kosmischen Meer von Energie wohnen Gott der Vater, die Mutter, der Sohn und der Heilige Geist. Wir können sagen, dass wir durch Gott bestehen, aber eigentlich leben wir nur durch eine Substanz, die von Ihm ausgeht, so wie Fische im Ozean.

Das Licht, das wir auf der Erde mit unseren körperlichen Augen wahrnehmen, ist nur ein schwacher Abglanz des Lichtes, mit dem Gott alles geschaffen hat. Dieses Licht besteht aus verschiedenen feinstofflichen »Schichten«, die immer subtiler werden.

Die erste Geburt, die körperliche »vom Fleische«, ist allen bekannt.

Auch die zweite Geburt kann nur durch eine Befruchtung zustande kommen, aber diese findet in einer anderen Welt statt. In der spirituellen Welt, in der der Geist eins wird mit reinem Stoff, also Materie, und in der wir in einer anderen Dimension leben und arbeiten.

Aus der Einswerdung von Seele und Geist in einem gereinigten Körper wird ein neues Bewusstsein geboren, das sich als inneres Licht offenbart. Das Dunkel verschwindet und eine intensive innere Wärme strahlt durch uns hindurch, wodurch wir uns nie mehr einsam fühlen.

Durch das Strömen der Energien durch uns hindurch, erfüllt mit einer Freude, die uns niemand nehmen kann, wissen wir uns tief verbunden mit allen Seelen, die mit uns Teil dieser kosmischen Unendlichkeit sind.

Das nennt man die Geburt des Christus in uns.

In Indien nennt man es das Buddha-Bewusstsein.

Dieses Öffnen unserer selbst und das bewusste Fühlen, dass wir an dieser kosmischen Unendlichkeit teilhaben, ist für uns unvergesslich. Mehrere Male habe ich es erleben dürfen. In akuten Notsituationen, aber auch in Zeiten schlimmen Krankseins, aus denen ich gesunden und mit mehr Verständnis und Einsicht weitergehen durfte.

Ich erfahre es immer wieder deutlich als ein Aufwachen in einer göttlichen Welt, in einem goldenen Licht. Und als Gegenwart einer helfenden Kraft, die mich unterstützt, erleuchtet und beschützt.

Wir alle, die wir miteinander auf dem Weg sind, haben die Aufgabe, einen anderen, vergeistigten Körper zu entwickeln, durch den diese zweite Geburt möglich wird. Durch das Üben und die Meditation fügen wir diesem Körper neue Baustoffe hinzu. Wir arbeiten jetzt schon Jahre daran und achten mit voller Aufmerksamkeit auf unsere Gedanken, Gefühle und Handlungen. Auf unser Loslassen und das »Neu-entstehen-Lassen«, auf unsere Transformation und die Christusenergie, sodass wir uns mit feinstofflichen, leuchtenden Energien nähren.

Wenn wir bemerken, dass etwas nicht stimmt, lassen wir los, was nicht in uns gehört und fahren wieder mit dem Aufbau fort, ruhig, mit Geduld und ohne Gewalt.

Dann strahlt unsere Aura wieder aus, wie ein Schleier von Licht rund um uns.

23 Die neun Körper des Menschen

Das menschliche Energiefeld nennen wir »Aura«. Es ist eine lateinische Bezeichnung, die »Luftstrom«, »Atem« oder »Duft« bedeutet. Die Aura ist ein leuchtender Körper, der unseren physischen Körper umgibt und ihn mit einer eigenen Ausstrahlung durchdringt. Sie ist ein Teil des kosmischen Energiefeldes. Wenn wir vom kosmischen Auge her leben und sind, von daher ein- und ausatmen, erfahren wir sie bewusst.

Die Aura setzt sich aus verschiedenen Schichten zusammen. Deshalb kann man auch von mehreren Auren oder Energie-Körpern sprechen, die einander durchdringen und umhüllen. Sie sind jeweils feinstofflicher und von höherer Energiefrequenz als unser physischer Körper.

Unser Selbst ist natürlich multidimensional, aber wir halten uns für diese Betrachtungen an die sieben Körper, die wir als Mensch haben. Sie sind unter verschiedenen Namen bekannt. Ich nenne sie den physischen, den ätherischen, den astralen, den mentalen, den spirituellen, den kosmischen und den nirwanischen Körper.

Aus anderen Richtungen gibt es auch die Bezeichnungen physischer, ätherischer, emotionaler, mentaler, astraler, kausaler (ätherisch-kausaler), universaler und ketherisch-kausaler Körper. Wir sehen also, dass es mehrere Begriffe für ein und dasselbe Wunder gibt.

Unser physischer Körper ist in der westlichen Tiefenpsychologie auch als das Bewusste bekannt, der ätherische als das Unbewusste und der astrale als das kollektive Unbewusste.

Wir wollen, um unser Verständnis hiervon zu vertiefen, zunächst zum menschlichen Energiefeld zurückkehren und versuchen, vom kosmischen Auge her dem Energiestrom zu folgen und der Richtung, die diese Energie nimmt.

Eines der ersten Dinge, die wir damals in den Meditationsgruppen in Banneux (Belgien) taten, war das Sitzen in einem Kreis, einander an den Händen haltend, um die Energie im Kreis strömen zu lassen, und dabei das Verbundensein in der Gruppe zu erleben. Wir ließen die Energie dreimal rechtsherum gehen und dann genauso oft linksherum und nahmen uns danach die Zeit, in uns selbst nachzuspüren, was sich verändert hat. Ob man sich besser, verbundener und offen im Hinblick auf die Gruppe fühlt.

Nach der Kreisform setzten wir uns zu zweit einander gegenüber, fassten einander erneut bei den Händen, atmeten vom kosmischen Auge her ein und aus und erfuhren dann, wie eine Einheit entstand. Erst gaben wir einander Energie durch die rechte Hand, dann durch die linke und schließlich mit beiden Händen.

Hierbei ging es immer darum, die Verbindung von Schale zu Schale, von kosmischem Auge zu kosmischem Auge zu fühlen. Wir visualisierten dabei auch verschiedene Farben und summten verschiedene Mantren auf unterschiedlichen Tonhöhen. Es wurde dann licht und transparent im Raum und sehr still.

Dann ließen wir unsere Hände wieder los und hielten sie zuerst fünf, dann acht, dann zehn, fünfzehn, zwanzig bis fünfundzwanzig Zentimeter voneinander entfernt und bewegten sie langsam hin und her, während wir unsere Augen geschlossen hielten. Zueinander hin und wieder weiter auseinander, bis wir fühlten, dass wir mehr Kraft einsetzen mussten, um sie erneut zusammenzubringen.

Wir schließen unsere Augen und halten unsere Hände so wie gerade beschrieben. Durch ruhiges Ein- und Ausatmen vom kosmischen Auge her ist die Energie zwischen unseren Händen strahlend und wir fühlen, wenn wir aufmerksam sind, bei einem Abstand von fünf bis acht Zentimetern unseren physischen und unseren ätherischen Körper als eine Einheit. Befinden sich unsere Hände zehn bis zwölf Zentimeter voneinander entfernt, dann ist auch noch der astrale Körper mit einbezogen.
Im Aufeinanderzubewegen unserer Hände wird fühlbar, dass die Außenseite des astralen Körpers die Oberfläche der Haut unserer linken Hand mit dem Energiefeld unserer rechten Hand berührt. Wenn wir die rechte Handinnenfläche dann noch etwas näher an die linke Hand bringen, fühlen wir die Energie des Feldes der rechten Hand sogar durch den Rücken der linken Hand kommen und durch die linke Hand hindurchstrahlen.
Dabei atmen wir vom kosmischen Auge her immer ruhig ein und aus. Wenn wir auf diese Weise wach und offen sind, erfahren wir die Strahlung unserer linken Hand sich durch unserem ganzen Körper hindurch spiegelnd. Wenn wir mit unserem vergrößerten rechten Auge wahrnehmen, kommt diese Strahlung sogar bis in unsere linke Gehirnhälfte.

Ruhig, auf meditative Weise und unsere Augen noch immer geschlossen, ziehen wir uns dann in uns selbst zurück, in unsere Schale und in unser kosmisches Auge, und spüren nach. Wie fühlen wir uns?
Wir nehmen deutlich wahr, dass in unserem Körper mehr Raum ist und unsere Haut mitatmet.
Dann atmen wir bewusst durch unsere Füße zur Erde hin aus und öffnen unsere Augen. Wir recken uns und gähnen einmal.

Diese Übungen sind grundlegend beim Heilen. Aber wir lernen durch sie auch immer mehr über die verschiedenen Energieebenen, die Verbindung dieser Ebenen untereinander und mit den Chakren und dem Heilfaden in unserem Rückenmark.

Der Heilfaden ist ein vertikaler Energiestrom, der sich auf und ab bewegt, sich nach oben ausbreitet, über unseren Kopf hinaus und pulsierend wieder nach unten strömt bis über den fünften Steißbeinwirbel hinaus.

Die Chakren liegen wie wirbelnde kegelförmige Räder im Energiefeld dieses Heilfadens, mit spitz zulaufenden oberen Enden am Faden und mit ihren offenen Seiten an den Grenzen der betreffenden Bereiche oder Strahlungsfelder, an die sie angeschlossen sind.

Wer durch regelmäßiges Üben und Meditieren gelernt hat, seine Wahrnehmung zu vertiefen und nach innen zu schauen, kann kaum glauben, was für ein Wunder sich in uns vollzieht. Wir gehen dann sehr ehrfürchtig mit unserem Körper um, uns seiner ständig bewusst. Und zwar nicht nur von der Außenseite, die wir normalerweise wahrnehmen, sondern auch von innen, von unserer Schale, insbesondere vom heiligen Dreieck her, das aus dem untersten Steißbeinwirbel und den beiden Sitzknochen gebildet wird. Dort müssen wir so sehr in uns zu Hause sein, dass wir zu allen Zeiten, auch beschäftigt mit Alltäglichem und mit geöffneten Augen, dort anwesend sind.

Der erste und der zweite Körper

Wenn wir mit unseren physischen Augen unsere Außenseite anschauen, sehen wir uns so, wie wir für andere aussehen.

Durch unsere innere Erfahrung wissen wir, dass das ein unvollständiges Bild ist. Unsere Außenseite ist in gewissem Sinne etwas Objektives, etwas Öffentliches. Eigene persönliche Erfahrung dagegen, wie das Einfühlen in uns selbst und das bewusste Lernen, unsere inneren Räume zu bewohnen, lässt uns weitere Dimensionen von uns selbst erkennen.

Nur auf diese Weise nehmen wir den zweiten Körper wahr, den ätherischen.

> Versuchen Sie einmal mit geschlossenen Augen die Farbe Violett ein- und auszuatmen. Und sehen Sie dann mit dem dritten Auge in Verbindung mit dem kosmischen Auge den vergrößerten Raum von physischem und ätherischem Körper zusammen als Einheit. Und die violettfarbene Energie, die beide umhüllt und von beiden ausstrahlt.

Nicht nur der physische Körper, sondern auch die Körper um ihn herum haben eine Innen- und eine Außenseite. Es gibt eine, allerdings durchlässige, Grenze um sie herum.

Der ätherische Körper, Ätherkörper oder Ätherleib ähnelt einer Rauchwolke, es sei denn, wir atmen vom kosmischen Auge her. Von unserer lichterfüllten Schale her strahlt und vibriert er. Wer vertieft wahrnehmen kann, sieht Emotionen, Licht und Dunkel, aber auch deutlich sich annähernde Krankheiten im ätherischen Körper.

Der erste Körper, der physische, besteht aus festem Stoff, aus Materie, der zweite nicht. Wenn der physische Körper plötzlich oder unvorbereitet stirbt, bleibt der ätherische ungefähr noch vierzehn Tage am Leben und reist dann mit uns mit.

Auf Friedhöfen habe ich mehrere Male gesehen, wie spiritusblaue Flämmchen des ätherischen Körpers um gerade geschlossene Gräber flackerten. Wenn wir unseren zweiten Körper kennen lernen, während der erste noch lebt, erleben wir das Weiterleben nach dem physischen Tod bewusst mit. Dieser zweite Körper kann also den ersten Körper verlassen. Beispielsweise kann er während einer Meditation nach oben oder nach unten gehen, so als ob die Schwerkraft auf den Meditierenden keinen Einfluss hätte und er von der Erde abheben würden. Wer das erlebt, merkt beim Öffnen der Augen, dass er noch genauso auf dem Boden sitzt wie vorher. Und man ist sich sofort bewusst, die ganze Zeit so gesessen zu haben.

Das Gefühl, abzuheben, kommt aus dem zweiten Körper. In ihm erleben wir eine Freiheit, die der erste nicht kennt. Übrigens geschieht dieses Abheben nicht, wenn wir vom kosmischen Auge und der Tiefe unserer Schale her meditieren. Weil wir dann gut und fest in der Erde verwurzelt sind!

Ungefähr drei Viertel aller Krankheitsfälle kommen vom zweiten Körper her. Von hier breitet sich eine Krankheit später auf unseren ersten Körper aus.

Negative Gedanken und dunkle Emotionen haben Einfluss auf den ätherischen Körper. Er übernimmt sie wie eine Suggestion. So wird zum Beispiel projizierter Schmerz verursacht. Umgekehrt können wir aber auch bewusst und konzentriert in den Raum des physischen Körpers hineingehen und uns Licht darin vorstellen. Auch solch eine Suggestion übernimmt der ätherische Körper dann mit heilender Wirkung.

Der ätherische Körper hat denselben Aufbau wie der physische, einschließlich aller anatomischen Bestandteile und Organe. Und er hat eine bestimmte Struktur von Kraftlinien, die wir in der meditativen Übung auch als ein funkelndes Ganzes von Lichtstrahlen wahrnehmen können. Auf diesen Kraftlinien wird das physische Material der Gewebe gebildet, die alle aufgrund dieses dahinterliegenden vitalen Kraftfeldes bestehen. Das Feld ist zuerst da, geht dem physischen Körper also voraus und ist keine Folge von ihm.

Von unserem kosmischen Auge zusammen mit dem dritten Auge her können wir die ständige Bewegung im ätherischen Körper wahrnehmen. Durch diese kosmische Verbindung strahlt er feines und reines helles blaues Licht aus. Ist diese Ausstrahlung nicht so rein, wird die Farbe mehr zu grau. Man kann das beispielsweise bei sehr stark athletisch gebauten Menschen sehen. Das Bläuliche zeigt sich eher bei empfindsamen Menschen.

Ich möchte an dieser Stelle noch darauf hinweisen, dass dem ätherischen Körper in diesem Buch ein ganzes Kapitel gewidmet ist.

Der astrale Körper

Durch das Atmen und meditative Üben vom kosmischen Auge her vergrößert sich die Totalität unseres Körpers, der Raum in uns. Durch die wie aufgelöste Haut, durch die atmenden Poren, kommen, nachdem wir so in dem ersten und zweiten Körper zu leben lernen, mit der Zeit noch andere hinzu.

Auf den ätherischen Körper folgt der astrale, mit dem wir am kollektiven Unbewussten, wie es in der Jungschen Psychologie genannt wird, teilhaben. Man nennt diesen dritten Körper auch den »emotionalen Körper«, weil er mit unseren Gefühlen verbunden ist. Ich werde hier aber weiterhin vom astralen Körper sprechen.

Der Wunsch, auch diesen Körper in den Reinigungsprozess vom kosmischen Auge her mitzunehmen, ist schon ausreichend, um diese drei Körper als eine Einheit zu erfahren.

Im astralen Körper können wir die Grenzen der Zeit durchbrechen, aber nur in Richtung Vergangenheit. Unserer Wahrnehmung erweitert sich dann um eine Dimension.

Der astrale Körper ist wie ein durchsichtiger Nebel, in der gleichen Form wie der erste und zweite Körper, aber von einer feineren Substanz. Seine Struktur ist viel fließender. Dieser »Nebel« ist unter dem Einfluss von Gedanken und Emotionen immer in Bewegung. Die Farben variieren entsprechend unseren Gefühlen, abhängig von der Energie, aus der sie entstehen, von hell und strahlend bis trüb, grau und dunkel. Aufregung und stark geladene Gefühle, wie Liebe, Wut und Freude, sind deutlich und klar. Unklare und unterdrückte Gefühle sind dunkel und trüb.

Es ist sehr schön zu sehen, wie diese Gefühle, wenn sie in der meditativen Übung mehr Energie erhalten, gereinigt und klar sichtbar werden. Auch bei Begegnungen ist das zu sehen. Wenn jemand zum Beispiel voller Freude auf den anderen zugeht, sieht sein astraler Körper ganz anders aus, als wenn er ihm ungern begegnet oder ihm feindlich gegenübersteht.

Die Farbe der Aura unterscheidet sich aber auch abhängig davon, aus welchem Punkt heraus man atmet. Und das steht wiederum in Verbindung mit dem Weg, den man innerlich geht. Bei Menschen, die vom Sonnengeflecht beziehungsweise dem »Hara« her atmen und an sich selbst arbeiten, strahlt meistens ein hellgelbes Licht über dem Kopf und um die Schultern, bei tiefer Konzentration um den ganzen Körper.

In Gruppen mit Menschen, die vom kosmischen Auge her atmen, durfte ich während tiefer Meditation klares weißes Licht ausstrahlen sehen, bis schließlich transparente Gestalten in Wellen von Energie dasaßen. Sie strahlten bis weit außerhalb des Meditationsraumes aus, über die Grenzen des Hauses, in dem wir zusammen waren, und die der Umgebung und noch weit, weit in den Kosmos hinein.

Von einer solchen Transformation muss man sehr langsam zurückkommen, und, offen zwischen Erde und Himmel, eine Zeit dankbar atmend liegen bleiben und in sich selbst wahrnehmen, dass eine große Reinigung stattgefunden hat: durch das mystische Herz und die Thymusdrüse, die ich wegen des ausstrahlenden weißen Lichtes das »Christusauge« nenne, zu den Augen des Lichts in unserem Kopf bis in das achte Chakra, unserem Himmel. Und zurück von dort zum kosmischen Auge, dem Beckenboden, den Toren vor und nach den Kniegelenken, den Fußgelenken, den Fußchakren, der Vertiefung unter unseren Zehen, über die Zehen hinaus bis zum neunten Chakra. Wenn wir uns öffnen und still vom kosmischen Auge her atmen, atmet »Es« in uns.

Derjenige, der die Meditation leitet, muss vertieft wahrnehmen können. So zu meditieren, so zu transformieren ist nur möglich, wenn sich unsere inneren Augen geöffnet haben und uns die ersten vier Schwingungsebenen bekannt sind, also neben dem physischen auch der ätherische, der astrale und dann der vierte, der mentale Körper.

Letzterer kann sowohl in die Vergangenheit als auch in die Zukunft reisen. Jemand, der den dritten Körper bewusst erlebt, kann mühelos zum vierten gelangen. Darüber hinaus jedoch ist es viel schwieriger.

Der mentale Körper

Für den vierten, den mentalen Körper, ist nicht allein das Heute, sondern auch die Vergangenheit oder die Zukunft »Jetzt«. Es gibt dann zwar keine Vergangenheit oder Zukunft, aber noch Zeit.

Auch wenn dann Zeit das Gegenwärtige ist, gibt es doch eine Entwicklung oder Richtung innerhalb der Zeit. Wir müssen unseren Geist also auf etwas richten. Wenn wir zum Beispiel in die Vergangenheit sehen, stellen wir unseren Geist darauf ein. Mit dem vierten Körper erleben wir ein Geschehen aus der Vergangenheit dann so, als ob es jetzt stattfindet. Gegenwart und Zukunft fallen weg. Richten wir uns auf die Zukunft, fallen Gegenwart und Vergangenheit weg.

Wir sind in diesem Körper also in der Lage, Vergangenheit, Gegenwart und Zukunft zu sehen, jedoch nicht als Ganzes.

Diese vierte Ebene steht in Verbindung mit der Liebe. Durch diese Tür können wir in andere Wirklichkeiten gelangen. Wir erfahren das, wenn wir schlafen, aber auch durch meditative Übungen, die unser Bewusstsein öffnen.

Die vierte Ebene hat schönere »Farbnebel« als der astrale Körper. Obwohl die Farben ungefähr die gleichen sind, scheint doch meistens ein bestimmtes Licht hindurch, das rosa Licht der Liebe. Das geöffnete mystische Herz eines liebevollen Menschen strahlt rosa Licht zu anderen aus. Und auch zur Hypophyse, in der, abhängig vom Maß der Offenheit und der Ausstrahlung vom kosmischen Auge her, goldenes oder weißes Licht mitstrahlt.

Aber wenn wir in der Lage sind, durch verschiedene Phasen des Seins hindurchzugehen, sehen wir so viel und so tief, dass wir keine Worte mehr dafür finden. Wir haben dann Mühe, anderen mitzuteilen, was wir wahrnehmen.

Das Raja-Yoga, der »Königsweg des Yoga« ist vom Sonnengeflecht her auf den mentalen Körper ausgerichtet. Wohingegen wir ihn mit dem kosmischen Auge verbinden. Dieser vierte Körper hat dann auch noch eine deutliche Verbindung zum Mentalen, dem Denken. Aber in einer gereinigten und vertieften Form, mit Liebe und Wärme für unsere Mitmenschen.

Auf dieser Ebene findet viel Austausch zwischen Menschen statt. Oft habe ich gesehen, dass Menschen, die in einer Gruppe zusammen standen oder saßen und sich noch nicht einmal kennen gelernt hatten, vielleicht sogar so taten, als ob sie einander nicht sehen, auf energetischem Niveau ausführlich miteinander kommunizierten. Das geschah vor allem zwischen Männern einerseits und Frauen andererseits. Es war eine Art gegenseitigen Testens der Energiefelder, »passen wir wohl zusammen oder nicht?«.

In einer neuen Meditationsgruppe war das einmal deutlich zu sehen. Ich war dann dankbar überrascht als sich, nachdem wir einmal gemeinsam geübt und jeder vom kosmischen Auge her geatmet hatte, die Gesichter entspannten und es warm und hell zwischen uns allen wurde.

Unser mentaler Körper wird dann wirklich von Liebe durchstrahlt, von rosa Licht, wunderschön anzusehen.

Gelangt der Mensch in seinem zweiten Körper zur Blüte, so blüht er im vierten Körper vollständig auf. Aber diese volle Blüte findet noch immer innerhalb der Menschenwelt statt. Auch wenn uns jemand, der sich so entfaltet, beispielsweise ein Aristoteles oder Sokrates, Hegel oder Kant, schon übermenschlich erscheint.

Der spirituelle Körper

Erst im fünften Körper, dem spirituellen, kommt man wirklich auf eine höhere Ebene, die man übermenschlich nennen könnte. Nur der Christus, ein Buddha, vielleicht auch Zarathustra, übersteigen das Menschliche. Sie haben die Grenze der Gedankenwelt überschritten und sind durch ihren mentalen Körper hindurch weitergegangen. Zarathustra wird immer abgebildet, während er nach oben schaut. Er sieht das Göttliche, das wie Feuer zu ihm in sein Ajna-Chakra, das dritte Auge, kommt. Deshalb haben die Perser auch das Feuer verehrt.

Wenn jemand seine Aufmerksamkeit auf das dritte Auge richtet, kann das am Anfang ein brennendes Gefühl verursachen. Es sei denn, man sieht vom kosmischen Auge her hinein. Unser kosmisches Auge öffnet nämlich alle Chakren auf einmal und in derselben Energie. Sie sind dann alle in Harmonie miteinander, das Brennen bleibt aus. Symbolisch verweist dieses Brennen darauf, dass das niedrigere Wesen verbrennt, also zu bestehen aufhört, und ein höheres geboren wird, das große Selbst. Das ist auch die Bedeutung des Redewendung »durch das Feuer geläutert werden«.

Der Transformationsprozess vom kosmischen Auge her bringt uns in ein immer weiter und runder werdendes Energiefeld, während wir tief von innen her gereinigt werden. Alter

Schmerz kommt nach außen, wird losgelassen, löst sich auf und wird zu Energie, die uns heilt.

»Es« atmet in uns.

Wir erfahren die Energie, die uns durch weitere Ebenen führt, durch die uns bekannten Körper hindurch. Vom kosmischen Auge her wird unsere Energie mehr und mehr eins mit der kosmischen Energie.

Wir sind sehr klar, ohne Denken, still.

Unser Selbsterleben verändert sich, wenn wir unser denkendes, emotionales und wollendes Ich von unserer Schale her zur Erde hin loslassen. Wir sind dann ohne Ego, geöffnet zum Himmel hin. Wir verschieben die Identifikation mit dem »kleinen Ich« zum »großen Ich«, zum großen Selbst.

Das kosmische Auge ist dann unser Zentrum, es ist unsere Quelle, die uns zur Ganzheit bringt. Erleben Sie das?

Bis einschließlich des fünften Körpers brauchen wir ein Zentrum und müssen auch daran arbeiten. Denn wenn wir von dortaus leben und sind, ist Ruhe in uns. Von dorther ist Liebe da, Mitgefühl und alles, was wertvoll ist. Die Vervollkommnung des Ich auf dem Weg zu höherem Verstehen, zu kosmischem Wissen.

Schauen wir von unserer erhöhten Energiefrequenz in diese fünfte Aura, so können wir die Ebene an sich wahrnehmen. Der fünfte Körper hat eine ovale Form, eine nachtblaue Farbe und strahlt ungefähr fünfundsiebzig Zentimeter breit um den physischen Körper herum aus. Wir finden alle Strukturen unseres Körpers wie in einem Spiegel darin wieder, die Organe, Gliedmaßen und so weiter, aber zum Beispiel auch die Chakren.

Wenn wir auf dieses Gebiet eingestellt sind, können wir uns auch auf jemanden ausrichten, den wir beobachten müssen, wie zum Beispiel bei einer Heilbehandlung.

In dem Maße, in dem wir unsere Wahrnehmung zu höheren Schwingungsebenen ausweiten, öffnet sich ein immer größerer Bereich der nicht-physischen Welt und wird Wirklichkeit für uns.

Mit dieser Erweiterung der durch uns erfahrenen Wirklichkeit wächst auch das Bild, das wir von uns selbst haben. Unser eingeschränktes Selbstbild beruht auf unserer eingeschränkten Wahrnehmung, mit der wir normalerweise leben. In einer Welt, in der alles begrenzt zu sein scheint, auch wir selbst. Aber durch die Erweiterung unseres Selbsterlebens und unserer Wahrnehmung auf höheren Energieebenen ist ein Selbstbild ohne Grenzen möglich.

Wir werden, was wir im Wesen sind.

Der kosmische Körper

Der sechste Körper, der Körper der kosmischen, universellen Liebe, wird für uns durch Transformation und Meditation erfahrbar. Auf dieser Ebene fühlen wir uns mit allem im Universum tief verbunden. Wir sehen alles in Liebe und im Licht, in strahlend weißem göttlichen Licht. Wir fühlen uns unbegrenzt. Es gibt keine Trennung, keine Zerrissenheit oder Unterscheidung mehr.

Kein »ich« und »nicht ich«, kein »ich« oder »der andere«.

Es ist das Gebiet des kosmischen Duftes. Denn plötzlich kann von unendlich weit ein Duft in unsere Nase gelangen. Ein Duft, der uns unbekannt ist und doch wiedererkennbar, ein östlicher Blumenduft, der Geruch von tropischen Wäldern, von einem bestimmten Baum, von Sümpfen oder dem Meer.

Das mystische Herz und das kosmische Auge strahlen durch und um unseren Körperraum funkelndes Licht aus, mit zartrosa und blau darin, manchmal violett mit einer silbernen oder goldenen Glut. Oder opalfarben, wie der Horizont an einem Sommerabend.

Wir erfahren das Kosmische, das Aufgehen im Letztendlichen, das Einssein mit dem großen Ganzen. Dann gibt es keine Blume mehr, sie wäre begrenzt, sondern nur noch Duft.

Duft ist unbegrenzt.

Der nirwanische Körper

Es gibt keine Methode, keinen Zugang, um vom sechsten zum siebten Körper zu gehen. Schon im fünften Körper wird jede Methode, jedes Mittel weiterzukommen, aufgegeben.

In unserem siebten Körper erfahren wir, dass auch der Kosmos verschwunden ist. Nur das Nichts bleibt übrig, ein totales Nicht-Sein: Leere, Nirwana, Nicht-Bestehen, Einssein mit dem Schöpfer. Selbst den Bereich von Ursache und Wirkung haben wir hinter uns gelassen. Wir sind bei der ursprünglichen Quelle angekommen, bei dem, was vor der Schöpfung war und noch sein wird, wenn die Schöpfung vergangen ist.

Vom achten und neunten Körper her sind wir in der Lage, uns auf die Schwingungsfrequenz des siebten Körpers abzustimmen. Wir sehen dann funkelndes goldenes Licht, als ob es aus tausend goldenen Fäden strahlt. Alle Chakren und alle Körperformen scheinen aus Gold zu bestehen, in einer außergewöhnlich hohen Frequenz schwingend.

Wer das erlebt, fühlt sich aufgenommen und beschützt in einer Woge von Licht. Und wer nach innen schaut, sieht den goldenen Lichtstrom auf- und niedergehen durch die Sushumna, den Mittenkanal der Wirbelsäule. Der Heilfaden befindet sich leuchtend und uns heilend in diesem goldenen Lichtstrom, der die Energien verbindet, die durch jedes Chakra hineinkommen.

Dieser große vertikale Energiestrom mündet in andere Bahnen, die ihr goldenes Licht unmittelbar von unserem Körper aus nach außen führen.

In diesem siebten Körper, dem nirwanischen Körper, sind auch farbige Lichtstreifen, die uns mit früheren Leben verbinden. Sie kreisen um diese Aura und befinden sich auch auf der Oberfläche der goldenen Eiform, die unseren Körper umfasst.

Der nirwanische Körper ist die höchste spirituelle Ebene in der Aura.

Der achte und der neunte Körper

Beim Atmen zwischen Erde und Himmel und Himmel und Erde gibt es noch zwei weitere Energiefelder, zwei weitere Körper. Sie sind mit dem achten und neunten Chakra verbunden und bestehen aus feinen, hohen Schwingungen, ungefähr 40 cm unter unseren Fußsohlen und 40 cm über unserem Kopf. Dieser Abstand nimmt in dem Maße zu, wie die Kraft in unserer Beckenschale durch unser Leben und Sein vom kosmischen Auge her stärker wird.

Der achte und neunte Körper haben direkt mit unserer Entwicklung zu tun, die uns nach und nach auf den Weg zu Gott bringt.

In den ersten sieben Körpern sind alle unsere Erfahrungen aus diesem Leben bewahrt, auch alle anderen Erfahrungsmöglichkeiten, die wir in der Vorbereitung auf dieses Leben gewählt haben. Tatsächlich durchleben wir dann immer nur einen Teil dieser vielen Möglichkeiten, weil wir einen freien Willen haben. Genauso wie die anderen Menschen, denen wir begegnen. Das macht den tatsächlichen Verlauf der Ereignisse dann auch manchmal sehr kompliziert. Aber trotzdem lehrt uns das, was passiert, immer Lektionen, die wir selbst gewählt haben.

Für unseren Bewusstwerdungsprozess und für eine ausgeglichene Integration der verschiedenen Körper in unser Selbsterleben ist es sehr wichtig, dass wir organisch wachsen. Wir müssen unsere verschiedenen Körper Schritt für Schritt kennenlernen, angefangen mit dem ersten und zweiten, und dann so weiter, ohne einen Körper zu überspringen.

In meinen Büchern habe ich viele Übungen dazu angegeben. Wenn sie gründlich und in der geeigneten Reihenfolge praktiziert werden, ermöglichen uns diese Übungen, unsere Energiekörper auf organische Weise zu reinigen, zu transformieren und zu einer Einheit von Körper, Seele und Geist aufzubauen.

Wenn wir uns all dessen bewusst werden, wird deutlich, dass wir mit unendlich kostbaren meditativen Übungen umzugehen lernen. Sie erfüllen uns mit Ehrfurcht und auch mit einem tiefen Mitgefühl und einem aufrichtigen Verlangen danach, anderen helfen zu dürfen. Um das Leiden in der Welt zu beenden und zum Glück der Menschen um uns beizutragen.

24 Leere und Raum

Dieses Kapitel bereitet uns darauf vor, ausgehend von Leere, Raum und Räumen in uns, innerlich noch um vieles grundlegender zu arbeiten. Tief in uns verborgene Bilder und tief verwurzelte negative Annahmen über uns selbst lösen sich dabei auf.

Unsere Übungen und Meditationen vom kosmischen Auge her, und vor allem die Transformation, verändern uns innerlich. In der Tiefenpsychologie fragt man sich, was es genau ist, das zur psychischen Veränderung führt. Und auch durch unser Arbeiten an uns selbst und mit Klienten bemerken wir, dass verschiedene geistige Übungen oftmals zu den unterschiedlichsten, manchmal sogar einander widersprechenden Ergebnissen führen.

In meiner Arbeit habe ich gemerkt, dass das Zunehmen von innerem »Raum« der psychischen Veränderung und inneren Transformation als entscheidender Schritt vorausgeht. Wenn Raum in uns entsteht und wächst, folgt darauf eine Veränderung. Wir erlangen Einsicht in uns selbst. Und ausdauerndes und wahrhaftiges Arbeiten an unserem Selbstbild schafft Raum.

Veränderung ist notwendig, ob sie nun aus Not oder durch die Auflösung von Grenzen entsteht, wie es die meditativen Übungen bewirken. Mit dem Begriff »Veränderung« meine ich hier nicht nur eine vollständige Veränderung von unserer Basis her, sondern auch andere wesentliche Veränderungen, die dadurch möglich werden, dass sich Grenzen in uns auflösen und unsere Wahrnehmung sich vertieft. Wodurch wir wiederum den Kern unseres Wesens erfahren und das denkende Ich mit seinen Begrenzungen in unserem Geist völlig loslassen.

Das tägliche Üben im Loslassen durch unsere Ausatmung und im Zulassen des Neuen in unserer Einatmung öffnet den Weg zu unserem wirklichen Ich. Wir werden feiner und bekommen von unserem Wesen her ein wachsendes Verständnis für geistige Erfahrungen, für den Bereich des Seins, während sich unser Wahrnehmen vertieft.

Einsicht entsteht in der Beziehung zwischen diesen neuen und den bislang gewohnten Erfahrungen. Ein wichtiger Punkt hierbei ist, dass wir ehrlich untersuchen, wie wir uns selbst erfahren und ob unsere Selbsterforschung aufrichtig ist. Es geht darum, uns so zu sehen, wie wir wirklich sind, objektiv. So entsteht eine wesentliche Vertiefung, die uns nicht nur persönlich zugute kommt, sondern auch bei der psychischen Betreuung anderer und beim Heilen, dem Ganzwerden zu einer Einheit von Körper, Seele und Geist.

Es kann sein, dass wir den inneren Weg durch eine tiefgreifende und wesentliche Einsicht gewählt haben. Aber wir sind dann nicht auf einmal völlig transformiert. Denn auf unserem Weg begegnen wir noch einer Vielzahl innerer Erfahrungen, Veränderungen und Erweiterungen. Wir müssen immer weitergehen und in uns selbst wahrnehmen, wie Veränderung und Transformation zunehmen und Grenzen aufgelöst werden. Und dann aber auch überprüfen, ob es dauerhafte oder doch nur vorübergehende Veränderungen sind.

Es geht darum, dass uns die Transformationen immer weiter, immer dichter zu unserem Wesen bringen. Alte Dinge lösen sich auf und geben Raum für neue Sichtweisen. Langsam verändert sich unser ganzes persönliches Leben, unser Wahrnehmungsvermögen und unser Blick auf die Welt um uns herum. Wir können immer objektiver auf die Welt außerhalb von uns schauen und vor allem auch die Menschen um uns herum neu sehen.

In unseren Übungen taucht neben dem Wort »Raum« auch oft der Begriff »Leere« auf. Wir sagen »Leere«, wenn wir beim Ausatmen bewusst loslassen, was unserem Gefühl nach nicht in uns gehört. Wie zum Beispiel bedrückende Gefühle, emotionale Überladung, dunkle Spannung, Erschöpfung oder eine innere Erstarrung. Oft gehen solche Zustände mit Depression, Mangel an Vitalität und Müdigkeit einher.

Atmen wir diese negativen Gefühle von unserer Beckenschale her durch unsere Beine, durch unsere Füße bis etwa 40 cm in die Erde hinein bewusst aus, fühlen wir, dass wir leer werden. Und jedes Mal, wenn wir einatmen, füllt sich die Schale mit neuer kosmischer Energie und wird rund und warm, voll und bis weit über die Grenzen der Haut hinaus ausstrahlend. Wir fühlen uns dann völlig anwesend und klar. Es ist »Raum« entstanden.

Es kann passieren, dass es sich beim Ausatmen, Loslassen und Leerwerden ausgehöhlt, kalt, oft eiskalt und einsam in uns anfühlt. Insbesondere dann, wenn wir in den Organen der Beckenschale Spiegelungen von noch unerlösten Themen begegnen. Oft in Vagina und Gebärmutter oder Penis und Hoden, aber auch in der Blase und den verschiedenen Abschnitten des Darmes.

Die Energie, die wir immer wieder bewusst in der Einatmung empfangen, erwärmt und öffnet dann diese Organe und nach und nach auch unsere ganze Schale. Von daher öffnen sich unsere Beine und Füße zur Erde hin, etwa 40 cm unter den Füßen. Unser Becken und unsere Geschlechtsorgane sind dann mittransformiert, warm, und wir fühlen, dass sie wieder zu uns gehören.

Zum »neuen Menschen« gehört, dass wir uns verwurzelt fühlen, vor allem auch in der Tiefe unserer Schale und den dort liegenden Geschlechtsorganen. Und dass wir uns selbst bis in diese Tiefe akzeptieren und Freude erleben, wenn dieses Gebiet in uns durchstrahlt ist.

Geschlechtsverkehr ist dann nur ein möglicher Ausdruck von Sexualität. Aber Sexualität ist ein ganz wesentlicher Teil unseres Seins, den wir wirklich in uns akzeptieren und integrieren müssen. Dann kann die kosmische Energie von unserem kosmischen Auge her frei strömen, verbunden mit unserem Wesen.

Sind unsere Beine und Füße von der durchströmten Schale zur Erde, 40 cm unter unseren Füßen, geöffnet, öffnet sich unser Kopf zum Himmel, ungefähr 40 cm über unserem Scheitel und es entsteht Raum. Energie strömt dann aus dem Himmel um uns herum, wie ein Mantel der Liebe, der uns erwärmt, reinigt und ganz werden lässt, das heißt zu einer Einheit, zu unbegrenztem Raum.

Es klingt so einfach, aber das ist es ganz und gar nicht. Es erfordert Mut, Vertrauen und gläubige Geduld. Andererseits jedoch gibt es uns alles. Wir erfahren es wie ein Wunder. Unser Verstand ist frei, klar, ohne Gedanken, ohne Angst. Grenzen haben sich aufgelöst, die Poren unserer Haut sind offen und atmen mit. Langsam ist unser ganzer Körper zwischen Erde und Himmel transformiert, rundherum rund und innen und außen sind eins. Raum bringt uns auf diese Weise innere Veränderung und inneres Wachstum.

Erst wenn wir bewusst und konsequent auf ein wesentliches Verbundensein mit unserem inneren Selbst hinarbeiten, verändert sich das Bild, das wir von uns selbst haben. Die Wärme und Strahlung, die dann von uns ausgeht, bewirkt, dass sich auch die Menschen um uns herum wohl und verstanden fühlen. So werden auch sie empfänglich für den Raum, aus dem heraus wir leben und sind.

Alles in allem merken wir, dass Raum und Veränderung Hand in Hand gehen. Einerseits bringt Raum Veränderung hervor und andererseits bewirken Veränderungen eine Zunahme unseres Raumes. In diesem Prozess wird Raum Teil unseres

Selbstbildes und wir werden uns bewusst, dass wir Raum *sind*. Von unserem kosmischen Auge her können wir uns selbst als den Raum erfahren, in dem wir die Welt außerhalb unseres Körpers wahrnehmen.

Wenn sich unsere Wahrnehmung jedoch noch weiter vertieft, entdecken wir, dass es in dem Raum und in der Leere verschiedene Ebenen oder Tiefen von Erfahrung gibt. Es zeigen sich graduell unterschiedliche Erscheinungsformen, die auch unterschiedlich erlebt werden. Das hat immer damit zu tun, inwieweit sich die Grenzen unseres Egos aufgelöst haben. Ein Prozess, der immer weitergeht, bis schließlich das Einssein von Körper, Seele und Geist »erobert« ist und wir für alle vorstellbaren Dimensionen grenzenlos offen sind. Denn das ist es, was *Sein* bedeutet.

Wir sind dann ohne jede innerliche Begrenzung, ohne geteilte Identität, ohne ein Gefühl von eigenen Erlebnissen.

So kommen wir zur Befreiung und Erleuchtung, zu totaler Transformation.

Je tiefer wir uns selbst von Grenzen befreien und je mehr unser Geist erwacht und sich entwickelt, desto wichtiger, ja sogar notwendig wird es, dass wir die verschiedene Räume in uns selbst unterscheiden können.

Natürlich könnte ich vieles davon mit Worten beschreiben. Aber um die Art der Räume zu erfahren, die Qualität der Energie, die dort wirkt, müssen wir selber in dem Raum anwesend sein. Darum geht es jetzt in der folgenden Übung.

Aber wir müssen aufpassen, denn je subtiler das persönliche Ego als Begrenzung des Selbst wird, desto tiefer und kräftiger ist die Energie in dem betreffenden Raum. Deshalb müssen wir während der Übung wach sein im Jetzt. Denn der Raum ist unlösbar verbunden mit einem natürlichen, offenen Erfahren in uns, auf unendlich vielen Wegen und durch alle Dimensionen hindurch.

Übung *Wir setzen uns auf unseren Meditationshocker oder ein Meditationskissen, auf unser heiliges Dreieck, das sich zwischen dem untersten Steißbeinwirbel und den beiden Sitzknochen aufspannt. Wir suchen die Vorderseiten der Sitzknochen auf und bekommen das Gefühl, vor ihnen zu sitzen.*

Durch unsere geöffneten Füße fühlen wir zur Erde hin. So erhält unser Körper seine Freiheit und kann auf die richtige Weise atmen. Unser Kinn ein wenig zurück und unser Scheitel zum Himmel gerichtet.

Wir suchen unser kosmisches Auge auf. Drei Fingerbreit über unserem Schambein gehen wir mit unserer Aufmerksamkeit tief nach innen und kommen zu der Zwischenwirbelscheibe zwischen dem zweiten und dritten Kreuzbeinwirbel. Wir gehen durch sie hindurch, auch durch die Haut des Rückens, und wieder nach außen.

Durch unsere Aufmerksamkeit werden das Atmen und das Hineinströmen der kosmischen Energie eins.

Von dem Raum und der Tiefe unserer Schale her kommt der Atem wie eine Wellenbewegung, ausgehend vom kosmischen Auge, von der Mitte also, durch uns hindurch und wieder zur Mitte zurück. Die Energie sammelt sich dort und strahlt dann zu allen Räumen im Körper aus und durch die Räume, alles durchdringend,

unendlich,
leer und voll,
göttlich und rein.

Jetzt legen wir uns hin, indem wir unsere Wirbelsäule Wirbel für Wirbel abrollen und uns dabei mit Aufmerksamkeit bewusst einfühlen. Wir erleben, wie die Wirbel dann ausstrahlen und sich unsere Rückseite unmittelbar zum Boden hin öffnet.

Wir legen unsere Beine etwas gespreizt, die Füße ungefähr 40 cm auseinander und so entspannt, dass die Zehen nach außen weisen.

Aufmerksam atmen wir durch unser kosmisches Auge ein. Wir folgen dem Strömen der Energie und dem erneuten Sichmitöffnen unserer Beine und Füße zur Erde hin, ungefähr 40 cm an unseren Fußsohlen vorbei.

Von dorther öffnet sich unser Himmel, ungefähr 40 cm über unserem Kopf. Wir empfangen Licht und Kraft durch unseren Scheitel, durch den Raum unseres Kopfes, unseres Brustkorbs, unseres Beckens, durch Beine und Füße zu unserer Erde. Wir nehmen dann bewusst den Raum zwischen unseren Füßen und der Erde wahr.

Die Beschreibung klingt, als ob es ein langer Weg sei, aber wir sind vom kosmischen Auge her transformiert, es gibt keinen Abstand.

Nehmen Sie wach und aufmerksam in sich selbst wahr, während Sie auf diese Weise drei-, fünf- oder siebenmal atmen, je nach Bedarf, bis Sie fühlen: Es atmet in mir.

Wir wenden uns jetzt nach innen und schließen unsere Augen.

Wir sind mitten in den Räumen unserer Augenhöhlen und nehmen die Innenseiten unserer Augenlider wahr.

Die kleinen Muskeln unserer Augenlider rechts und links sind mit unserer Nasenbrücke verbunden. Diese Muskeln liegen in horizontaler Richtung. Von der Nasenbrücke ausgehend laufen sie umgekehrt auch zu den Außenwinkeln unserer Augen und zu den Schläfen, rechts und links.

Wir fühlen uns jetzt erneuert, ausgeruht und unsere Augen sind entspannt.

Von unserem kosmischen Auge her nehmen wir wahr, was in uns geschieht. Wach und aufmerksam.

Wie fühlt es sich jetzt hinter den Augenlidern an?

Wir öffnen sie und schließen sie wieder. Wir fühlen die Verbindung mit der Nasenbrücke, unserem »Horus-Auge«, und gehen innerlich zu den Außenwinkeln der Augen mit.

Dann gehen wir in den Raum der Augenhöhlen, rechts und links hinter den Augenlidern. Sehr still und aufmerksam.

Noch einmal, und noch einmal.

Nehmen Sie sich Zeit dafür.

Jetzt öffnen wir die Augen und fühlen, dass sie entspannt sind. Es gibt keine Spannung mehr.

Auch im Bereich unseres Gehirns hat sich die Spannung aufgelöst.

Von der Nasenbrücke her sind die Nasenflügel weit geworden, ohne unser Zutun, von selbst.

Auch das Atmen geschieht von selbst: Es atmet in uns.

Deutlich fühlen wir von unseren Augenlidern her unsere Augenbrauen, die von der Nasenbrücke zu unseren Schläfen verlaufen, rechts und links.

Es ist, als ob unsere Augenlider sich zu den Außenwinkeln unserer Augenhöhlen ausstrecken. Wir stellen uns Abbildungen der alten Ägypter vor und denken auch an Miniaturen aus Persien und indische Kunst.

Wenn wir nun unsere Augenlider schließen, ruhen unsere Augäpfel in den Außenwinkeln der Augenhöhlen, schwer und rund.

Bleiben Sie eine Weile hinter den geschlossenen Augenlidern. Sie befinden sich tief in sich selbst, weit weg von dem Raum außerhalb Ihrer selbst.

Dann ist es, als ob ein Lächeln in uns geboren wird. Und unwillkürlich gehen die Mundwinkel mit.

Wir gehen mit unserer Aufmerksamkeit zu unseren Ohrmuscheln und nehmen von außen ihre Form wahr.

Dann lauschen wir in den Raum hinter unseren Ohren.

Alle Menschen der Naturvölker, sowohl im Osten als auch im Westen, und auch alle Tiere lauschen von dem Raum hinter ihren Ohren her.

Das Geräusch, das von außen zu uns hineinkommt, vibriert entlang der Nervenbahnen durch die verschiedenen Räume zum Atlas, unserem ersten Halswirbel, der unseren Kopf trägt.

Dann erfahren wir tief in uns selbst, was inneres Horchen ist.

Erneut erfahren wir, wie unsere Augen in unseren Augenwinkeln zur Ruhe gekommen sind.

Die ägyptische Königin Nefertari

Wenn wir innerlich horchen, blicken wir nicht auf das, was außerhalb von uns ist, sondern schauen nach innen. Dann verstehen wir den tieferen Sinn aller Geräusche, von Worten und Bewegungen.

So entsteht eine tiefe innere Stille. Wir erhalten Antwort auf Fragen wie: »Was muss ich jetzt tun?«

Antworten empfangen wir auch immer durch unseren »heilenden Leitfaden«, der durch den Mittenkanal unserer Wirbelsäule verläuft.

Dadurch, dass wir tiefer denn je zuvor transformieren, können wir, wenn wir unseren Hinterkopf und Hals etwas nach hinten strecken, fühlen, wie wir durch den Tag geleitet werden, selbst in den anstrengendsten Momenten und bis zu dem Moment, in dem wir zu Bett gehen und unseren Kopf auf das Kissen legen. Während wir unseren Beschäftigungen, die aus uns selbst heraus geschehen, nachgehen, werden wir von dem intensiven Gefühl getragen, uns zu öffnen.

Wir entdecken, dass wir uns in einen Zustand vollkommener Entspannung begeben. In ein völliges Sichöffnen von Körper, Seele und Geist zu einer Einheit.

Fühlen Sie noch einmal:

> *den inneren Raum der Augenlider, die feinen Fasern der Muskeln, die sich ausgehend von der Nasenbrücke in Richtung der Außenwinkel unserer Augen erstrecken,*
> *die Form der Augenbrauen und wie sie zu unseren Schläfen hin verlaufen,*
> *wie sich unsere Augenlider weiter zu den Außenwinkeln unserer Augenhöhlen erstrecken.*

Dann sind wir tief in uns selbst, tief in unserer Schale und ihrem Boden.

Und wir erleben, wie ein Lächeln zwischen den Augenbrauen entsteht, Licht in unserem dritten Auge.

Wir entdecken jetzt auch, dass unsere Nasenflügel weit geöffnet sind, wie echte Flügel.

> *Atem strömt nach außen,*
> *Atem kommt nach innen,*

im Gleichgewicht und in einem Rhythmus inneren Lebens. Und unsere Nase wirkt daran mit.

Wenn wir in dem Raum hinter unseren Augenlidern sind, haben wir ein Gefühl von Leere, weil wir in unserem inneren Raum nichts sehen, wie wir es normalerweise außerhalb von uns wahrnehmen. Wenn wir uns an diesen Zustand gewöhnt haben, bemerken wir, dass wir uns in diesem inneren Raum bewegen können, egal wohin wir wollen.

Wir können ein Raumgefühl in uns entwickeln, uns der Richtung in uns bewusst werden und innerlich durch unsere Räume auf Reisen gehen. Wir erleben dann auch wieder das Wunder unseres Körpers als Instrument.

Über unseren Augenlidern und Augenbrauen nehmen wir unsere Stirn wahr und auch unser Haar, rechts und links an den Schläfen.

Wir gehen weiter hinter unseren Ohren entlang, außen herum zur Medulla oblongata, dem verlängerten Rückenmark und zum Atlas, dem obersten Halswirbel, auf dem unser Kopf ruht.

Wir sind uns bewusst, dass unser Haar vom Schädeldach nach unten wächst. Es schützt unseren Nacken und Rücken, in dem wir ruhen. Von dorther bemerken wir hinter unseren Ohrmuscheln einen Raum, der sich jetzt tief öffnet.

Unser Horchen wird intensiv.

Wir schlucken ein paar Mal hintereinander und nehmen wahr.

Von dem Raum hinter unseren Ohren und von unseren Gehörgängen her gibt es eine direkte Verbindung zu unseren Fersen.

Unsere Ohrläppchen fühlen sich jetzt an wie kleine Flügel. Sie werden unbewusst nach hinten gestreckt, wenn wir lauschen. Fühlen Sie einmal! Von den Ohrläppchen her geht ein Strahlen nach unten, durch uns hindurch zu unseren Fersen.

In der freien Natur ist es für Mensch und Tier sehr wichtig, ganz wach für das zu sein, was sie hören. Sie sehen nicht immer, was um sie herum geschieht. Vielleicht riechen sie es nur, wenn wir zum Beispiel an die Nase von Hasen und Kaninchen denken. Auf jeden Fall geht es für sie immer darum, jederzeit bereit zu sein, auf ihren Fersen zu flüchten.

Diese Energie, die von unseren Ohrläppchen durch uns hindurch zu unseren Fersen strahlt, öffnet unsere Augen wei-

ter und hält die Nervenverbindungen der Netzhaut zu den Zentren hin frei, die Sehen und Hören verbinden müssen.

Wenn wir uns auf diese Weise dafür öffnen, tiefer und weiter zu schauen und zu horchen und die entsprechenden Räume zu verbinden, eins werden zu lassen, durch den ganzen Körper hindurch, unsere Beine und Füße, Fersen und Zehen offen zur Erde, kommt unsere Meditation in einen viel tieferen inneren Raum, in eine tiefe innere Stille.

Wir werden uns dessen bewusst, wer, was und wie wir sind. Und sehen aufrichtig, was wir in uns verändern müssen.

Wir lernen, zu gehorchen, zu akzeptieren, zu helfen, zu teilen, zu tun, was wir tun müssen, ohne dazwischen zu gehen, ohne zu fragen oder zu diskutieren.

Es geht darum, uns klar und bewusst zu sein, was wir in diesem Moment tun müssen.

Es ist nicht so einfach, unseren Körper, unsere Seele und unseren Geist so anzunehmen. Unseren ganzen Körper, offen nach allen Seiten, unser Nervensystem, Gehirn, unsere offene Haut mit ihren mitatmenden Poren.

Fühlen Sie es in sich selbst, während Sie ruhig durchatmen, vom kosmischen Auge und der Tiefe Ihrer Schale her. Es entsteht Inspiration und neue Ideen, inneres Bewusstsein und Intuition werden befreit.

Wir horchen nach innen:

Muss ich handeln oder nicht?
Muss ich sprechen oder nicht?
Mich bewegen oder still verhalten?

Auf unserem inneren Weg begleitet uns eine tiefe Bewusstwerdung.

Unsere inneren Sinne sind geöffnet, und immer ist der Heilfaden da, der Nadi, der durch die Sushumna läuft wie ein lebendiger, warmer Weg durch unser Leben.

Wenn wir entspannt so liegen, fühlen wir, wie unser Rücken uns trägt. Und wenn wir noch tiefer loslassen, wie sich der Boden unter unserem Rücken mit öffnet, und dass wir nach unten hin die Erde unter dem Boden wahrnehmen. Die Erde, die sich im kosmischen Raum dreht, trägt uns und den Boden. Und wenn wir noch tiefer zur Erde hin loslassen, durch die Erde hindurch, sind da der Himmel und die Sterne.

Wir tauchen tief in uns selbst ein, um in unserer Quelle zu sein. So fühlen und kennen wir die Erde besser. Durch unsere Füße erzählen wir ihr von uns.

Dann wollen wir tanzen und mit unserem ganzen Körper ausdrücken, was wir fühlen und wer wir im Wesen sind. Und die Erde wird uns antworten und uns wunderschöne Dinge erzählen über ihre Liebe zu allem, was lebt.

Tanzen gehört zu unserem inneren Weg.

Wir fühlen jetzt noch besser, dass unser ganzer Körper immer wieder aufs Neue bei jeder Ein- und Ausatmung vom kosmischen Atem durchstrahlt und gereinigt wird. Deshalb muss er auch immer vom kosmischen Auge und von unserer Schale her zu dem uns umgebenden Raum und zum Kosmos hin geöffnet sein. Wie eine geöffnete Hand, die empfängt:

offen nach rechts und nach links,
offen nach unten und nach oben,
offen nach hinten und nach vorne.

Die kosmische Energie breitet sich so in unseren ganzen Körper aus. Und wir fühlen sie in jedem Moment. Sie erinnert uns auch daran, dass wir durch sie unterstützt werden und dass uns geholfen wird, egal was uns geschieht, ob wir es nun gut oder eher schlecht finden.

Wenn wir fühlen, dass wir durch den Boden hindurch in die Erde unter uns loslassen, gehen wir von unserer lichterfüllten Schale aus nach rechts und links. Dann voller Aufmerksamkeit an unserem Schambein entlang, durch die Vertiefungen unserer Hüftgelenke zum Kreuzbein und durch die Sitz-

knochen durch unsere Beine, Füße und geöffneten Zehen zum neunten Chakra.

Wie unten, so oben.

Auch unsere Wirbelsäule ist durchstrahlt, unser ganzer Körper beteiligt sich.

Wir strecken uns von der Tiefe unserer Schale her und fühlen unsere Füße, unsere Zehen, aber auch unseren Nacken und unseren Hinterkopf. Ein paar Mal strecken, auch immer wieder, wenn wir üben. Wir merken dann, dass unser Körper zwei Seiten hat, die rechts und links der Wirbelsäule zwei unterschiedliche Hälften formen. Und dabei geht es nicht darum, das zu wissen, sondern es zu fühlen.

Wir nehmen wahr, wie von den Vertiefungen unserer Hüftgelenke her die Einatmung beginnt und zu allen Gelenken durchströmt. Diese Vertiefungen, in denen sich die Köpfe der Oberschenkelknochen drehen, sind sehr empfindsam im Hinblick auf Schwingungen durch Geräusche wie Musik und Summen.

Sie können es wahrnehmen, indem Sie jetzt einige Minuten lang das »Hu« summen.

Die Vibration setzt sich zu unseren Beinen und Füßen fort. So wird Tanz geboren, ohne dass sich unser Verstand damit beschäftigt!

Die Vertiefungen, in denen sich unsere Oberarme drehen, sind direkt mit den entsprechenden Stellen der Oberschenkel verbunden. Auch in ihnen ist ein angeborenes Bewusstsein für inneren Rhythmus. Diese Stellen in den Hüftgelenken sind in unmittelbarer Nähe zum kosmischen Auge, in dem die Quelle allen Lebens liegt. Von hier aus fließt die kosmische Energie durch alle Gelenke, durch unseren ganzen Körper nach unten, zur Erde. Und nach oben durch die Achseln, Arme, Ellenbogen, Handgelenke, Finger und Fingerspitzen, ins Kosmische hinein.

Wir nehmen immer deutlicher den Raum in uns wahr, und wie der Raum sich in uns ausbreitet.

Die zwei Dimensionen in uns sind Breite, das Querholz des Kreuzes, und Länge, das Längsholz des Kreuzes.

Wir müssen zugewandt und offen sein, um dieser schöpfe-

rischen kosmischen Energie in uns zu begegnen und sie zu empfangen. Nur wenn wir ganz aufmerksam sind, können wir die dazu erforderliche Zurückhaltung erlangen, das in uns geschehen zu lassen. Dann erleben wir, wie die strahlende kosmische Energie von unserem Körperraum her zurückstrahlt in den unendlichen Raum um uns herum.

Tief transformiert sind wir ein Teil davon und fühlen deutlich, dass wir in uns um Dimensionen weiter geöffnet sind, was unsere Sinne und unser Vermögen wahrzunehmen vertieft.

Der kosmische Atem, Chi, Ki oder Prana, durchströmt alle Formen im Universum und so auch unseren menschlichen Körper. Durch diesen kosmischen Atem lernen wir alles über unseren Körperbau, unsere Organe, die Funktionen innerhalb unseres Körpers, also über alles, was innerhalb unserer Haut geschieht. Mit innerer Disziplin erforschen wir uns immer wieder. So wird es uns möglich, unsere Kenntnisse auch an andere weiterzugeben.

Vielleicht bringt es uns nicht das große Glück, nach dem wir normalerweise vergeblich suchen, aber es bringt uns Frieden und Gelassenheit. Das hilft uns, den Menschen um uns herum Freude zu geben.

Es folgt jetzt die Anleitung für das Sitzen zur Meditation im Anschluss an die oben stehende Übung über »Leere und Raum«.

Übung *Wir setzen uns zur Meditation und gehen mit unserer Aufmerksamkeit zum heiligen Dreieck, dem untersten Steißbeinwirbel mit den beiden Sitzknochen, die wir verwurzeln lassen. Wir sitzen auf den Vorderseiten der Sitzknochen und erleben die Strahlung des heiligen Dreiecks.*

Wir schauen mit unserem rechten Auge, dritten Auge und linken Auge wie aus einem Auge in die Tiefe unserer Schale.

Auf beiden Seiten unserer Sitzknochen fühlen wir die kleinen Kissen unserer Gesäßmuskeln. Zwischen diesen Gesäßkissen lassen wir das Kreuzbein los, wodurch der Boden unserer Schale noch tiefer wird und sich als Ganzes zur Erde hin loslässt. Es ist, als ob wir getragen werden, von tief in der Erde.

Wir sind mit unserer ganzen Aufmerksamkeit dabei und nehmen diese Unterstützung für das Sitzen an, auch von unserem kosmischen Auge und von unserer Schale her.

Unsere Wirbelsäule ruht von der Grenze zwischen Steißbein und Kreuzbein her kraftvoll in dem Boden, auf dem wir gerade sitzen.

Nun setzen wir Wirbel für Wirbel fest aufeinander, wie eine Säule, die mit dem Kreuzbein fest verbunden ist.

So bilden wir ein starkes Rückgrat bis in unseren Bauchraum, immer verbunden mit dem, worauf wir sitzen, also dem Hocker oder dem Boden.

Wir fühlen die Kraft und wir sitzen aufrecht.

Wir folgen innerlich, wie ein Wirbel nach dem anderen die Säule bis zu unserem Brustkorb aufbaut. Und wie von den Wirbeln her die Strahlung immer wieder nach unten geht, von einem zum andern.

So bauen wir bis zu unserem Magen-Sonnengeflecht-Gebiet hin eine Säule auf und bis zu dem Gebiet zwischen den Schulterblättern.

Wirbel nach Wirbel, bis zu den Halswirbeln. Und immer wird die Säule durch unser verwurzeltes Sitzen auf unserem Hocker oder auf dem Boden getragen.

Bis wir bei dem Atlas ankommen, der unseren Kopf trägt. Und jetzt trägt die ganze Säule unseren Kopf. Wenn unsere Wirbelsäule so von unserem Boden her aufgebaut ist, sitzen wir ohne jede Mühe aufrecht.

Kosmische Energie strömt durch alle Wirbel, alle Gelenke, die Schalen der Hüftgelenke, bis in den Raum unseres Kopfes und durch unseren ganzen Körper hindurch. Auch durch die offenen Poren unserer Haut.

Völlig entspannt sitzen wir in der Stille. Stille im Raum unseres Körpers und um uns herum.

Es ist sehr gut möglich, dass wir in unserer Meditation auf einmal ein bestimmtes Bild oder eine Vorstellung von etwas wahrnehmen, oder wir fühlen, dass wir unseren Atem festhalten statt ihn loszulassen und auszuatmen. Das ist an sich noch nicht so schlimm, aber es macht einen Unterschied, ob man darauf achtet oder nicht. Deshalb sollten wir uns immer auf die Meditation vorbereiten, am besten eine halbe Stunde lang.

Erst wenn wir aufmerksam unsere inneren Erfahrungen angesehen und durchlebt haben, entsteht Raum und Stille für die Meditation.

Wir setzen uns dann, so wie wir es in der Anleitung gerade gesehen haben, aufrecht hin. Unsere Augen sind geschlossen oder auf einen festen Punkt vor uns auf dem Boden gerichtet. Und wir nehmen wahr, was in uns geschieht: Gedanken, Bilder, Erinnerungen, Ärger, Zorn, Wut, Kränkung, Angst und körperliche Wahrnehmungen wie Krampf, Kälte, Müdigkeit oder Hunger.

Wir lassen das dann alles bewusst beim Ausatmen durch die Füße los und erfahren im Einatmen neue Energie.

Raum entsteht – und Leere.

Wenn du die Tiefen deiner Seele prüfst
und die Höhen des Raumes misst,
wirst du nichts anderes hören als eine Melodie,
in welcher das Lied von Steinen und Sternen
in vollkommener Harmonie erklingt.

Khalil Gibran

25 Das unbegrenzte Herz

Bis jetzt haben wir viel über Stille gesprochen, über das Schweigen und über das Horchen nach innen, auf unsere innere Stimme.

Jetzt möchte ich bei der Annäherung an das Stillwerden einmal von unseren Ohren ausgehen. Wussten Sie, dass der Fötus schon nach sieben oder acht Tagen Ohren hat? Eine angehende Mutter sollte sich viel bewusster sein, dass das Kind, das sie in sich trägt, ihre Stimme hört. Sie sollte täglich mit ihrem Kind sprechen. Das Kind antwortet mit Bewegungen. Außer auf liebevolle Worte ihrer Mutter reagieren Babys im Mutterleib auch auf Musik. Die kleinen Füße strampeln dann gegen die Bauchwand. Als geeignete Musik werden Mozart, Vivaldi und Bach genannt.

Anthropologen sagen, dass unser Ohr in früheren Zeiten die Menschen das Rechnen lehrte. Das Ohr diente als unser Urgehirn. Darüber wurde viel geschrieben, es ist ein sehr interessantes Thema.

Im ersten Buch der Könige des Alten Testaments steht eine kleine Geschichte, die etwa so lautet (19,11-13):

> Zuerst war da ein schrecklicher Sturm
> und die Berge bebten, Felsen zerrissen,
> aber Gott sprach nicht.
>
> Nach dem Erdbeben kam Feuer,
> alles verbrannte,
> aber Gott sprach nicht.

Nach dem Feuer kam die Stille,
und in dem Rauschen der Stille,
da sprach Gott.

In vielen alten spirituellen Erzählungen wird über das Lauschen, das Horchen, über Stille und das Schweigen gesprochen. Nur so kommen wir zu innerer Einsicht, zur Bewusstwerdung unserer selbst.

Die Inder sprechen von Atman, dem höheren Selbst.
Zen nennt es den Geist, die Buddha-Natur.
Die christliche Mystik nennt es »Christus in uns«.
Viele spirituelle Lehrer sprechen von »Gott in uns«.
Die transpersonale Psychologie nennt es »das transpersonale Selbst« oder »das transzendente Selbst«.

Ich möchte Sie durch die folgende Übung gerne das ein oder andere davon fühlen lassen.

Übung *Zuerst regeln wir unseren Atem vom kosmischen Auge her, das in der Zwischenwirbelscheibe zwischen dem zweiten und dritten Kreuzbeinwirbel liegt, von vorne kommend etwa drei Fingerbreit über dem Schambein.*

Dann legen wir uns hin und rollen mit Aufmerksamkeit unsere Wirbelsäule ab, Wirbel für Wirbel. Wir sehen gleichsam zu, wie jeder Wirbel im Boden und in der Erde darunter einen Abdruck hinterlässt.

Von unserem Becken her legen wir unsere Beine etwas auseinander, die Fersen ruhen auf dem Boden.

Unsere Oberarme liegen rechts und links neben unserem Körper. Unsere Hände legen wir auf unseren unteren Bauch, sodass wir Energie in den Raum unserer Bauchhöhle hineinstrahlen.

Wir atmen von unserem kosmischen Auge her ein und erfahren das rundum Rundwerden unserer Schale und ihres Bodens, der Haut des Beckenbodens.

Wir erfahren, wie die Energien von unserem kosmischen Auge her durch den Beckenboden ausstrahlen und durch unsere Beine und Füße hindurchstrahlen. Und wie unsere Schale eins wird mit unserer Erde, dem neunten Chakra, 40 cm an unseren Füßen vorbei.

Sehr ruhig wahrnehmen.

Nichts anspannen, nicht anstrengen, nichts forcieren.

Die Ausatmung ganz ruhig völlig wegebben lassen.

Von etwa 40 cm über unserem Kopf kommt die Ausatmung nun durch unseren Scheitel, durch unseren Kopf, hinunter durch die Wirbelsäule bis zu unserem letzten Steißbeinwirbel.

Von da aus strömt sie mitten durch Beine und Füße zu unserer Erde.

Es gibt keinen Abstand, also gehen wir eigentlich wie von selbst mit unserem Atem mit, durch uns hindurch.

Wir atmen immer stiller und ruhiger.

Wir merken, dass wir dabei eigentlich horchend anwesend sind und nach innen hören. Es geht um dieses nach innen Horchen und aufmerksam in uns anwesend Sein.

Von dem Moment an, in dem die Luft in unsere Nase hineinströmt, sind wir dabei und nehmen wahr, wie sie in unseren Brustkorb gelangt, wie der Atem den Raum unseres Bauches füllt und bis in unsere Seiten geht.

Unsere Hände auf unserem Unterbauch helfen uns, noch tiefer in unserer Schale anwesend zu sein.

Wenn wir eine Zeit lang so geatmet haben und so da sind, lauschen wir in dem Zwischenraum unserer Ein- und Ausatmung nach innen. Wir merken dann, dass die Pausen, die Zwischenräume, länger werden.

Wir merken, dass unser Atmen von alleine zu ruhigem, sich in einem normalen Rhythmus vollziehenden Atmen neigt. Eigentlich merken wir, dass, von Atemzug zu Atemzug, der Abstand zwischen zwei Atemzügen immer länger wird.

Es atmet in uns.

Wir erfahren das im Tor zwischen den Nieren in unserem Rücken und in den Leistentoren zwischen Schambein und Oberschenkeln.

Jetzt lauschen wir ganz entspannt auf das Schlagen unseres Pulses. Wenn es uns hilft, das zu fühlen, können wir unsere Hände auf unsere Schläfen legen oder eine Hand auf den Puls der anderen. Oder eine Hand dahin, wo der Hals beginnt, oder auf den Carotispunkt, auf halber Höhe des Halses.

Wir werden uns bewusst, dass unser Herzschlag dazu tendiert, sich zu normalisieren, wenn wir so lauschen. Und dass unser Herz der Ursprung des Pulsierens ist.

Jetzt lauschen wir mit Aufmerksamkeit auf unser Herz selbst.

Wir tun es mit Hingabe.

Dann wird es so still ...

Wir bemerken in dieser Stille, dass das Herz viel mit Liebe zu tun hat.

Wir haben unsere Hände wieder auf unseren Unterbauch zurückgelegt, oder neben unseren Körper auf den Boden, und sind jetzt völlig auf unser Herz konzentriert.

Und dann gehen wir noch einmal in die Zwischenräume zwischen Ein- und Ausatmung.

Und jetzt zu unserem Herzschlag und auch hier horchen wir in die Zwischenräume, die zwischen zwei Schlägen da sind.

Das ist schwieriger als das Hineingeben in die Räume zwischen Ein- und Ausatmung. Aber wir können trotzdem gut in den Zwischenräumen zwischen den Schlägen unseres Herzens sein.

Wenn es uns gelingt, ist es so, als ob sich die Zwischenräume zwischen Ein- und Ausatmung und zwischen den Herz-

schlägen ausweiten, sie sind nicht mehr so klein und folgen nicht mehr so dicht aufeinander, wie es eben noch schien.

Und dann, ganz allmählich, geschieht etwas Wunderbares. Während die Zwischenräume größer werden, vergrößert sich unser Herz.

Unser Herz wird langsam größer, wir werden uns dessen bewusst. Und dann merken wir auch viel deutlicher, wie das Herz in unserem Brustkorb schlägt. Nicht nur in dem Raum des Organ-Herzens und nicht nur in dem Raum des mystischen Herzens, sondern im gesamten Brustkorb.

Auch auf der rechten Seite. Wir fühlen und hören es auch dort.

Wir bemerken gleichzeitig den Impuls unseres Herzens, wachsen zu wollen. Und dann merken wir auch, dass das Ausweiten sich vom Raum unseres Brustkorbs fortsetzt zu unserem Zwerchfell und zum Raum unseres Magens, der sich auch zur Wirbelsäule hin ausweitet.

Und dann geht unser Herz in unseren Bauchraum hinein.

Immer weiter setzt sich das Weitwerden unseres Herzens fort. Jetzt auch in unseren Geschlechtsorganen. Achten Sie darauf, wie stark Ihr Herzschlag dort ist.

Und wenn es nun schon einmal so weit ist, will es noch weiter. Unser Herz geht in unser linkes Bein hinein, zuerst in den Oberschenkel.

Dann kommt es zu einem Punkt, an dem wir es besonders deutlich wahrnehmen können, nämlich in der linken Kniekehle. Dort lauschen wir unserem Herzschlag.

Es geht weiter durch zu unserem Unterschenkel, in unsere Wade. Und wieder kommt ein Punkt, in dem wir unseren Herzschlag leicht wahrnehmen können: in unseren Knöcheln.

Aber auch hier bleibt unser Herzschlag nicht stehen. Er setzt sich fort, bis in unsere Fußsohle hinein, und nimmt an Kraft zu. Wir nehmen die Aktivität unseres Herzens dort als ein leichtes, angenehmes Prickeln wahr.

Das sanfte Prickeln fühlen wir auch in und um unsere Zehen. Wir wählen einen Zeh aus, egal welchen, und nehmen die Strahlung unseres Herzens dort wahr. Die anderen Zehen machen mit. Auch in unseren Zehenspitzen fühlen wir das Schlagen unseres Herzens sehr deutlich.

Das Prickeln geht auf unseren rechten Fuß über, auch auf die Zehen dieses Fußes. Wir wählen aufs Neue einen Zeh und lauschen in dem Zeh auf das Schlagen.

Eigentlich ist es etwas sehr Besonderes, dass wir unser Herz am besten an den am weitesten entfernten Punkten unseres Körpers wahrnehmen. Doch bleibt unser Herz auch dort nicht. Es will noch weiter an Kraft und Raum zunehmen.

Deshalb gehen wir jetzt wieder durch unser rechtes Bein zurück und in unsere Geschlechtsorgane hinein. Dort folgen wir ruhig unserem Herzschlag.

Von dort aus gehen wir zu unserer Wirbelsäule. Erst zum untersten Steißbeinwirbel und dann Stufe für Stufe mit unserer Aufmerksamkeit nach oben. So als ob wir zu jedem Wirbel »hallo« sagen würden.

Erst den Steißbeinwirbeln, dann den Lendenwirbeln. Und jedem Wirbel geben wir einzeln unsere Aufmerksamkeit.

Dann den Brustwirbeln und schließlich den Halswirbeln, bis wir beim obersten Halswirbel, dem Atlas, angekommen sind.

Dann lassen wir unser Herz etwas ausruhen und schauen nach unten, zu dieser steilen Treppe, über die wir nach oben gekommen sind.

Aber wir bleiben auch hier nicht lange stehen. Wir gehen weiter, in unsere linke Schulter hinein und durch unseren linken Oberarm. Und dann nehmen wir an der Innenseite unseres Ellenbogens unseren Herzschlag besonders deutlich wahr, sowohl im Fühlen als auch im Horchen.

Und dann auch unseren Puls, an dem vielleicht unsere ganze Reise mit dem Herzschlag begonnen hat. Und immer blei-

ben wir mit unserer Aufmerksamkeit an der Stelle, mit der wir beschäftigt sind.

Wir nehmen den Herzschlag an der Oberseite unserer linken Hand wahr, in Richtung unserer Finger. Wir gehen in alle fünf Fingerspitzen hinein. Dann wählen wir eine Fingerspitze aus, in der wir den Herzschlag deutlich fühlen.

Wir nehmen die Stille wahr und den unendlichen Raum unseres Körpers, grenzenlos strahlend in weißem Licht. In einer ganz feinen Energie.

Doch auch da bleibt unser Herzschlag nicht stehen. Er geht weiter.

Wieder folgen wir unserem Herzen. Es geht zurück zu seinem Ausgangspunkt, zum obersten Halswirbel, dem Atlas.

Und wir merken, dass unser Herzschlag in unseren rechten Arm hinein geht, durch unsere rechte Schulter, durch den rechten Oberarm, durch die Innenseite des Ellenbogens, Unterarm und Hand.

Wenn wir bei der Innenseite der rechten Hand angekommen sind, merken wir, dass es genauso zu prickeln beginnt wie in der linken Hand. Das setzt sich in unseren Fingern fort.

Auch hier wählen wir eine Fingerspitze aus, in der wir unseren Herzschlag ganz bewusst fühlen.

Dann gehen wir noch einmal zu unserem obersten Halswirbel, dem Atlas, zurück. Wir nehmen bewusst wahr, dass unser Herz noch niemals vorher so groß war.

Wir schauen vom Atlas nach unten in den grenzenlosen Raum unseres Körpers.

Unser Körper ist unser Herz geworden.

Und was ist jetzt mit unserem Kopf? Auch dahin will unser Herz.

Wenn wir fühlen, dass unser Herz auch im Kopf angekommen ist, fühlen wir das im Raum unserer Kehle und im Raum unseres Gaumens, so als ob wir es schmecken könnten.

Und dann merken wir es in unserer Nase und den Nebenhöhlen. Eigentlich können wir es riechen.

Es breitet sich in unsere Wangen aus, geht dann zu unseren Augenhöhlen und liegt dort wie in einer kleinen Wiege. Still und entspannt.

Es geht in unsere Stirn, in die Stirnhöhlen hinein und in die Schläfen.

Und dann geht es auch in unser Gehirn, unseren Verstand. Auch da geben wir ihm allen Raum.

Es geht weiter nach oben zum Punkt der Weisheit, mitten auf unserem Kopf und zu unserem Scheitel. Und wir lassen ihm Zeit, da zu sein. Denn auch unser denkendes Ich soll ganz Herz werden.

Ein wunderbares Gefühl. Es ist wichtig, dass wir das genießen. Damit wir, wenn wir uns später daran erinnern, wie schön das war, lernen, uns mit unserem Herzen daran zu erinnern.

Wir lernen dann auch in unserem täglichen Leben anders zu denken, bei allem, was uns begegnet.

Wir sind jetzt ganz Herz.

Aber dann werden wir uns bewusst, dass da noch zwei Stellen in unserem Körper sind, an denen unser Herz noch nicht war. Und das sind unsere Ohren, ganz rechts und ganz links in uns.

Wir lassen das Herz in die Räume unserer Ohren hinein. Es geht Bogen für Bogen durch das Labyrinth und kommt dann in die tiefsten Stellen unserer Ohren. Wir gehen tief hinein und fühlen uns ein. Wenn wir das mit aller Aufmerksamkeit tun, fühlen wir auch den Punkt, in dem die beiden zusammenkommen.

Von der Stelle, wo unsere Ohren sich in der Tiefe begegnen, lauschen wir unserem Herzen und verbinden diesen Raum mit unserem Organ-Herz.

Wir sehen dabei in Gedanken das Bild unserer beiden Ohrmuscheln, die, wenn wir sie so nebeneinander legen könnten, zusammen ein Herz formen. Die beiden oberen Enden formen

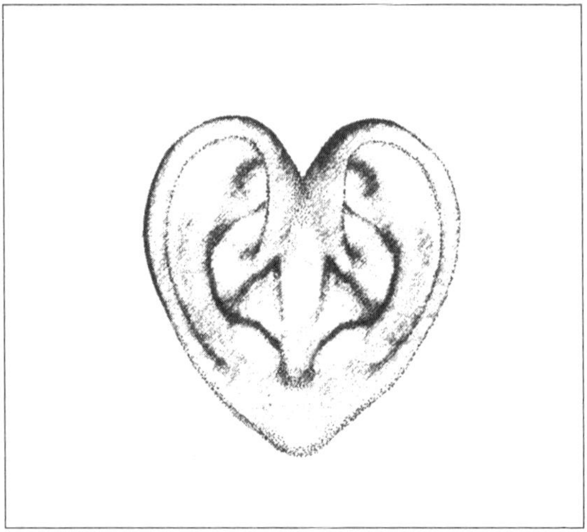

die Rundungen an der Oberseite des Herzens, die beiden Ohrläppchen zusammen die Spitze an der Unterseite.

Dann wird unser Herz so groß, dass das nach innen Horchen zur Meditation wird.

Der Raum unseres Herzens ist jetzt so groß wie der Raum unseres ganzen Körpers.

Und der Kosmos verbindet sich mit unserem Herzschlag, auch tief in unseren Ohren.

Wir erfahren so Einsicht und tieferes Verständnis, Antwort auf eine Frage, die in uns ist und das Bewusstwerden von etwas, das uns auf unserem Weg weiterbringt. Und das vergessen wir auch nie mehr.

Das nach innen Hören ist ein tieferes, klareres Hören, das zum Horchen wird. Ein vertiefter Sinn, so wie das nach innen Sehen stärker und tiefer wird, zum inneren Schauen.

Wir wissen dann deutlich, ob eine Einsicht wirklich aus unserer Tiefe kommt, ohne etwas von unserem Ego, unserem denkenden Ich zu sein.

Es ist ein ganz tiefes, feines Erfahren. Nehmen Sie sich die Zeit dafür.

Wir merken, wie gut das tut, wenn sich unser Gaumen durch den Kopf und Scheitel hindurch zum Himmel hin öffnet, zu unserem achten Chakra. Und dass er sich auch durch den Raum unseres ganzen Körpers hindurch nach unten öffnet, durch die Räume unserer Füße hinein in die Erde.

Mit liebevoller Aufmerksamkeit und Hingabe sind wir jetzt offen zwischen Erde und Himmel!

Unser Herz ist jetzt kein Organ mehr, sondern so durch den physischen, ätherischen und astralen Körper hindurch ausgeweitet, dass es eins geworden ist mit dem kosmischen Raum.

Alle Schmerzen und alle Spannungen haben sich gelöst. Wir fühlen uns gereinigt und gestärkt.

Wir bleiben eine Weile so und fühlen still und dankbar nach.

Wenn Sie sich vom Text dieser Übung eine Aufnahme anfertigen und damit zu Hause üben, können Sie das Abspielgerät ruhig zwischendurch ausschalten, eine Pause machen und dann wieder anstellen, um weiter wahrzunehmen.

Selbst nach Jahren werden Sie in dieser Übung immer wieder neue Dinge entdecken, weil Sie durch das regelmäßige Üben auf dem inneren Weg weitergekommen sind.

Als alles in der Stille war
kam von oben leis herab
vom königlichen Thron
ein verborgenes Wort in mich

Meister Eckehart

26 Die offene Lebenshaltung

Leben offenbart sich in unendlich vielen Variationen und Formen, unendlich in der Zahl und keine Form ist dieselbe. Sie kommen und gehen und verändern sich in einem endlosen Strom der Zeit.

Leben hat in unserem Körper eine Basisfunktion. Und das Organ, das direkt mit dieser Funktion verbunden ist, ist das Gleichgewichtsorgan. Von diesem Zentrum aus vollzieht sich der Wachstumsprozess in uns. Wenn das Kind, das wir waren, erwachsen wird, geht diese Funktion weiter. Der Wachstumsprozess ist dann auf die Ausbreitung und Verstärkung unserer Ausstrahlung gerichtet, zu allen Seiten in die Räume außerhalb unseres Körpers. Dabei geht es auch darum, dass wir unsere schöpferischen Möglichkeiten in diesen Räumen entwickeln können. Wir können so auf einer tieferen Ebene mit den Menschen, denen wir begegnen, und mit den Gegenständen, die wir berühren, umgehen.

Das kann uns zur Mitarbeit an der weiteren Evolution unseres Planeten befähigen, zur harmonischen Zusammenarbeit mit anderen Menschen und zum Schaffen eines reinen Gleichgewichts im menschlichen Körper.

Das vollkommene Gleichgewicht in der ganzen Menschheit ist nur möglich, wenn wir uns bewusst total öffnen und dadurch in der Lage sind, alle Gaben anzuwenden, die wir bekommen haben. Dazu müssen wir als erstes Gleichgewicht und Ordnung zwischen uns selbst und der Erde schaffen. Unsere Füße, unsere Zehen, die Tore zwischen den Zehen, die Haut der Fußsohlen müssen immer offen sein, der Rand unter unseren Zehen nicht verkrampft und zurückgezogen, sondern offen zur Erde hin. So sind wir, wenn wir unser Leben akzeptieren.

Leben bedeutet, dass wir uns in jedem Moment des Lebens bewusst sind, und erkennen, dass das Leben ein Geschenk ist.

Wir erschaffen unser Leben nicht selbst.

Leben offenbart sich durch uns.

Wenn wir bedenken, dass alle Lebensformen aus Bewegung entstanden sind, geht unsere Aufmerksamkeit von selbst zum kosmischen Auge, unserer Lebensquelle. Von dieser Quelle her strömt die kosmische Energie nach allen Seiten, durch jedes Körperteil, reinigend und erneuernd. Eine ständige Flut von Lebensenergie durch den gesamten Raum unseres Körpers unterstützt all unsere Bewegungen, sowie die Art, in der wir uns mit Worten und Klängen ausdrücken.

Damit wir Menschen wissen, was im nächsten Augenblick geschieht, muss die Struktur und Funktion unseres Körpers völlig geöffnet sein und empfangen können.

Von unserem kosmischen Auge und der offenen Schale her ist unser Körper für den kosmischen Raum um uns herum geöffnet, und bereit, nicht nur körperliche, sondern auch geistige Nahrung zu empfangen, die er für sein physisches und geistiges Dasein braucht. Nur von diesem Geöffnetsein her wird uns bewusst, was wir in einem bestimmten Moment tun oder lassen müssen.

In diesem offenen Zustand zu bleiben bedeutet nicht, dass wir anderen oder uns selbst keine Fragen stellen können. Aber wenn wir eine Frage stellen, sind wir schon mit einem bestimmten Problem beschäftigt. Und viel zu schnell hoffen wir dann auf eine bestimmte Möglichkeit, das Problem zu lösen. Und natürlich horchen wir dann nicht nach innen.

Innerlich zu horchen schafft innere Stille in uns und bringt uns, vom kosmischen Auge her, in ein natürliches Ein- und Ausatmen. Unser Brustkorb ist von dorther ein offener Raum. Der vorderste Teil unseres Kopfes ist frei und wir fühlen unseren Magenraum entspannt, offen nach hinten, zu unserer Wirbelsäule hin.

Vom achten Chakra strahlt das kosmische Licht in Längsrichtung durch unsere Mitte, und links und rechts davon zu den untersten zwei Rippen, den freien Rippen, und dann weiter durch zu unseren »Toren von Leben und Tod«, etwas hinter und unterhalb der Hüftgelenke.

Weit und tief lassen wir das Licht dort nach innen und nehmen uns Zeit, diese zwei Punkte mit dem großen Blasenpunkt mitten im Damm zu verbinden, dem dritten Punkt, der dazugehört.

Auch der unterste Steißbeinwirbel gehört dazu und macht mit und strahlt durch die Beine und Füße zur Erde hin aus. Wenn wir noch Spannung im Zwerchfell fühlen, dort, wo dieser Muskel an den freien Rippen befestigt ist, gehen wir mit unserer Aufmerksamkeit hin, um auch hier loszulassen.

Wir können auf verschiedene Weise der Welt um uns herum begegnen. Und es gibt endlos viele Arten, wie wir auf das, was auf uns zukommt, reagieren. Wir können zum Beispiel abwarten oder uns wundern, können offen sein und aufmerksam. Oder wir verstehen es nicht und entrüsten uns, oder wir staunen, sind unsicher und unentschlossen. Wir können so etwas aber auch erfreut als ein unerwartetes Geschenk ansehen.

Wenn wir uns geduldig oder offen verhalten und das Neue an uns herankommen lassen, erleben wir, dass unsere Reaktion von Mal zu Mal anders ausfällt, weil sie aus unserem Wesen kommt.

Körper, Seele und Geist sind eins und bleiben es auch, wenn wir lernen, unsere Wahrnehmung zu erneuern. Indem wir also in unserem Körper eine totale Empfänglichkeit schaffen, werden unsere Sinne wie offene Tore. Sie nehmen dann alles, was außen ist, in uns auf. Alles, was wir wahrnehmen, durchdringt und prägt uns. Und wir lassen das bis in die »zwei Punkte von Aufmerksamkeit und Energie« zu, die tief in der Basis unseres Kopfes, links und rechts unter und hinter unseren Ohren liegen.

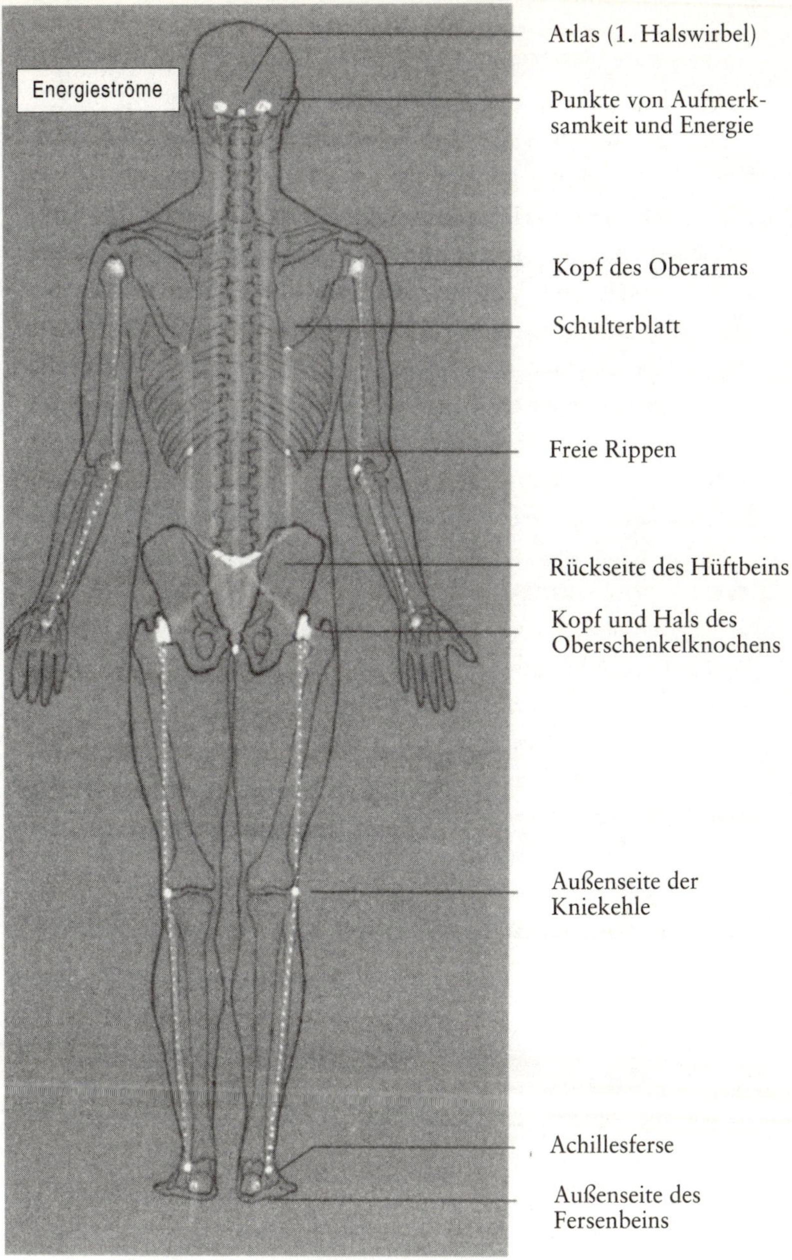

Energieströme aus den Punkten von Aufmerksamkeit und Energie

Wir lernen so, die Bilder, die wir in uns aufnehmen, klar zu sehen. Wir werden uns bewusst, dass wir nicht nur die äußere Form und Gestalt wahrnehmen, sondern auch ihr Inneres und was sie bewegt. Auf diese Weise »erobern« wir Einsicht in uns. Dabei stellen wir eine Verbindung der beiden »Punkte von Aufmerksamkeit und Energie« mit unserem kosmischen Auge, unserem Zentrum her.

Diese Verbindung ergibt einen Weg von reiner Konzentration durch uns hindurch und öffnet unser ganzes körperliches und geistiges Potenzial. Es kommt selten vor, dass diese Stellen bewusst offen sind, weil es so mühsam ist, unser denkendes Ich loszulassen.

Aber wenn wir uns so haben loslassen können, bleiben die freien Rippen offen, sofern wir von unserem kosmischen Auge her in einem natürlichen Rhythmus ein- und ausatmen. Dann strömen kosmische Energien durch alle Gelenke, besonders durch die Hüften und Schultern, in denen sich die Knochen der Oberschenkel und Oberarme bewegen.

Unser Körper wird sich immer natürlicher und selbstverständlicher an dieser inneren Einstellung ausrichten. Unser Zwerchfell bleibt dann entspannt, weil wir immer von unserem tiefsten Selbst, unserem Wesen her anwesend sind. Abwartend, uns überraschen lassend und uns fragend, was wohl das Ergebnis sein wird, beziehungsweise welche Reaktionen auf das kommen werden, was wir gesagt oder getan haben. Und ob wir die dann akzeptieren und leben können.

Wir fühlen und tasten innerlich ab. Das ist, genauso wie die entsprechende körperliche Haltung, nötig, um in Gebärden und Bewegungen »Ja« sagen zu können. Wir könnten in diesem Zusammenhang auch von der »Ja«-Bewegung sprechen. Sie beginnt aus dem inneren Stillsein heraus und wird durch unseren Kopf unterstützt, der auf dem Atlas ruht. Wir drücken das »Ja« körperlich aus, indem wir unseren Nacken etwas strecken, sodass er und der Hinterkopf in etwa eine Linie bilden, während wir unser Kinn etwas zurücknehmen.

Im Gegensatz dazu breitet sich eine Spannung im Zwerchfell nach hinten in Richtung Unterrand des Brustkorbs aus, wenn wir eigentlich nicht handeln oder etwas nicht angehen wollen. Dann, wenn wir also »Nein« zu jemandem oder irgendetwas sagen müssten.

Wenn wir uns dann aber zurückhalten, breitet sich von unserer Wirbelsäule her die negative Spannung von unserem Brustkorb nach links und rechts aus, weil in uns die Frage lebt: »Wie wird der andere reagieren, wenn ich mich weigere und nicht mitmache?« Diese Haltung unseres Kopfes auf dem Atlas, oben an der Wirbelsäule, sagt ohne Worte »Nein« in unserer Ausatmung.

Weiterhin sind wir wach und voller Aufmerksamkeit beim Schädelbasisrand, dem Okzipitalrand. Wir horchen aufmerksam nach innen, wodurch Energie nach unten strömt und unserem ganzen Körper Lebendigkeit und Vitalität bringt.

Durch das Offensein der freien Rippen erhält der Zwerchfellmuskel körperliche und geistige Stütze. Wir vergessen oft, was das Zwerchfell eigentlich tut. Dieser Muskel »massiert« die Organe in unserem Bauchraum und setzt alle psychischen Spannungen in Handlungen und Gebärden um.

Wenn wir wirklich ausatmen, kann der vordere Teil des Zwerchfells unserem Magen ganz leicht Raum zur Wirbelsäule hin geben. Dieser Raum ist wie ein Tal, eine Kuhle, die von der Wirbelsäule ab atmend nach oben kommt und wieder absinkt, zur Wirbelsäule hin. Wir fühlen, wie diese Bewegung unter unserem Brustbein den Magen entspannt. Unser Atem strömt dann frei nach außen, und unsere Worte, unser Singen und Summen klingen klar und harmonisch aus der Tiefe unserer Schale. Versuchen wir es einmal mit dem Klang »Hu«. Wir summen ihn von der Tiefe unseres Beckens, mit den zur Erde hin geöffneten Füßen.

Wenn wir in einer Gruppe üben, lassen wir diesen Klang wie die Wellen des Meeres durch den Raum fließen. Jeder in seinem eigenen Tempo, ohne mit dem Einatmen auf die anderen zu warten. Das tun wir einige Minuten lang, bis wirklich ein harmonisches Meer von Klängen entsteht. Wenn wir alleine üben, können wir ungefähr vierundzwanzigmal das »Hu« summen.

Den Atem so aufzubauen ist noch einmal etwas ganz anderes, als wie wir früher ein- und ausgeatmet haben. Alle Bereiche des Körpers sind mit einbezogen und ein unbegrenzter Raum geworden. Auch unsere Aufmerksamkeit wird durch dieses Atmen tiefer, weiter, bis weit über die Schale hinaus. Das ist eine Entwicklung, die uns eine oder mehrere Phasen unserer Transformation später zu einem Teil des Kosmos werden lässt.

Es erfordert viel, sich die Zeit in unseren übervollen Tagen dafür zu erübrigen und sich für das regelmäßige Üben zu entscheiden, immer wieder und vor allem anderen.

Aber wir bekommen auch unvorstellbar viel. Eine vertiefte Wahrnehmung und ganz tiefes Wissen. Wir kommen los von der Angst und erleben stattdessen Hingabe und tiefes Vertrauen. Und hinter der Einsamkeit finden wir Geborgenheit in unserem Selbst – und mehr.

Nach dem oben Gesagten werden wir uns in der folgenden Übung noch dem Muskel widmen, der den unteren Rücken und die seitlichen Rippen unterstützt. Dieser Muskel selbst sucht Unterstützung an der Unterseite der Hüftgelenke. Leider ziehen wir ihn oft nach oben, so wie wir beinahe alle unseren inneren Organe nach oben ziehen.

Übung *Wir nehmen uns jetzt die Zeit, um ruhig in unseren Körper zu schauen und zu fühlen. In diesen leuchtenden, unbegrenzten Raum, der er geworden ist.*

Erst sehen wir, atmend vom kosmischen Auge her, mit unserem vergrößerten rechten Auge, dem dritten Auge, und dem linken Auge durch die linke Schläfe nach außen, mindestens 40 cm ins Kosmische hinein. Auch an unserer Rückseite.

Es ist uns im Üben wahrscheinlich aufgefallen, dass die Energien bei der Ein- und Ausatmung immer an der Rückseite nach unten, in die Erde hineingehen, entlang der Wirbelsäule und durch sie hindurch, durch den Heilfaden, der Körper, Seele und Geist in uns verbindet. Wir erleben bewusst ein großes Wunder, immer wieder.

Jetzt ganz ruhig innerlich mitgehen, entspannen und einfühlen.

Wir lassen auch Raum am Unterrand unseres Schädelknochens in unserem Hinterkopf entstehen.

In diesem Raum unterscheiden wir zwei empfindliche Teile unseres denkenden Ichs, rechts und links. Wir lassen beide Teile los, und gehen von unserem Hinterkopf konzentriert mit den Energieströmen mit nach unten, während wir Raum und Entspannung durch unseren Körper hindurch zu unserer Erde bringen.

Diese einfache Bewegung hält nicht nur die freien Rippen offen, sondern ermöglicht auch unser Atmen vom kosmischen Auge her. Und zwar dadurch, dass sich jetzt die Muskulatur zwischen Brustkorb und Schambein entspannt, statt sich tief in unserem Bauchraum zusammenzuziehen und zu verkürzen.

So unterstützen wir alle Organe in unserem Bauch-Becken-Raum. Auch das Gebiet zwischen Brustkorb und Becken ist jetzt frei von Spannung. Und es wird weder Druck auf unsere Luftröhre noch auf unseren Kehlkopf ausgeübt. Unsere Kehle bleibt offen und wir können entspannt ausatmen.

Dann verändert der Atem seine Richtung: Er geht jetzt gegen die Rückseite unserer Kehle und dann nach vorne durch die Mundhöhle, also unterstützt durch die Rückseite der Kehle hinten in unserem Mund.

Unsere Zunge ist frei von Spannung und ruht in unserem Unterkiefer, offen und breit, wie eine geöffnete Schale.

Ruhig durchatmen und einfühlen.

Schauen Sie jetzt mit Ihrem rechten Auge, dritten Auge, linken Auge wie aus einem Auge nach innen.

Dann nehmen Sie ein Auge in der Stirn nach dem anderen hinzu, bis alle fünf eins geworden sind und sich ganz mit dem rechten und linken Auge verbinden.

Wir transformieren vollständig. Das kosmische Licht und die kosmischen Energien erfüllen uns und wir werden tief in uns ganz still.

In dieser andächtigen Stille empfangen wir Inspiration und Ideen. Pläne entstehen und wir verbinden uns mit allen anderen Erscheinungsformen im kosmischen Raum um uns.

Wir kommunizieren mit ihnen und haben dabei all die Erfahrungen und Eindrücke eines ganzen Lebens in unserer Schale zur Verfügung.

Wenn wir unseren Auftrag erfüllen wollen, können wir nur wissen, wie wir das tun können, wenn wir bei und in uns selbst bleiben, eins mit der Energie aus dem kosmischen Auge und mit unserer Beckenschale.

Wir lernen, und das wird allmählich einfacher, vom Raum unseres Körpers her offen zu sein und auf das zu hören, was jetzt, in diesem Moment vor uns liegt.

Inspiration wird dann zu einer vertieften Intelligenz, die Körper, Seele und Geist Richtung gibt in allem, was wir sagen und tun und in allem, dem wir Ausdruck geben wollen.

Total wach im Jetzt.

Fragen zu stellen, wie zum Beispiel die Frage »Warum?«, in Worten und Gedanken, sei es nun an Menschen um uns oder an unser Selbst, oder in Gebeten an Gott, macht es uns unmöglich, in unserer inneren Stille zu sein, in Hingabe abwartend, in Verbindung mit Gott.

Es ist eine Entscheidung, und es geht darum, zu ihr zu stehen, jeden Tag und jede Minute.

Auch ich habe das lernen müssen. Und nach meinem Empfinden ist es die einzige Möglichkeit, unseren eigenen einmaligen Auftrag in diesem Leben zu erfüllen. Es erfordert, dass wir völlig hinter unserer Entscheidung stehen. Nicht ein bisschen von diesem und ein bisschen von jenem. Denn das andere hat eine andere Energie und ist eine andere Ebene, von der her man dann lebt.

Man kann zum Beispiel nicht der Yoga-Philosophie folgen *und* diesen Weg mit Herz und Seele gehen. Es funktioniert nicht, einerseits Yoga zu praktizieren und nebenbei ab und zu diese Übungen und Meditationen zu machen, weil Yoga die östliche Philosophie praktiziert, dieser Weg aber das Östliche und Westliche miteinander verbindet.

Beiden Wegen ist zwar das ein oder andere gemeinsam, wie zum Beispiel das aufrechte Sitzen und das Mitgehen mit dem Atem, aber auf diesem Weg geht es darum, ein »neuer Mensch« zu sein, ein Leben mit dem Christus und Seiner heilenden, genesenden Kraft, so sehr ich Buddha auch achte und bewundere.

Das ist meine Erfahrung nach rund vierzig Jahren intensiven Erlebens dieses Weges, der mich immer wieder in mir selbst nach Hause brachte, in die Schale, in der ich mich geborgen fühle.

Mein Leben war schwierig, aber das gilt auch für meine Mitreisenden. Niemand, der diesen Weg geht, hat es einfach. Wahrscheinlich auch deshalb, weil wir so offensichtlich auch für andere da sein müssen. Zuhörend und helfend, wahrhaftig und voller Verständnis und Wärme.

Man hat mich oft gefragt: »Aber ich bete, dann brauche ich doch nicht zu meditieren?«

Ich finde schon, denn mit dem Beten stellen wir Fragen an Gott, wir sind im Denken. Und in unserer Not versuchen wir auch oft, etwas zu erzwingen. Das ist sehr menschlich und begreiflich, aber in unserer Meditation sind wir einen Schritt weiter. Aus unserer Stille heraus horchen wir nach innen und nehmen unsere Antwort wahr. Nicht immer direkt, aber mit Hingabe und Zustimmung und dem Verlangen, unseren Auftrag so gut wie möglich zu erfüllen.

Außerdem sind wir vom kosmischen Auge her sehr tief miteinander verbunden. Sie und ich und jeder, der den Weg geht. Das ist selbst dann so, wenn wir einander nie persönlich begegnet sind. Denn von unserem tiefsten Wesen her sind wir eins.

Ich hoffe, dass Ihnen dieses Buch Unterstützung sein wird auf dem Weg, der zu diesem Bewusstsein führt.

Ja zum Sein:
Ja zum Los:
Ja zu Dir ...

Eine Haltung, die die Seele verwunden kann
und die die Kraft hat, sie zu heilen.

Dag Hammarskjøld

3 Die letzten Schritte

27 Älter werden, stiller sein

Ist es heute oder gestern, fragt meine Mutter,
blattstill, gewichtslos, treibend auf ihrem weißen Bett.
Immer heute, sage ich. Sie lächelt vage
und sagt: sind wir in Roden oder den Haag?
Etwas später: Kind, ich werde viel zu alt.
Ich tröste sie, liebe schneeweiße Astronautin
so weit schon von der Erde weggetrieben,
so mutig ausgestiegen und schwebend in dem Raum
ohne Plan und hier und da.
Sie sucht – es ist ein S.O.S. –

ihre Herkunft und ihr Sein als Kind
und niemand, niemand der sie findet
wie sie damals war. Ihre französische Lektion
wiederholt sie, von ihrem achten Jahr:
»bijou, chou, croup, trou, clou, pou, ou,
das erste Fräulein, weißt Du noch,
die falsche alte Mademoiselle,
wie heißt sie nur. Ich bin so müde.«

Hätte ich Dich nur als Kind gekannt,
die Du jetzt mein Kind und meine Mutter bist.

M. Vasalis

Vielen älteren Menschen fehlt die Stille. Stille in sich selbst und um sich herum. Wo ist es noch still in dieser Welt? Sind wir noch in der Lage, zu einem Ort der Stille zu gehen?

Alte Menschen sind oft ruhelos. Sie finden es schwierig, still zu sitzen und nichts zu tun zu haben. Aber gerade im Nichtstun liegt die Chance, in sich selbst eine Wirklichkeit zu entdecken, tief in sich. Eine Wirklichkeit, die nichts mit »Tun« zu tun hat, und erst in Augenblicken von »Nichts-Tun« erfahren wird.

Erst im stillen Sitzen nehmen wir etwas vom Loslassen in uns wahr. Unsere Sinne vertiefen sich. Und tief in uns selbst werden wir durch etwas berührt, das von einer besonderen Qualität ist, sakral.

Erst im disziplinierten, täglichen stillen Sitzen, wenn möglich immer zur gleichen Zeit und am selben Ort, merken wir, dass Wellen von Energie zwischen uns und einem Gegenstand, auf den unsere Aufmerksamkeit gerichtet ist, entstehen, zum Beispiel einem Baum, einem See, einem Haus, dem Meer, einer Wand in unserem Zimmer oder einer Vase mit Blumen.

Wenn wir auf diese Weise wahrnehmen, werden wir merken, dass sich mit dem Ein- und Ausatmen unsere Haut und unsere Poren öffnen und der Raum unseres Körpers grenzenlos wird.

Es entsteht Stille, eine leuchtende, gesegnete Stille, die uns erfüllt. Diese Stille ist nicht nur innerlich, sondern strahlt auch von innen her nach außen. So entsteht neues Leben.

Wie sitzen wir eigentlich entspannt und offen zwischen Erde und Himmel?

> Wir setzen uns auf einen festen Stuhl oder einen Meditationshocker.
> Vom kosmischen Auge in unserer Beckenschale her einatmend ist unsere ganze Aufmerksamkeit schon beim Weit- und Tiefwerden unserer Schale, bis weit über die Grenzen unserer Haut hinaus.
> Dann atmen wir still aus, vertikal, von ungefähr 40 cm

über unserem Kopf durch die aufrechte Wirbelsäule, durch ihren Mittenkanal, die Sushumna, durch die der Heilfaden läuft, und auch durch die Haut hinten, entlang der Wirbelsäule, wodurch sich unsere Rückseite öffnet.

Unsere Rückseite, die dunkle Seite, wird dadurch mehr und mehr gereinigt und transformiert. Zusammen mit dem kosmischen Auge werden Vorder- und Rückseite zu einer Einheit.

Das innere Wachstum, das hierdurch möglich ist, verlangt unmittelbar nach einer Veränderung des kleinen Ich, das sich am Materiellen orientiert. Statt weiterhin von diesem kleinen Ich her zu leben, lernen wir, unser Wesen in den Mittelpunkt zu stellen und von dorther da zu sein. Es wird zu einem bleibenden und innerlich richtunggebenden Zentrum unseres Lebens.

Beim Älterwerden geht es um das Hinwachsen zu der Erfahrung einer anderen Wirklichkeit, in der nicht das Tun, sondern das Sein im Mittelpunkt steht. Und selbst wenn wir nichts wichtiges tun, oder wenn wir etwas aus Gewohnheit machen, ist es immer noch ein Tun.

Kurz zusammengefasst können wir drei Gruppen von älteren Menschen unterscheiden:

Es gibt solche, die ihren inneren Weg bereits gefunden haben. Sie haben verstanden, dass es im Altwerden darum geht, den Schwerpunkt vom »Sich in der Welt behaupten« zu verschieben zu einem »Sich öffnen« für den und wachsen auf dem inneren Weg. Die Basis in der Tiefe der Beckenschale ist bei diesen Älteren schon deutlich vorhanden.

Eine zweite Gruppe leidet an Erstarrung und Verhärtung, sowohl in körperlicher als auch in geistiger Hinsicht. Ihr Körper zeigt Widerstand und ist unbeseelt. Er soll funktionieren und wenn er es dann einmal nicht tut, gehen sie zum Arzt, um ihn in Ordnung bringen zu lassen. Hier kann Therapie helfen, um all das, was angestaut und verkrampft ist, zu lösen und wieder eine natürliche und freie Atmung zu erlangen.

Die Menschen der dritten Gruppe leiden daran, sich zu viel gehen zu lassen, obwohl das Leben von uns verlangt, uns immer wieder zu erneuern, indem wir das Bestehende und das Veraltete wieder und wieder loslassen und Neues in einer immer wieder neuen Form in uns zulassen. Das richtige Maß zwischen »sich loslassen« und »sich aufrichten« und darin aufrecht werden und zu wachsen findet man im bewussten Ein- und Ausatmen.

Wenn wir Menschen uns innerlich verändern, verändert sich die Außenwelt mit. Die täglichen Dinge erhalten einen neuen Glanz.

Alt werden als Prozess wird ein weiteres Entdecken unseres inneren Lebens.

Wenn wir uns die Zeit nehmen, in uns selbst wahrzunehmen und das, was unsere Sinnesorgane auf einer tieferen Bewusstseinsebene erfahren, zu ordnen, kommen wir zu einem vertieften Einfühlen, Hören, Schmecken, Riechen und Sehen, anders und deutlicher als bislang. Dann erst werden wir wirklich Instrument und treten in Seinen Dienst.

Wir erfahren es als ein Wunder, wenn wir uns in der Ausatmung auf eine schmerzliche Stelle konzentrieren, dort mit Energie aus unserer Schale und ihrer Tiefe hindurchstrahlen und eins damit werden. Wenn es eine Stelle ist, die ständig schmerzt, dann können Spannungen entstehen, durch die der Schmerz noch stärker wird. Aber später, beim regelmäßigen Üben, löst sich dieser Schmerz meistens auf.

Das stille Beobachten unserer Atmung gibt uns, während wir uns mehr und mehr nach innen wenden, ein glückliches Gefühl. Wir sind warm und geborgen in unserem Selbst.

In der Vorbereitung auf unsere Meditation gehen wir andächtig atmend, uns an der Innenseite unserer Haut entlangtastend durch unseren Körper. Wir bemerken, wo noch Spannungen sind, oft schon alte Spannungen, derer wir uns bis dahin nicht bewusst waren, und lassen diese in der Ausatmung los. Auch verhärtete Spannungen lösen sich im erneuten, bewussten Ein- und Ausatmen auf.

Es ist gut zu wissen, dass verhärtete Stellen auf Misstrauen deuten. Alte Menschen können dadurch, dass sie taub werden oder schlecht sehen in ihrer Schulterpartie Spannungen bekommen, weil sie zunehmend unsicher werden oder sich bedroht fühlen.

Außerdem kämpfen sie oft mit verdrängter Emotionalität in ihrem Herzbereich, Magen und Sonnengeflecht und mit Spannungen in ihrem Unterkörper, als Ausdruck des Misstrauens gegenüber dem Ort, an dem sie wohnen und leben.

Graf Dürckheim sagte mir einmal: »Fasse nie einen Körper an, sondern nehme einen Menschen in deine Hand, liebevoll in deine Hand.«

Ich finde das immer noch so schön, denn so öffnet sich für den, der berührt wird, eine Welt. Gerade bei älteren Menschen, die innerlich zurückgezogen, verspannt und oft auch einsam sind, können wir viel lösen, indem wir sie liebevoll in die Hand nehmen. Auch wenn es nur kurz ist.

Indem wir vom kosmischen Auge her atmen und meditieren erhalten wir im Einatem neue Kraft und Energie. Und im Ausatem entsteht durch das Loslassen und die Wärme ein Mantel der Liebe, der uns umhüllt und beschützt zwischen Himmel und Erde.

Wenn wir unseren Körper so kennen, entsteht eine Veränderung, eine Transformation des ganzen Menschen zur Person. Befreit und glücklich in uns selbst, wach geworden in einer neuen Wirklichkeit.

28 Auf dem Weg zu unserem Sterben

Wayang

Herr, lass mich ein Wayang sein in Deinen Händen.

Ich mag ein Held sein, ein Dämon, ein König,
ein Landmann, Baum, ein Kraut, ein Tier …
aber lass mich ein Wayang sein in Deinen Händen.
Dann werde ich, groß denn im Gejohl der Krieger
oder klein, wie ein unter Waringin spielend Kind,
Deine Sprache sprechen.

Mein irdisch Leben ist voll Müh und Kampf
und meine Feinde, viele, voller Spott.
Ihr Hohn trifft schneller als der Pfeil sein Ziel,
ihr Wort ist schärfer als ein Dolch.

Mein Kampf ist noch nicht ausgefochten.
Doch bald schon nimmst Du mich heraus:
ich werde liegen bei den anderen,
deren Spiel bereits vollbracht.
Ich werde bei den Tausend sein im Dunkel
und mein Kampf noch nicht beendet –
meine Feinde tanzen noch.

Herr, lass mich ein Wayang sein in Deinen Händen.

Dann wird in hundert oder tausend Jahren
Deine Hand mich wieder führen.

Du wirst dereinst, wenn meine Zeit in Deiner
Ewigkeit gekommen, erneut beginnen,
dann spreche ich und kämpfe wieder.
Und endlich werden meine Feinde schweigen
und der Dämon darnieder liegen.

Herr, lass mich ein Wayang sein in Deinen Händen.

Noto Soeroto

Ein »Waringin« ist ein großer Baum mit einer riesigen Blätterkrone. Mit »Wayang« bezeichnet man eine flache oder runde Puppe, die auf der indonesischen Insel Java in einer Puppenspiel-Darbietung benutzt wird. Im weitesten Sinne bezeichnet man mit dem Begriff »Wayang« alle Aufführungen, bei denen Personen oder Geschichten aus dem Wajangrepertoire von menschlichen Schauspielern oder Figuren dargestellt werden. Ein »Dalang« ist der Mann, der in einem Wayang-Spiel die Figuren führt und den Text spricht.

Bei der Art Wayang-Spiel, das auf Java das wichtigste ist, benutzt man Figuren aus Leder. Diese aus hartem flachen Leder sehr filigran geschnitzten und teilweise auch kunstvoll bemalten Figuren werden oft auf eine von hinten beleuchtete Leinwand nach Art des Schattenspiels projiziert. Der Dalang führt sie an Stäben von unten und ist während der Aufführung nicht zu sehen.

Noto Soeroto, ein Prinz aus Yogyakarta, verweist in seinem Gedicht »Wayang« auf diese Figuren aus Leder. Er vergleicht den Dalang mit Gott, in dessen Händen die Menschen ihre Rollen als Wayang-Puppen erfüllen, jeder nach den Regeln seiner gesellschaftlichen Schicht und Stellung. Auch das folgende Gedicht bezieht sich auf dieses Spiel mit Licht und Schatten. Es ist dem Buch *Wayang Purwa* (Den Haag, 1967) von Alit Djajasoebrata entnommen.

Wayang-Puppen

Dalang

Dies ist des Lied des Dalang
gesungen über das Wollen und das Los.

Sieh dich in meinem Spiel, das erschütternd vor Schönheit,
beängstigend vor Freude und unbändig vor Schmerz.

Und wisse! Der Schatten Freude ist nicht Meine Freude
und der Schatten Leid ist nicht Mein Leid.

Da sind Edle und Dämone, Tapfere und Feige,
Priester und Könige, Freunde und Verwandte.

Es ist das Gesetz von diesem, Meinem Spiel,
dass ein jeder zu der ihm geweihten Stunde
im Kegel Meines Lichts erscheint.

Es ist das Gesetz von diesem, Meinem Spiel,
dass ein jeder nach der ihm zugestandenen Zeit
aus dem Kegel Meines Lichts verschwindet.

Noto Soeroto

In meinem Buch *Zu neuen Räumen des Bewusstseins* (München 1989) schreibe ich über das Sterben. Da ich nun selbst in der Endphase meines Lebens auf Erden angekommen bin, möchte ich gerne erzählen, wie ich das persönlich erlebe. Vielleicht kann ich Ihnen damit noch etwas mitgeben.

Es ist immer anders, als wir es uns vorstellen, auch wenn wir versuchen, bewusst darauf hinzuleben und unserem Sterben in der richtigen Haltung zu begegnen. Ich habe viele Menschen sterben sehen. Für jeden ist es anders.

Immer wieder müssen wir das, woran wir gebunden sind, das, was uns an unser Erde-Leben bindet, loslassen, um das, was uns innerlich zugedacht ist, zuzulassen. Dann wird uns bewusst, dass sowohl in unserem Tun als auch in unserem Nichts-Tun das *Nicht*-Tun enthalten ist. Erst dann erfahren wir unser Wesen.

Wir sehen ein, dass wir immer weniger Arbeit verrichten können. Anstelle von Arbeitskraft und Vitalität entsteht Schwäche. Wir brauchen Hilfe, und das Abhängigwerden und -sein fällt jedem von uns schwer.

Oft lässt man uns nicht in unserer Würde, obwohl unser Verstand klar ist. Das ist dann nicht verletzend gemeint, schmerzt aber trotzdem. Ich habe es als sehr wertvoll erlebt, dann Menschen um sich herum zu haben, die in solch einer für uns doch schweren Zeit warm und verstehend mitfühlen.

Solange sie unabhängig sind, leben ältere Menschen leichter über ihre inneren Probleme hinweg. Sie nehmen ihren Schatten noch nicht wahr. Verändert sich dann ihr Leben, zum Beispiel durch den Verlust ihres Partners, durch eigene Krankheit und ein nahendes Sterben oder durch andere, veränderte Lebensumstände, dann bricht ihre Fassade plötzlich zusammen. Und alle nicht durchlebte, unverarbeitete und unter Verschluss gehaltene Wut, Bitterkeit, Eigenwilligkeit und alle, aber auch wirklich alle Formen des Egos, des kleinen Ich kommen nach außen. Das habe ich mehrere Male erlebt.

Das ist der Kampf, um den es Noto Soeroto in seinem Gedicht »Wayang« geht, das sind die inneren Feinde, die noch tanzen. Wir können Menschen, die durch eine solche Phase hindurchgehen, helfen, wie es in der traditionellen Psychotherapie auch geschieht, mit ihrem Schatten umzugehen und ihre Maske fallen zu lassen.

Oft geht es um tief versteckte Schuldgefühle, Enttäuschungen, Misstrauen und Aggression. Wenn Menschen sich hierüber aussprechen und das alles in sich ordnen wollen, hilft unser Zuhören. Genauso hilft ihnen Zeichnen und Malen von ihrer Schale her, Singen, Summen, Schreiben und Meditation.

Aber eigentlich geht es darum, in sich die Verbindung mit Gott zu finden. So erst wird die Blockade aufgehoben, die bis dahin den Weg versperrte, in Hingabe sterben zu können.

Dann fangen wir von innen her an zu strahlen. Wir wollen die Aufgabe und auch den Auftrag unseres Lebens ergründen. Und wir lernen, den Tod als etwas in uns zu integrieren, das ins Leben gehört. Wenn wir die Strahlung und das Licht von Gott durch und um uns herum erfahren dürfen, haben wir keine Angst mehr vor dem Tod.

Dankbar schaue ich auf die Gespräche mit Menschen aus meiner Arbeit zurück. Wie niemand anders verstehen sie, dass der Weg des inneren Wachsens Vorrang haben muss. Sie kennen die Transformation in reine, feine Energie, die uns von jedem Zweifel befreit. Eine Veränderung, eine Transformation unseres weltgerichteten Ich zu einem Transzendent-Sein, das, zwar durch viel Schmerz, Mühe und Kummer hindurch, zum Mittelpunkt unseres Lebens geworden ist.

Ich habe mit vielen Menschen arbeiten dürfen, die dabei waren, sich auf ihr Sterben vorzubereiten und den Tod bewusst erleben wollten. Es ist immer ein großes Geschehen, eine Offenbarung, wenn wir den Tod als einen Durchgang zu einer größeren, weiteren, höheren und leichteren Dimension erleben. Der Tod fühlt sich dann nicht wie Dunkelheit an, abschließend und aussichtslos, sondern wie eine Abrundung vieler schmerzlicher Themen, die uns bis dahin immer wieder begegnet sind.

Von unserem kosmischen Auge her ist unser Energiefeld immer größer und stärker. Es strahlt weit über die Grenzen unserer Haut hinaus aus. Das macht es einfacher für uns, das nahende Sterben als einen solchen Übergang zu erfahren.

Auch in unserem oft jahrelangen Üben, frei von Gedanken zu werden, um still und aufmerksam in unserer Meditation da sein zu können, ist die Chance enthalten, den Tod nicht von uns zu weisen oder zu verdrängen, sondern ihm ohne Angst entgegenzutreten.

Von unserem höheren Selbst her stellen wir uns auf das Zeitlose ein. Von der irdischen Zeit, dem zeitlichen Jetzt, kommen wir in die Ewigkeit, in das ewige Jetzt. In dem Maße, wie die kosmische Energie in uns stärker wird, nimmt diese Transformation zu höheren Schwingungsfrequenzen zu.

Wenn wir den Tod als eine natürliche Abrundung unseres Lebens akzeptieren, können wir Leben und Tod bewusst zustimmen. Ein Kreis schließt sich, und wenn unser Kreis rund ist, können wir ihn loslassen. Wenn wir unseren Körper verlassen, sind wir frei.

Das Einswerden mit dem Kosmos, das Einssein mit Gott, kennen wir eigentlich schon aus unserem täglichen Üben und Meditieren. Wir haben erlebt, dass wir uns in der Ausatmung völlig loslassen können. Dass wir uns in der Stille auflösen können, formlos sind und dann aufs Neue im Einatmen wieder geboren werden. Und uns dann wieder öffnen, um neue kosmische Energien zu empfangen, diese enormen Energien, die hierzu gehören und von uns ausstrahlen.

Wir stellen uns ein wunderschönes weißes Licht vor, himmlisches Licht.
Wir atmen das ein und aus, sodass es sich durch unseren ganzen Körper ausbreitet und ihn total erfüllt. Wir sind uns bewusst, dass dieses Licht allumfassend ist.
Harmonie, Ruhe und Frieden erfüllen uns.
Wir fühlen uns unbegrenzt, unsere Haut scheint aufgelöst zu sein.
Wir sind aufgenommen in Wellen von Energie und Licht.
Wir fühlen uns geborgen, vorbereitet auf das, was auf uns wartet.
Friede ist in und um uns.

Licht-Körper, Licht-Form sein und eins werden mit allem, was ist.

Sonett

Ja, alle diese Kostbarkeit, o Herr,
hast Du aus lauter Liebe mir gegeben.
Das groß und freudig Weltenall,
den Leib und dieses Leben,
das Reich des Klangs, die Farbenatmosphäre.

Ich weiß, es wird mir einst entgleiten,
in Deine Hände kehrt all dies zurück.
Ach, dass ich das doch stets vergesse,
obwohl ich Stund um Stund es vor mir sehe.

Gib mir, zu all dem Schönen, das ich hab,
ins Herz mir Deines Friedens klares Licht,
Bewusstsein, dass all dies, das mich umgibt,
niemals und nirgends je verloren geht,
dass dies scheinbar Zerfließen in das Nichts
in Wahrheit hin zu Dir, dem Brunnen, fließt.

Noto Soeroto

29 Die Auferstehung

Seit zweitausend Jahren sprechen Christen über die Auferstehung.

In den Evangelien lesen wir, dass einige Frauen nach Jesu Kreuzigung zu seinem Grab in den Hof von Josef von Arimathäa kamen und dort einen Engel stehen sahen, während Jesus nicht mehr da war. Später erschien er Maria aus Magdala, und wieder später seinen Jüngern und anderen.

Wir wissen, was man im Allgemeinen unter Auferstehung vom Tod versteht. Der Mensch stirbt und wird, wie man sagt, »am Ende aller Zeiten« aus dem Tod auferstehen.

Aber Auferstehung ist etwas ganz anderes als das, was viele von uns sich darunter vorstellen. Die *lebendigen Seelen* werden auferstehen, nicht die irdischen Körper. Der Körper ist und bleibt tot.

Jesus hat gesagt, dass wir wie die Engel sein werden, wenn wir vom Tode auferstehen. Wir könnten uns also auch fragen, wie Menschen sich so entwickeln können, dass sie zu Engeln werden. Auf jeden Fall kann das nicht in ihrem Grab geschehen. Es muss so sein, dass zwischen Tod und Auferstehung eine Zeitspanne liegt, in der Menschen sich entwickeln können. Sie werden wieder geboren, werden kommen und gehen, und erneut kommen, und sich so entwickeln, dass sie wie Engel werden.

Das ist Auferstehung.

Dazu sind wir bestimmt, und darauf ist Reinkarnation ausgerichtet. Wir werden geläutert, bis wir Vollkommenheit erreicht haben.

Alle Geschöpfe werden auf diese Weise auferstehen, nicht die Toten, sondern die Lebenden. Jesus sagt sinngemäß: »Lass die Toten ihre Toten begraben und ihr Lebenden, folgt mir«.

Wir können an unserer Auferstehung arbeiten, wenn wir uns unsere Gedanken, Gefühle und Handlungen bewusst machen. Denn Auferstehung bedeutet, dass wir unsere alten Schwächen und alles, was negativ ist, loslassen. Der Läuterungsprozess, den wir durchleben, wirkt über unseren irdischen Körper. Die Verbindung mit unserem kosmischen Auge gibt uns die Chance, alle Zellen unseres physischen Körpers zu reinigen, damit sie in einer hohen Frequenz mitschwingen.

Indem wir mehr und mehr von unserem kosmischen Auge her leben und da sind, erweitert und vertieft sich unser Bewusstsein. Wir sind dann nicht mehr dieselben wie vorher. Denn in allem, was wir fühlen und erleben, haben wir eine weitere Dimension in uns geöffnet. Eine spirituelle Dimension, die uns dank der Christusenergie, die das Männliche und Weibliche in uns vereint, erneuert.

Wir haben erst dann teil am göttlichen, kosmischen Sein, wenn wir zumindest uns selbst in unserem menschlichen Sein so annehmen, wie wir sind, nämlich mit all unseren Beschränkungen. Dann erst erleben wir aus unserer Schale und ihrer Tiefe heraus das Einssein mit Gott, mit dem Christus. Und erst dann sehen wir von innen her mit unseren inneren Augen das Licht, das kosmische Licht, von dem her wir eigentlich leben müssten.

Wir sind dann gleichzeitig in und von dieser Stelle aus da, in der sich innen und außen begegnen und horizontale und vertikale Linie des Kreuzes einander kreuzen, offen zwischen Erde und Himmel.

Wenn wir das bewusst erleben, merken wir sehr deutlich, dass wir nicht nur unser Körper sind. Das heißt, dass wir einen wesentlichen Schritt getan haben, von der Identifikation mit unserem Ego zur Begegnung mit unserem Wesen, dem Wesen, das in jedem Menschen wohnt.

Dann manifestiert sich kosmisches Bewusstsein.

Wir werden uns bewusst, dass wir grenzenlos sind, durchstrahlt von einem Strom sanfter, feiner Energien, voller Liebe: Christuslicht. Diese bewusste und liebevolle Strahlung durchdringt uns und breitet sich von unserem Körper her in die Umgebung und über alle Grenzen hinweg aus. Dieses Strahlen ist nicht persönlich. Es verbindet alle Menschen in Liebe und Dankbarkeit.

Im Zustand kosmischen Bewusstseins können wir Zeuge von verschiedenen Dimensionen sein. Dieses Bewusstsein ähnelt zwar noch unserem persönlichen Bewusstsein, doch ist es, wie gesagt, grenzenlos. Wir erkennen dann, dass persönliches Bewusstsein im Wesentlichen kosmisches Bewusstsein ist.

Eine neue Möglichkeit offenbart sich dadurch. Es scheint zwar so, als ob sich der Körper durch verschiedene Einweihungsphasen vom Ego wegentwickelt, das Ego also langsam weniger wird, aber in Wirklichkeit spiegelt sich zunehmend kosmisches Bewusstsein im Körper. Das geschieht so, dass es so aussieht, als ob Bewusstsein vom Körper herkäme.

Wenn wir nach unserer Meditation als Gruppe das Christuslicht ausstrahlen, ist es eine berührende, bewusste Erfahrung, die eigenen Grenzen, das Ego ohne Angst loszulassen und Zeuge zu sein – sein zu dürfen – von dieser Liebe, die alles durchdringt und transformiert, erleuchtet.

Auch das ist Auferstehung.

Ausklang

Dieser Weg ist ein tief sakraler Weg, verbunden mit dem Christus und mit der Sonne.

Den Weg zu gehen verlangt von uns, dass wir das Leben wirklich vom kosmischen Auge her leben und von dorther bei allem, was wir tun, ganz da sind. Wir können zwar einige Aspekte des Übens mit unserem Intellekt, mit dem verstandesmäßigen Denken begreifen, aber das »Neuer-Mensch-Sein« muss gelebt werden und aus jeder Pore unserer Haut in alle Richtungen nach außen strahlen. Erst dann verändert sich unser Leben.

Es ist ein schwieriger Weg, und deshalb sicher nicht für jeden geeignet. Um ihn gehen zu können, sind wir es uns selbst schuldig, diesem Auftrag den ersten Platz in unserem Leben zu geben. Wir müssen uns für etwas entscheiden, das vor allen anderen Dingen das Wichtigste ist, und dieser Entscheidung treu bleiben. Erst wer dazu in der Lage ist kann lernen, wirklich Instrument zu sein – »Du durch mich«.

Dabei geht es hauptsächlich darum, entsprechend dem Inhalt der Übungen zu *leben*, und sie nicht nur vom Kopf her zu kennen oder sich mit dem Lenken von Energien im Körper zu beschäftigen. Das Ausatmen durch die Füße gehört immer dazu, aus den Zehenspitzen hinaus. Und das Loslassen der Widerstände unter den Zehen. Die Zehen müssen Bäche sein, die ins kosmische Meer strömen.

Es geht um die Hingabe an Gott.

Wer betet, spricht und denkt noch, und stellt noch immer Fragen. Wenn man meditiert, aufrecht sitzt und vom kosmischen Auge her atmet, ist da die völlige Hingabe – »Dein Wille geschehe«. Aber wir können das nicht erzwingen. Bis zu unserem letzten Atemzug bleibt es unsere Aufgabe, selbst wenn Macht, Kampf, Überheblichkeit und die Neigung, andere zu verurteilen, verschwindet.

Stattdessen wachsen Liebe, Wärme, Verständnis, Nachsicht, Versöhnung und die Möglichkeit, uns einen neuen Anfang zu erlauben. Jeden Tag aufs Neue.

Erst dann sind wir neue Menschen für die neue Erde geworden.

Denen, die dieses Buch gelesen haben, möchte ich danken. Noch dankbarer bin ich, wenn Sie aus tiefstem Herzen beschließen, diesen inneren Weg zu gehen und dafür wirklich jeden Tag üben.

Ich wünsche Ihnen viel Mut, Vertrauen und gläubige Geduld.

Hetty

Der Umgang mit den Übungen

Damit die in diesem Buch angeleiteten Übungen ihre heilende Wirkung für uns entfalten können, sollte das Üben Schritt für Schritt aufgebaut werden. Diese Übungen haben nur Sinn, wenn man zuerst das Atmen vom kosmischen Auge her lernt, das Loslassen zur Erde hin, die Verbindung mit der Erde, die Öffnung von rechts beziehungsweise links und den Heilfaden.

Viele der späteren Übungen verstehen Sie nur, wenn frühere vorausgegangen sind. Andererseits gibt es aber auch Übungen, die uns ohne die notwendige Vorbereitung zu schnell für die starken Energien öffnen können, mit denen man erst lernen muss umzugehen.

Wenn dieses Buch Ihre erste Begegnung mit meiner Arbeit ist, überspringen Sie also gewissermaßen den Einführungs- und Aufbaukurs und beginnen mit der Fortgeschrittenen-Ausbildung. Dagegen ist an sich nichts einzuwenden. Aber bitte seien Sie sich dessen bewusst.

Und wenn Sie sich jetzt ohne Hilfe oder Begleitung auf den Weg machen, möchte ich Sie bitten, das respektvoll und mit Achtung sich selbst und den Energien gegenüber zu tun.

Fangen Sie langsam an, übertreiben oder forcieren Sie nichts und vor allem anderen: Halten Sie immer von innen heraus eine gute und stabile Verbindung zur Erde unter Ihren Füßen. Und dann öffnen Sie als erstes das kosmische Auge, das neunte und achte Chakra, den Heilfaden in der aufrechten Wirbelsäule und schließlich ihre rechte Seite, so wie Sie es auch immer wieder in den einzelnen Kapiteln dieses Buches beschrieben finden. Und wenn Sie das Buch aufmerksam lesen, finden Sie immer wieder Stellen, an denen auch die anderen Grundlagen noch einmal angeleitet werden.

Am allerwichtigsten ist jedoch, dass Sie vom kosmischen Auge, also von der Mitte des Kreuzbeins her atmen. Wir erleben zwar auch wenn wir von höheren Stellen ausgehen große und mächtige Energien, aber das sind dann völlig andere als die heilende, warme kosmische Energie, die Körper, Seele und Geist zur Einheit bringt und uns fühlen lässt, dass wir *nichts* sind.

Wenn wir uns dieses Letzteren gewahr werden, empfangen wir *alles*, ohne Verlangen nach Macht und ohne Kampf. Unser Prozess vollzieht sich dann nicht länger vom denkenden Ich her, sondern vom bewussten Ich mit den vertieften Sinnen.

Das erfordert jahrelanges regelmäßiges Üben! Das Dunkel in uns muss aufrichtig angeschaut werden. Wir müssen akzeptieren, dass es in uns lebt und es immer tiefer in die Erde hinein loslassen, damit es mithilfe der heilenden Erde-Käfte transformiert werden kann. Erst dann werden wir aufs Neue geboren – im Licht.